ES

GRUNDLAGEN DER ANGLISTIK UND AMERIKANISTIK

Herausgegeben von Rüdiger Ahrens, Wolf-Dietrich Bald (†)
und Edgar W. Schneider

Band 25

Englische Morphologie und Wortbildung

Eine Einführung

von

Hans-Jörg Schmid

ERICH SCHMIDT VERLAG

Bibliografische Information der Deutschen Bibliothek
Die Deutsche Bibliothek verzeichnet diese Publikation in der
Deutschen Nationalbibliografie; detaillierte bibliografische Daten
sind im Internet über http://dnb.ddb.de abrufbar.

ISBN 3 503 07931 9

Dieses Papier erfüllt die Frankfurter Forderungen
der Deutschen Bibliothek und der Gesellschaft für das Buch
bezüglich der Alterungsbeständigkeit
und entspricht sowohl den strengen Bestimmungen der US Norm
Ansi/Niso Z 39.48-1992 als auch der ISO-Norm 9706.

Druck und Bindung: Danuvia Druckhaus, Neuburg a. d. Donau

Inhalt

Inhalt

Danksagung

Viele Leute haben dazu beigetragen, dass dieses Buch in der vorliegenden Form zustande kommen konnte. Ihnen allen möchte ich herzlich danken. Den Anstoß gab der Mitherausgeber der Reihe *Grundlagen der Anglistik und Amerikanistik*, Wolf-Dietrich Bald, der zu meinem großen Bedauern die Fertigstellung des Bandes nicht mehr miterlebt hat. Carina Lehnen vom Erich Schmidt Verlag hat mit geduldiger Zurückhaltung die etwas schleppende Fertigstellung des Manuskripts begleitet. Die Teilnehmer an zwei Lehrveranstaltungen an der Universität Bayreuth haben durch ihre offene und konstruktive Kritik an früheren Versionen der ersten Kapitel zur Verständlichkeit und Lesbarkeit des Buches beigetragen. Den studentischen Hilfskräften Jens P. Dräger und Ursula Erhard und besonders meiner Mitarbeiterin Sandra Handl danke ich für ihre intensive geistige Auseinandersetzung mit den Tücken der englischen Morphologie und ihre sorgfältige Analyse der Texte, die für dieses Buch morphologisch ausgewertet wurden. Dem Direktor des *Survey of English Usage* am University College London, Bas Aarts, bin ich für die Freigabe der Vervielfältigungsrechte der analysierten Texte verbunden.

Besonderer Dank gilt meinem Vater Wolfgang Schmid. Die ihm eigene Neugier und sein Pflichtbewusstsein haben erstaunlicherweise bei der Lektüre und Verbesserung des Manuskripts immer die Oberhand über Verwunderung und Befremden behalten. Meinen Kollegen und Freunden Wolfram Bublitz, Wolfgang Falkner, Ingrid Fandrych, Sandra Handl, Ursula Lenker, Len Lipka und Friedrich Ungerer sowie dem neuen Herausgeber der Reihe *Grundlagen der Anglistik und Amerikanistik*, Edgar Schneider, danke ich für ihre vielen wertvollen Anregungen und Verbesserungsvorschläge. Ich vermeide es, mir vorzustellen, wie dieses Buch ohne ihre Hilfe ausgesehen hätte. Sandra Handl danke ich darüber hinaus für ihre Professionalität und Gründlichkeit und insbesondere für die vielen Tage und Wochen Arbeits- und Lebenszeit, die Sie für die Endformatierung der Druckvorlage und die Erstellung des Registers geopfert hat.

Ohne Susanne, David, Luis, Quirin und Vreni wäre dieses Buch nie entstanden, was ihnen vielleicht auch lieber gewesen wäre.

Ich widme dieses Buch meinen beiden akademischen Lehrern und Vorbildern Len Lipka und Fritz Ungerer.

Abkürzungsverzeichnis

A	*Adverbiale*	N	*Nomen*
Adj	*Adjektiv*	neutr.	*neutrum*
Adv	*Adverb*	Num	*Numeral, Zahlwort*
AmE	*amerikanisches Englisch*	O	*Objekt*
aux	*auxiliar*	OALD	*Oxford advanced learner's*
BrE	*britisches Englisch*		*dictionary of current*
BUMC	*Bayreuth UCL Morphology*		*English*
	Corpus	ODNW	*Oxford dictionary of new*
CCDPlus	*Collins concise dictionary*		*words*
	plus	OED	*Oxford English dictionary*
CF	*combining form*	Pers.	*Person*
Det.	*Determinator*	Pfx	*Präfix*
DNE	*Dictionary of new English*	Pl.	*Plural*
FCF	*final combining form*	Pr	*Prädikat*
fem.	*feminin*	Präp	*Präposition*
fr	*frei*	Pron	*Pronomen*
Frz.	*Französisch*	Sfx	*Suffix*
geb	*gebunden*	Sg.	*Singular*
Gen.	*Genitiv*	trans.	*transitiv*
Germ.	*Germanisch*	V	*Verb*
gr	*grammatikalisch*	W	*Wurzel*
H	*head*		
ICE-GB	*International Corpus of*		
	English – Great Britain		
ICF	*initial combining form*		
Interj	*Interjektion*		
intrans.	*intransitiv*		
IPA	*International Phonetic*		
	Association		
Konj	*Konjunktion*		
Lat.	*Lateinisch*		
LDOCE	*Longman dictionary of*		
	contemporary English		
lex	*lexikalisch*		
mask.	*maskulin*		
Mod	*modifier*		

1. Einführung

1.1 Warum „Morphologie und Wortbildung"?

Der folgende Satz stammt aus einem sozialwissenschaftlichen Fachtext zur Finanzierung von Wohnraum für ältere Menschen. Er ist der in Abschnitt 1.4 beschriebenen Sprachsammlung entnommen.

(1.1) The future development of government policy towards both institutional care and community care will have significant repercussions upon the housing finance implications of an ageing population. (ICE-GB: W2a-013)

Betrachtet man die Wörter dieses Satzes im Hinblick auf ihren Bau und ihre interne Zusammensetzung, so nimmt man eine *morphologische* Sichtweise ein, denn die *Morphologie* (engl. *morphology*) befasst sich mit der Analyse und Segmentierung von Wörtern in ihre kleinsten bedeutungstragenden Bestandteile. Aus dieser morphologischen Sicht kann man zunächst feststellen, dass sich mehrere Wörter des Satzes in der Tat in kleinere bedeutungstragende Bestandteile, so genannte *Morpheme* (*morphemes*) zerlegen lassen, z. B. *development* in *develop* und *-ment*, *institutional* in *institution* und *-al* und *repercussions* in *repercussion* und *-s*. Bei genauerem Hinsehen zeigt sich, dass die ermittelten Morpheme unterschiedlicher Natur sind und innerhalb der Wörter verschiedene Funktionen erfüllen. Zunächst lassen sich Morpheme, die gleichzeitig auch Wörter sind, von solchen unterscheiden, die nur an Wörter angefügt auftreten können: *Develop*, *institution*, *repercussion* einerseits stehen *-ment*, *-al* und *-s* auf der anderen Seite gegenüber. Im nächsten Schritt lassen sich in der zweiten Gruppe Elemente, deren Einsatz zur Bildung eines neuen Wortes führt, von solchen trennen, die nur eine grammatische Form ein und desselben Wortes markieren: Auf der einen Seite stehen *-ment* (*development*) und *-al* (*institutional*), auf der anderen Seite *-s*, das den Plural in *repercussions* anzeigt.[1]

Je nach Beschäftigung mit einem der letzten beiden Typen von Morphemen lassen sich zwei morphologische Teilbereiche voneinander unterscheiden: Die *Flexionsmorphologie* (*inflectional morphology*) umfasst Morpheme vom Typ *-s*, das sind die *Flexionsendungen* oder *Flexionsmorpheme* (*inflectional endings* bzw. *morphemes*). Die *Derivationsmorphologie* (*derivational morphology*) be-

---

[1] In Kapitel 2 wird noch einmal ausführlicher auf diese Unterscheidungen und Begriffe eingegangen, s. S. 29 ff.

trifft die Prozesse, mit Hilfe derer Sprecher[2] des Englischen aus in der Sprache bereits vorhandenen Wörtern (z. B. *develop*) und Morphemen (*-ment*) neue Wörter (*development*) geformt haben bzw. bei Bedarf formen können. Es geht also um die Bildung neuer Wörter mit komplexer innerer Struktur, so genannter *komplexer Lexeme* (*complex lexemes*), und deshalb wird anstelle von *Derivationsmorphologie* auch von *Wortbildung* (*word-formation*) gesprochen.

Diese Begriffsdefinitionen legen den Schluss nahe, dass die Wortbildung ein Teilgebiet der Morphologie ist. Wäre dies wirklich der Fall, so könnte man sich über den Titel dieses Buches, *Englische Morphologie und Wortbildung*, wundern, denn er wäre dann ähnlich fragwürdig wie beispielsweise *Medizin und Orthopädie* als Titel eines medizinischen Buches oder *Tiere und Säugetiere* als der eines Buches aus der Zoologie.

Natürlich ist der Titel hier bewusst gewählt. Er ist in der Auffassung begründet, dass die Wortbildung sich nicht nur mit rein morphologischen Fragestellungen befasst, sondern auch darüber hinausgeht. Schließlich können neue Wörter auch ohne Verwendung morphologischer Bausteine gebildet werden, z. B. wenn sie ohne Berücksichtigung von Morphemgrenzen, wie in *ad* für *advertisement* oder *flu* für *influenza*, durch Kürzung entstehen oder nur die Anfangsbuchstaben von Wörtern übrig bleiben, wie bei Initialwörtern (*TV, BBC* etc.). Zusätzlich wird traditionell auch die so genannte *Konversion* (*conversion*) im Rahmen der Wortbildung behandelt, bei der ein Wort seine Wortklasse ändert (z. B. das Nomen *hammer*, das zum Verb *to hammer* wird), ohne dass sich an der morphologischen Form sichtbar etwas ändert. Morphologie umfasst also mehr als nur Wortbildung, Wortbildung aber auch mehr als Morphologie. Diese Beziehung zwischen den beiden Bereichen ist in Abbildung 1.1 grafisch dargestellt.

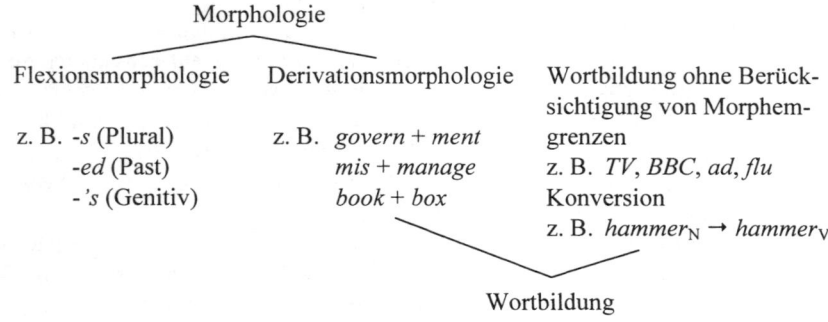

Abb. 1.1: Relation zwischen den Bereichen *Morphologie* und *Wortbildung*

---

[2] Personenbezeichnungen wie *Sprecher, Hörer* und *Sprachbenutzer* sind im ganzen Buch generisch gemeint und bezeichnen sowohl weibliche als auch männliche Personen.

Definiert man den Gegenstandsbereich der linguistischen Morphologie allgemeiner als ‚Lehre vom Bau der Wörter', was durchaus nicht unüblich ist (z. B. Booij, Lehmann und Mugdan 2000: XIII), so sind zwar die Initialwörter und Verkürzungen mit eingeschlossen, aber für die Konversion wäre trotzdem kein Platz, da sich am Bau dieser Wörter nichts Offenkundiges ändert.

1.2   Zielsetzung und Adressaten

Ziel dieses Buches ist es, in die englische Morphologie und Wortbildung einzuführen, und Interesse für morphologische Fragestellungen zu wecken. Die Hauptadressaten sind Studentinnen und Studenten der Anglistik zwischen dem zweiten und dem letzten Semester. Auf Grundkenntnisse, wie sie in den weithin üblichen Einführungskursen vermittelt werden, wird zwar nicht explizit aufgebaut, sie dürften die Lektüre aber erheblich erleichtern. Leser werden möglichst behutsam bis zu einem Wissensstand begleitet, der für Abschlussprüfungen mehr als ausreichend sein dürfte und die Vertiefung einzelner Fragestellungen im Rahmen von Abschlussarbeiten erlaubt.

Ich möchte interessierten Lesern aber mehr bieten als nur eine leicht verdauliche Zusammenfassung des aktuellen Forschungsstands. Im Kern sind es zwei Besonderheiten, die dieses Buch von den (insbesondere zur Wortbildung) nicht wenigen bereits vorhandenen Lehr- und Handbüchern unterscheiden[3]: seine theoretische Ausrichtung und seine Datenbasis. Mit diesen beiden Aspekten beschäftigen sich die nächsten zwei Abschnitte.

1.3   Theoretischer Rahmen: Erweiterung der Perspektiven

1.3.1   Strukturelle Perspektive

Seit langem sind Morphologie und Wortbildung von Sprachtheorien dominiert, die ihr Hauptaugenmerk auf die innere Struktur von Wörtern legen, und versuchen, ihren Bau durch möglichst präzise und ausnahmslose Bildungsregeln zu beschreiben und zu erklären. Von den Verwendungen von Wörtern in realen sozialen Situationen und den mentalen Vorgängen in den Köpfen der Sprecher wird weitestgehend abstrahiert, sie werden ausgeblendet oder schlicht als gegeben betrachtet. Diese strukturelle Sicht der Morphologie ist nicht nur kennzeichnend für den Strukturalismus, sondern auch für die meisten Beiträge in der Tradition von

---

[3]   Erwähnt seien hier nur exemplarisch die Bücher von Kastovsky (1982), Bauer (1983, 1988), Cannon (1987), Hansen et al. (1990), Adams (2001), Carstairs-McCarthy (2002), Lipka (2002) und Plag (2003).

Chomskys Generativer Transformationsgrammatik (s. die Lektürehinweise am Ende dieses Abschnitts). Die wesentliche Errungenschaft der strukturellen Perspektive besteht darin, dass sie eine detaillierte Beschreibung des Formen- und Bedeutungsinventars der englischen Morphologie und Wortbildung hervorgebracht hat. Beispielhaft für diesen Ansatz im Bereich der Wortbildung ist das monumentale Werk von Marchand (1969), das einen umfassenden Überblick über die Kategorien und Typen der englischen Wortbildung gibt und als Referenzwerk vermutlich in den nächsten 35 Jahren genauso wenig außer Gebrauch geraten wird wie in den seit dem Erscheinen der zweiten Auflage vergangenen.

Andererseits haben der Strukturalismus und insbesondere die Transformationsgrammatik Fragen aufgeworfen, deren Beantwortung außerhalb dieser Theorien von geringer Relevanz ist. So entbrannte beispielsweise schon in den späten 60er und 70er Jahren des letzten Jahrhunderts eine hitzige Diskussion darüber, wo die Morphologie in der Grammatik zu platzieren sei und an welcher Stelle im Verlauf der Generierung eines Satzes die Wortbildung zum Einsatz kommen muss: Gehört sie in den Regelapparat der Syntax, weil die Wortbildung mit Hilfe formalisierbarer Transformationsregeln aus bestehenden Wörtern neue bildet (das ist die *transformationalistische* Position) oder gehört sie in das Lexikon, das schon seit Bloomfield (1933: 274) als „list of basic irregularities" gilt und somit nicht durch Regeln beschrieben werden kann (die *lexikalistische* Position)? Ein zweiter klassischer Streitpunkt innerhalb der Generativen Grammatik betraf die Frage, ob die Wortbildung mit Wörtern bzw. Lexemen als Grundeinheiten arbeitet (*word-based morphology*, vertreten z. B. durch Aronoff 1976 und Anderson 1982) oder mit Morphemen (*morpheme-based morphology*; Lieber 1990). Damit verknüpft ist das Problem, ob komplexe Wörter entstehen, indem Morpheme auf verschiedene Arten miteinander kombiniert werden (*item-and-arrangement*-Modell; Halle 1973) oder ob ganze Wörter durch Prozesse, die sie durchlaufen, einfach nur verändert werden (*item-and-process*-Modell; Aronoff 1976). Fragen dieses Typs sind letztendlich hausgemacht, denn sie erwachsen aus den theoretischen Grundannahmen des generativen Programms. Vertritt man eine andere Vorstellung dessen, was konstitutiv für Sprache ist und wie sie zu beschreiben und erklären ist, so braucht man sich nicht unbedingt mit diesen Problemen auseinander zu setzen.

Die Linguistik insgesamt hat sich seit den Ursprüngen und der Glanzzeit des Strukturalismus und der auf ihn aufbauenden Theorien in viele neue Richtungen geöffnet. Zusätzlich zur Sprachstruktur wurde auch der soziolinguistische, pragmatische und kognitive Kontext von Sprachverwendung und Sprachsystem mit in den Blick genommen. Bemerkenswert ist dabei, dass Disziplinen wie Pragmatik, Sozio- und Varietätenlinguistik, Psycholinguistik und Kognitive Linguistik zwar die morphologische Struktur als Komponente der Sprache berücksichtigen, umgekehrt aber ihre Methoden, Fragestellungen und Theorien ihrerseits die Forschung in Morphologie und Wortbildung bisher nur punktuell beeinflusst haben.

Ein Beispiel für eine soziopragmatische Fragestellung, die schon länger das Interesse auch vorwiegend strukturalistisch oder generativistisch arbeitender Forscher gefunden hat, ist der Prozess der Institutionalisierung und Etablierung neuer Wörter in einer Sprachgemeinschaft und ihren Teilen (vgl. z. B. Bauer 1983: Kap. 3 und Lipka 2002: 110 ff.). Auch der kognitive Prozess der Konzeptbildung wird z. B. in Lipkas Arbeiten schon seit längerer Zeit thematisiert (Lipka 1977: 161, 1981: 122). Indessen steht aber eine systematische Erweiterung der soziopragmatischen und kognitiven Perspektiven auf morphologische Phänomene noch weitgehend aus und erweist sich somit als ein wichtiges Forschungsdesiderat.

Vor diesem Hintergrund verfolge ich mit diesem Buch das Ziel, über die vom Strukturalismus geprägte strukturelle Beschreibung der Morphologie hinaus systematisch den Blick auf soziopragmatische und kognitive Aspekte der Morphologie auszuweiten.

Weiterführende Literatur: Klassiker in den erwähnten Debatten innerhalb der Generativen Grammatik sind Lees (1966), Chomsky und Halle (1968), Chomsky (1970), Halle (1973) und Aronoff (1976), etwas aktueller auch Selkirk (1982), Bauer (1988: 125 ff.), Lieber (1990; als Dissertation ursprünglich schon 1980). Einen nützlichen Überblick über generative Positionen in der Wortbildung gibt Aronoff (2000). Zu verschiedenen theoretischen Grundfragen der Wortbildung, unter anderem einem Vergleich zwischen wortbasierten und morphembasierten Ansätzen in der Wortbildung s. Plag (2003: 165 ff.).

1.3.2 Soziopragmatische Perspektive

Wie schon erwähnt, betreffen soziopragmatische Überlegungen den Gebrauch sprachlicher, hier morphologischer, Phänomene in konkreten sozialen Situationen durch reale Sprachbenutzer. Aus dieser Sicht kann man sich beispielsweise für den Prozess der Verbreitung neuer Wörter in verschiedenen sozialen Gruppen einer Sprachgemeinschaft interessieren. In welchen sozialen Kontexten ist ein neues Wort entstanden? In welchen Situationen, von welchen Sprechern und mit welchen Zielen wird es verwendet? Für das Verständnis und die linguistische Analyse des Wortes *dog-walker* z. B. ist der Umstand sehr bedeutsam, dass es auf einem Schild vor dem Vorgarten eines Hauses in einer englischen Vorstadt zu lesen war (*Dog-walkers keep off the grass*). In Lexika ist dieses Wort nicht eingetragen, und es dürfte auch außerhalb ganz spezifischer Situationen nicht allzu gebräuchlich sein.

Des Weiteren gehört die spezifische Häufigkeit des Auftretens bestimmter morphologischer Phänomene in verschiedenen Textsorten oder Situationen hierher. Das Flexionsmorphem *-ed*, das die einfache Vergangenheitsform von Verben markiert, ist z. B. in narrativen Texten wie Erzählungen signifikant häufiger als in expositorischen Texten, weil Erstere vergangene Ereignisse schildern (Biber 1988: 135 ff.). Zusammenhänge lassen sich auch zwischen Wortbildungsendungen wie den bereits erwähnten *-ment* und *-al* sowie Verb bildenden Endungen wie *-ize*, *-ify* und *-ate* und bestimmten Textsorten nachweisen: In geschriebenen Texten über abstrakte Sachverhalte kommen sie häufiger vor als in spontaner gesprochener Konversation (s. S. 185).

Schließlich sind sowohl die Flexionsmorphologie als auch die Wortbildung für die Beschreibung der Varietäten des Englischen von Belang. Flexionsmorphologische Besonderheiten gibt es in vielen Dialekten Großbritanniens, wie etwa die folgende Äußerung im traditionellen Dialekt Berkshires zeigt:

(1.2) I sees him every day on my way home. He likes to stop and have a chat, and I generally has the time for that. We often stops in at that pub – you goes there sometimes too, right? – and he has plenty of friends there and they often buys us a drink. (Trudgill 1994: 42 f.)

Außerhalb Großbritanniens sind Abweichungen vom *Standard English* wie die fehlende Markierung der dritten Person beim Verb durch *-s* ebenfalls verbreitet. Beispielsweise in der Sprache vieler Afroamerikaner, dem so genannten *African American Vernacular English*, wird das Kopulaverb *be* in morphologisch unveränderter Form (*invariant be*) verwendet, um einen habituellen Aspekt, d. h. das Gewohnheitsmäßige eines Zustands oder einer Handlung auszudrücken.

1.3.3 Kognitive Perspektive

Die kognitive Perspektive stützt sich auf Ansätze aus der so genannten Kognitiven Linguistik und der Psycholinguistik, die ein Interesse an mentalen Prozessen bei der Verarbeitung von Sprache teilen und sich explizit zum Ziel setzen, psychologisch realistische Modelle von Sprachgebrauch und -system zu entwickeln. Von dieser Warte aus besteht unter anderem Klärungsbedarf für die Frage, wie die Bildung von Konzepten, die mit neuen komplexen Wörtern verbunden werden, in den Köpfen der Sprecher einer Sprache abläuft. Nehmen wir ein Beispiel: Als sich viele Menschen vor einigen Jahren zum ersten Mal mit dem neuen Kompositum *computer virus* konfrontiert sahen, war trotz der Vertrautheit mit den beiden Teilen *computer* und *virus* vielen Menschen nicht klar, welche Bedeutung dieses Wort wirklich hatte. Aus kognitiver Sicht war die sprachliche Form in diesem Stadium für viele Sprecher noch nicht mit einem Konzept verknüpft. Erst mit dem wiederkehrenden passiven und aktiven Gebrauch des Wortes und der leidvollen Auseinandersetzung mit den Auswirkungen dessen, was das Wort bezeichnet, begann sich ein – je nach Wissensstand – mehr oder weniger spezifisches Konzept herauszubilden. Eine Speicherung von Wortform und Konzept im mentalen Wortspeicher, dem *mentalen Lexikon* (*mental lexicon*), hat stattgefunden und aus der zunächst vagen und diffusen Verknüpfung der beiden bekannten Konzepte *computer* und *virus* ist ein neues eigenständiges Konzept entstanden.

Eine andere kognitive Frage, die in den späteren Kapiteln dieses Buches viel Raum einnehmen wird, ist die nach den kognitiven Funktionen der Wortbildung insgesamt und einzelner Wortbildungsmuster. Welchen kognitiven Nutzen haben Sprecher, die neue komplexe Wörter prägen oder vorhandene komplexe Wörter verwenden? Der leicht zu erkennende Vorteil eines Wortes wie *computer virus* besteht darin, dass mit relativ wenig sprachlichem Material ein ziemlich komplexer Sachverhalt ausgedrückt und als bekannt vorausgesetzt werden kann: gemäß dem *Longman Dictionary of Contemporary English*, 4. Aufl. (LDOCE4), ,a set of instructions secretly put into a computer, usually spread through emails, which can destroy information stored on the computer'.

Auch die alte Erkenntnis, dass Sprache unser Denken und Erkennen beeinflusst und widerspiegelt (unter anderem bekannt als *Sapir-Whorf-Hypothese*), wird in der Kognitiven Linguistik wieder neu belebt. Die Relevanz dieser These für die Wortbildung kann man an Nominalisierungen – das sind Nomina, die durch Wortbildungsendungen aus Verben oder Adjektiven gebildet werden – wie z. B. *development* und *declaration* aufzeigen. In den Sätzen in (1.3) und (1.4) kommen z. B. das Verb *declare* und die Nominalisierung *declaration* vor. Obgleich sowohl das Verb als auch das Nomen streng genommen einen Vorgang bezeichnen, rufen sie tendenziell verschiedene Vorstellungen hervor. Während das Verb in Beispiel (1.3) wirklich an einen Vorgang, genauer eine Handlung, denken lässt, beschreibt das Nomen *declaration* das Ergebnis oder Produkt eines Vorgangs. Die Anfügung des Suffixes *-ation* hat einen vergegenständlichenden Effekt.

(1.3)   In a recent interview one of them *declared* it's easier to become an astronaut than a pilot for a presidential plane. (ICE-GB: S2b-021)

(1.4)   What's more the meeting produced a joint *declaration* which looks like the start of a compromise between President Gorbachev and his most powerful critic. (ICE-GB: S2b-040)

Der Einsatz morphologischer Mittel kann also auch Unterschiede in der Konzeptualisierung von sprachlich übermittelter Information bewirken, die im Rahmen der Kognitiven Linguistik analysiert werden.

Weiterführende Literatur: Zur Einführung in das mentale Lexikon s. Aitchison (1994). Zur Einführung in die Kognitive Linguistik s. Ungerer und Schmid (1996).

1.4 Das Korpus als Materialgrundlage

Die zweite Besonderheit dieses Buches besteht in seiner empirischen Datenbasis. Ein ca. 41.000 Wörter umfassendes Korpus authentischer englischer Gegenwartsgespräche und -texte wurde morphologisch vollständig analysiert und annotiert, d. h. alle Wörter wurden zuerst in Morpheme zerlegt und diese dann nach den in 2.2.2 und 2.2.3 erläuterten Gesichtspunkten klassifiziert.

Im verwendeten Korpus sind Texte verschiedener Textsorten enthalten, damit das Material sowohl thematisch als auch stilistisch einigermaßen gestreut ist. Um trotzdem eine systematische Vergleichbarkeit zwischen Texten verschiedener Herkunft zu erzielen, habe ich das Material nicht selbst und willkürlich aus beliebigen Quellen ausgewählt, sondern einem computerisierten Korpus englischer Sprache, dem *International Corpus of English. The British Component* (ICE-GB), entnommen. Dieses Korpus setzt sich aus 500 Texten mit einem Umfang von jeweils etwa 2000 Wörtern zusammen; das Gesamtkorpus umfasst also ca. eine Million Wörter. 60 Prozent der Texte sind Transkripte ursprünglich gesprochener Sprache, der Rest besteht aus geschriebenen Texten verschiedener Textsorten. Mit Genehmigung des *Survey of English Usage*, University College, London, wurden 20 Texte aus dem Korpus herausgelöst und dann der schon erwähnten systematischen morphologischen Analyse und Annotation unterzogen. Dieses Korpus trägt den Namen *Bayreuth UCL Morphology Corpus* (BUMC) und soll veröffentlicht werden.

Das BUMC wurde für dieses Buch in zweifacher Weise genutzt. Zum einen diente es als Quelle für authentische Beispiele aus gesprochenen und geschriebenen Texten unterschiedlicher Herkunft. Damit wurde ermöglicht, dass das Hauptaugenmerk nicht so sehr auf besonders interessanten, weil komplexen und exotischen Wortbildungen liegt, sondern auf denen, die besonders häufig in authentischer Sprache anzutreffen sind. Zum anderen wird das Korpus für systematische statistische Auswertungen der Verwendungshäufigkeiten morphologischer Phänomene in verschiedenen Textsorten genutzt, die im Rahmen von sieben empirischen Korpusstudien zu zentralen Bereichen der Morphologie vorgestellt werden. Die erhobenen Vergleichsdaten für das textsortenspezifische Auftreten der verschiedenen Morphem- und Wortbildungstypen des Englischen dienen als Grundlage und Nachweis für Hypothesen im Hinblick auf die soziopragmatische und kognitive Untersuchungsperspektive. Damit stellt das Korpus ein Bindeglied zwischen der empirischen Datenbasis und der theoretischen Zielsetzung dieses Buches dar und trägt zu einer konsistenten Forschungsmethodik bei.

Jeweils vier der 20 Texte gehören einer Textsorte an. Tabelle 1.1 gibt einen Überblick über die Zusammensetzung des BUMC.

Tab. 1.1:   Zusammensetzung des *Bayreuth UCL Morphology Corpus* (BUMC)

Textcode im ICE-GB	Länge in Wörtern	Textcode im ICE-GB	Länge in Wörtern
Spontane mündliche Konversation		**Persönliche Briefe**	
S 1a-007	2044	W 1b-001	2161
S 1a-058	2090	W 1b-008	2148
S 1a-072	1995	W 1b-010	2104
S 1a-086	1978	W 1b-014	2065
Gesamt	8107	Gesamt	8478
Wissenschaftliche Fachtexte		**Zeitungsreportagen**	
W 2a-002	2054	W 2c-002	2000
W 2a-013	2150	W 2c-010	2030
W 2a-026	2229	W 2c-013	2086
W 2a-035	2048	W 2c-019	1941
Gesamt	8481	Gesamt	8057
Fiktionale Texte			
W 2f-003	2040		
W 2f-009	2236		
W 2f-011	2189		
W 2f-014	2067		
Gesamt	8532		

Gesamtzahl der Wörter im Korpus: 41655

1.5   Überblick über den Aufbau des Buches

Das vorliegende erste Kapitel hat im Wesentlichen zwei Ziele verfolgt: die Bestimmung des Untersuchungsgegenstands und die Erläuterung wichtiger theoretischer und methodischer Grundannahmen.

In Kapitel 2 werden als Voraussetzung für alles Folgende weitere terminologische und methodische Fragen zu den morphologischen Bausteinen des Englischen behandelt. Hier werden die wesentlichen Grundbegriffe eingeführt und als prototypische Kategorien mit guten, weniger guten und marginalen Vertretern definiert.

Kapitel 3 ist der Flexionsmorphologie gewidmet: Es behandelt die Flexionsmorpheme des heutigen Englisch und ihre formalen Varianten und gibt einen Überblick über die historische Entwicklung der Flexionsmorphologie vom Altenglischen bis zum heutigen Englisch.

Ab Kapitel 4 befasst sich das Buch mit der englischen Wortbildung. In Kapitel 4 wird zunächst die Entwicklung neuer komplexer Lexeme von ihrer Entstehung bis zur Etablierung in der Sprachgemeinschaft, dem Lexikon des Englischen und den Köpfen der Sprecher nachgezeichnet.

In Kapitel 5 werden die wesentlichsten Grundfragen der Wortbildung geklärt. Hier werden verschiedene Möglichkeiten der Klassifizierung von Wortbildungsprozessen und die Anwendung der strukturellen, soziopragmatischen und kognitiven Perspektive auf die Analyse komplexer Wörter diskutiert.

Kapitel 6 befasst sich mit der Produktivität von Wortbildungsprozessen und Kapitel 7 bis 11 widmen sich jeweils grundlegenden Mustern der englischen Wortbildung: Komposition, Präfigierung, Suffigierung, Konversion sowie den nichtmorphematischen Wortbildungsverfahren der Rückableitung, Kürzung, Bildung von Initialwörtern, Wortmischung und Reduplikation.

Komplexe Wörter, die aus mehr als zwei Elementen bestehen, werden in Kapitel 12 behandelt; Kapitel 13 bringt ein abschließendes Resümee.

2. Die morphologischen Bausteine des Englischen

In Abschnitt 1.1 wurde die Morphologie als die linguistische Disziplin definiert, welche sich mit der Analyse von Wörtern in die kleinsten bedeutungstragenden Elemente befasst. Ziel dieses Kapitels ist es zu erläutern, aus welchen morphologischen Bausteinen sich englische Wörter zusammensetzen können. Voraussetzung hierfür ist aber die Klärung des Terminus *Wort*, dessen Bedeutung hier bisher nicht hinterfragt wurde, obgleich er alles andere als eindeutig ist.

2.1 Mehrdeutigkeit des Wortbegriffs

2.1.1 Wort – Wortform – Lexem

Als Ausgangspunkt wollen wir das folgende Minikorpus aus fünf verschiedenen Textsorten verwenden:

(2.1)

(a)   A: The bit behind the bed.
       B: Yes yes.
       A: Very much like your bedhead.
       B: This is what I'm really saying. (ICE-GB: S1a-086)

(b)   What are your future study plans, and how are your present studies coming along. (ICE-GB: W1b-001)

(c)   Reluctance to regard theory-making or model-making work in AI as respectable can be traced frequently to the mistaken view that the only respectable scientific theories are neat theories. (ICE-GB: W2a-035)

(d)   The news agency, Tanjug, said a parliamentary committee had approved a draft law strengthening the powers of the republic's president to declare a state of emergency. (ICE-GB: W2c-019)

(e)   There were cars strewn on the shag-pile carpet and the baby sat in a yellow high-chair, a soiled bib around her neck and traces of breakfast around her mouth. (ICE-GB: W2f-003)

Hätte man die Aufgabe, die Anzahl der Wörter in diesem Korpus zu bestimmen, so könnte man sich dabei grundsätzlich an drei Strategien halten: Erstens könnte man diejenigen Einheiten als Wörter auffassen, die vom umgebenden Text durch Leerstellen auf beiden Seiten getrennt sind bzw. zuweilen durch Leerstellen auf der linken und Satzzeichen auf der rechten Seite. So gehen Textverarbeitungsprogramme beim Zählen von Wörtern vor und stützen sich dabei auf einen rein *orthografischen Wortbegriff*. Was ein Wort ist, wird hier durch die Schreibung definiert. Dass diese Art der Zählung aus linguistischer Sicht nicht der Weisheit letzter Schluss sein kann, zeigt sich schon dadurch, dass z. B. die Form *I'm* in (2.1a) als ein Wort gezählt wird, auch wenn es sich dabei um zwei handelt (*I* und *am*). Umgekehrt wird *news agency* als zwei Wörter gezählt, obwohl es nahe liegt, es als *ein* zusammengesetztes, aber getrennt geschriebenes Wort zu betrachten. (Auf diese Probleme werde ich in Abschnitt 2.1.2 zurückkommen.)

Eine zweite Zählstrategie würde berücksichtigen, dass einige Formen mehrfach im Korpus auftreten, z. B. häufige Funktionswörter wie *the*, *yes*, *are*, *your* oder *and*, aber auch Inhaltswörter wie *respectable* und *theories*. Diese Vorkommensfälle, so kann man argumentieren, stellen jeweils nur mehrere Nennungen ein und desselben Wortes dar und sollten deshalb nicht immer neu in die Zählung eingehen. Linguistische Grundlage eines solchen Vorgehens ist die Unterscheidung zwischen *token* und *type*: Geht man rein orthografisch vor, so wie im letzten Absatz beschrieben, so zählt man *tokens*; rechnet man diejenigen Formen nicht mehr hinzu, welchen man schon begegnet ist, so zählt man *types*. Es dürfte auf Anhieb einleuchten, dass es in jedem Text mehr *tokens* als *types* gibt. Ebenso klar dürfte sein, zumindest nach kurzer Überlegung, dass das Verhältnis zwischen *types* und *tokens*, das so genannte *type-token-ratio*, als Maß der Variabilität des Vokabulars in einem Text oder Korpus eingesetzt werden kann. Denn je mehr *types* im Vergleich zu *tokens* vorkommen, desto vielfältiger ist das eingesetzte Wortmaterial.

Auch mit der Zählung von *types* muss man sich aber noch nicht zufrieden geben, und das führt uns zur dritten Strategie. Auch linguistischen Laien fällt auf, dass die beiden Elemente *saying* (in 2.1a) und *said* in (2.1d) eigentlich nur verschiedene Formen eines ‚Wortes' sind. Analog verhalten sich *study* und *studies* in (2.1b), und *is* (2.1a), *are* (2.1b, 2.1c) und *were* (2.1e). Zur Beschreibung solcher Beziehungen sind die Begriffe *Wortform* (*word-form*) und *Lexem* (*lexeme*) hilfreich. *Is*, *are* und *were* werden als Wortformen des Lexems *be* bezeichnet, *study* und *studies* sind Wortformen des Lexems *study*. Texte bestehen zunächst immer aus Wortformen, egal ob diese äußerlich von den Lexemen, die sie realisieren, abweichen (wie bei *studies* oder *are*) oder nicht (wie bei *study*). Lexeme indessen sind nicht reale Bestandteile des *Sprachgebrauchs* (Saussures *parole*), sondern des *Sprachsystems* (*langue*) und somit vom wirklichen Sprachgebrauch abstrahierte Einheiten. Sie scheinen aber im mentalen Lexikon von Sprechern durchaus psychologisch real zu sein, denn psycholinguistische Beobachtungen und Experimente weisen darauf hin, dass grammatische Markierungen von Wortformen, zumindest soweit sie regelmäßig sind, erst während der Sprachproduktion angefügt werden (Aitchison 1994: 126, McQueen und Cutler 1998: 418 ff., Stemberger 1998: 440). Die nächsten Annäherungen an Lexeme, mit denen wir im Alltag zu tun haben, finden sich in Wörterbüchern, in denen wir Wörter in der Regel nicht als grammatisch markierte Plural-, Verlaufs- oder Vergangenheitsformen nachschlagen, sondern unter ihrer so genannten *Zitierform* (*citation form*), die stellvertretend für das jeweilige Lexem steht.

Der Verweis auf Lexika führt uns noch zu einer weiteren Eigenschaft von Lexemen, die nicht übersehen werden darf: Lexeme sind in aller Regel nicht nur Abstraktionen von verschiedenen grammatischen Wortformen, sondern auch von unterschiedlichen Wortbedeutungen. Das Lexem *neck* (s. 2.1e) beispielsweise hat laut LDOCE4, soweit man von Verwendungen in festen Redewendungen absieht, vier Bedeutungen: 1. ‚the part of your body that joins your head to your shoulders, or the same part of an animal or bird‘, 2. ‚the part of a piece of clothing that goes around your neck‘, 3. ‚the narrow part of something, usually at the top‘ und 4. ‚a narrow piece of land that comes out of a wider part‘. Das Lexem *neck* ist also mehrdeutig – eine Eigenschaft, die für Lexeme ausgesprochen typisch ist. Wortformen hingegen werden in den meisten Fällen vom Kontext disambiguiert, d. h. weitgehend eindeutig gemacht. In der Verwendung von *neck* in (2.1e) wird offensichtlich die erste Bedeutung ‚Körperteil‘ realisiert.

Lexeme bündeln also verschiedene grammatische Wortformen und unterschiedliche, aber ähnliche Bedeutungen in eine idealisierte lexikalische Einheit, der Zeichencharakter zukommt. Vergleicht man dies mit Saussures bekanntem idealisierten Modell des Zeichens als arbiträrer Verknüpfung einer Form mit einem Inhalt, so zeigt sich, dass das Lexem auf beiden Seiten des Zeichens Variation zulässt, ohne dass deshalb der Eindruck verloren geht, dass es sich um *eine* begriffliche Einheit handelt.

Weiterführende Literatur: Bauer (2000a), Carstairs-McCarthy (2000).

2.1.2 *Typische, weniger typische und untypische Wörter*

Wie schon im letzten Abschnitt angedeutet, sind mit der Differenzierung zwischen *Lexem* und *Wortform* noch nicht alle terminologischen Probleme im Begriffsfeld *Wort* geklärt. Hier gilt es nun zu bestimmen, was *Wörter* – wir können hier bei dem vertrauteren Begriff bleiben – von kleineren (Morphemen, Phonemen) und größeren sprachlichen Einheiten (Phrasen, *clauses*, Sätzen) unterscheidet. Um es vorwegzunehmen: Eine völlig wasserdichte und gegen jegliches Gegenbeispiel gefeite Definition des Begriffs *Wort*, die trotzdem dem entspricht, was man sich intuitiv unter einem Wort vorstellt, ist meines Wissens noch nicht vorgeschlagen worden. Dies ist auch nicht verwunderlich, denn die Kategorie WORT hat, wie andere linguistische Kategorien auch, keine klaren Grenzen, sondern geht fließend in benachbarte Kategorien über, ähnlich wie Farbkategorien wie ROT und ORANGE oder GRÜN und BLAU nicht durch klare Linien voneinander getrennt werden können. Einigkeit besteht in der Regel über prototypische Rot-, Orange-, Blau- oder Grüntöne; in den Übergangsbereichen kann die Bestimmung aber schwierig und kontrovers sein. Deshalb ist es sinnvoll, zunächst typische Wörter anhand geeigneter Kriterien oder Attribute zu bestimmen und erst dann zu überprüfen, welche weniger typischen Mitglieder der Kategorie anhand dieser Attribute beschrieben werden können.

Typische Wörter zeichnen sich durch ein Bündel von fünf Attributen auf vier sprachlichen Ebenen aus:

1. Syntaktisches Attribut: Wörter sind die kleinsten Einheiten, die in bestimmten Kontexten, z. B. Kurzantworten auf Fragen, einzeln auftreten können (vgl. die wohl berühmteste Definition des Wortbegriffs von Bloomfield (1933: 178) als „minimum free form"). Genauer betrachtet zerfällt dieses Kriterium in zwei Attribute, und zwar a) Unabhängigkeit und b) Minimalität.
2. Orthografisches Attribut: Wörter sind orthografisch ununterbrochene Einheiten, die nach außen hin durch Leerstellen (bzw. Satzzeichen) abgegrenzt sind.
3. Phonologisches Attribut: Wörter sind phonologische Einheiten, die nur einen Hauptakzent tragen.
4. Semantisch-kognitives Attribut: Ein Wort wird mit einer Bedeutungseinheit assoziiert; ein Wort steht für eine ganzheitliche Vorstellung, eine konzeptuelle *Gestalt*.

Beispiele für prototypische Wörter im Minikorpus (2.1) sind *bed, behind, regard, respectable* und *declare*. Abweichungen von diesen prototypischen Beispielen können nun mit Bezug auf die Attribute beschrieben werden. Einen Überblick darüber gibt Tabelle 2.1.

Die erste Art von Abweichung, auf die in 2.1.1 schon kurz verwiesen wurde, sind zusammengesetzte Wortformen, so genannte *Komposita*. Da Komposita *per definitionem* aus mindestens zwei anderen Wörtern bestehen (s. Abschnitt 7.1.1), trifft für sie das Attribut der Minimalität nicht zu. Differenziert man Komposita im Hinblick auf ihre Schreibung, die übrigens im Englischen ziemlich uneinheitlich ist (s. S. 132), so können weitere Attribute wegfallen: Zusammengeschriebene Komposita (z. B. *bedhead, highchair*) erfüllen das orthografische Kriterium zwar, und Komposita, die mit einem Bindestrich geschrieben werden (z. B. *theory-making, model-making, shag-pile*) in gewisser Weise auch noch. Getrennt geschriebene Komposita wie *news agency* und *draft law* indessen sind rein orthografisch gesehen keine Wortformen und deshalb weniger gute Vertreter der Kategorie. (Die Tatsache, dass bestimmte Typen von Komposita auch mehr als einen Hauptton tragen, z. B. '*study*-'*bedroom*, soll hier vernachlässigt werden.)

Tab. 2.1: Typische und andere Mitglieder der Kategorie WORT und ihre Attribute

Attribute:	(1a)	(1b)	(2)	(3)	(4)
Typische Wörter: *bed, behind, regard, respectable, declare*	+	+	+	+	+
Zusammengesetzte Wörter (Komposita):					
– zusammengeschrieben: *bedhead, highchair*	+		+	+	+
– mit Bindestrich: *theory-making, model- making, shag-pile*	+		~	+	+
– getrennt geschrieben: *news agency, draft law*	+			+	+
Idiomatische Wendungen und Partikelverben: *come along, get up, put up with*	+				+
Partikel und grammatische Präpositionen: *(reluctance) to, (state) of (emergency)*	~	+	+		
Klitisierte Formen: *I'm, you're*	+		~	+	

Legende der Attribute:
(1) Syntaktisch: „minimum free form"
    (1a) Unabhängigkeit
    (1b) Minimalität
(2) Orthografisch: nach außen durch Leerstellen abgegrenzt und in sich geschlossen
(3) Phonologisch: ein Hauptton
(4) Semantisch-kognitiv: eine semantische Einheit
+: das jeweilige Attribut ist vorhanden
~: das jeweilige Attribut ist mit Einschränkungen vorhanden

In eine ähnliche Richtung, aber noch deutlicher, weichen idiomatische Wendungen und Partikelverben (*phrasal verbs*, z. B. *come along*) von typischen Wörtern ab. Sie teilen mit letzteren die Eigenschaften der Unabhängigkeit und der semantisch-kognitiven Geschlossenheit. Schließlich ist es eines der Hauptmerkmale fester Fügungen, dass sie eine semantische Einheit bilden. Auf der anderen Seite fehlen diesen Wortgruppen aber die Minimalität sowie die orthografische und auch die phonologische Geschlossenheit. Von Autoren, die den Begriff *Wortform* in erster Linie an formalen Gesichtspunkten festmachen, werden Idiome und *phrasal verbs* nicht als Wörter betrachtet, da sie ihrer Meinung nach selbst aus mehreren Wörtern bestehen.

    Sonderfälle in einer völlig anderen Hinsicht stellen Partikel und Präpositionen mit rein grammatischer Funktion dar, in (2.1) z. B. die Formen *to* und *of* in den Kontexten *reluctance to regard ...* und *state of emergency*. Diese Formen stehen ausschließlich im Dienst der Grammatik. Sie haben die Funktion, syntaktische Elemente miteinander zu verknüpfen und rufen deshalb keine lexikalische Bedeutung oder gar eine Vorstellung hervor. Das semantisch-kognitive Kriterium fällt hier also aus. Vermutlich als Konsequenz oder, wenn man so will, als formale Markierung der fehlenden inhaltlichen Prominenz tragen diese Formen auch keinen Hauptton; sie werden in der Rede mit äußerst wenig Intensität ausgesprochen, also wie maximal unbetonte Silben mehrsilbiger Wortformen. Aus orthografischer Sicht besteht keinerlei Zweifel an ihrem Wortformcharakter, aus syntaktischer ist die Minimalität unbestreitbar, die Unabhängigkeit jedoch zweifelhaft.

Schließlich sind noch die so genannten *contracted forms* wie *I'm* oder (in Beispiel (2.1) nicht belegt) *you're*, *don't*, *wouldn't* und andere in die Überlegungen mit einzubeziehen, die so genannte *klitisierte* Formen enthalten. Dass es sich bei diesen Formen nicht um ein, sondern um zwei Wörter handelt, zeigen Semantik, Orthografie und Syntax: Wir verbinden zwei getrennte Bedeutungen mit diesen Formen und wir wissen, dass die Bestandteile auch einzeln geschrieben werden und isoliert auftreten können.

In diesem Abschnitt wurde die Kategorie WORT beschrieben, indem eine Skala von typischen bis zu weniger guten Vertretern erarbeitet wurde. Die Abstufung der Typikalität für die Kategorie WORT wurde mit dem Vorhandensein bzw. Fehlen von Attributen begründet. Dies scheint eine geeignetere Strategie, das Wesen des Wortbegriffs zu verstehen, als Versuche, ihn mit Hilfe von einzelnen Kriterien unzweideutig zu definieren. Wie viele andere linguistische Grundbegriffe ist das Konzept *Wort* eine Sammel- oder Mischbezeichnung für eine Palette in vielerlei Hinsicht ähnlicher, aber keineswegs identischer Phänomene, und diesem Status wird die Abstufung nach Typikalitätsgraden in angemessener Form gerecht.

Weiterführende Literatur: Zum Wortbegriff: Di Scullio und Williams (1987), Bauer (1988: 45–55), (2000a), Carstairs-McCarthy (2000), Plag (2003: 4 ff.). Zur Prototypentheorie, auf der die Erläuterung des Wortbegriffs beruht: Ungerer und Schmid (1996: Kap. 1 und 2).

2.2   Die morphologischen Basiseinheiten

In der linguistischen Beschreibung der bedeutungtragenden Bausteine von Wörtern gibt es grundsätzlich zwei konkurrierende Systeme. In der moderneren Terminologie spielt der Begriff des *Morphems*, der in Kapitel 1 schon erwähnt wurde, die Hauptrolle. Unterschiede im Hinblick auf die Möglichkeiten des Auftretens von Morphemen (die so genannte *Distribution*, s. Abschnitt 2.2.2) und ihre Funktion (s. Abschnitt 2.2.3), werden durch Morphemklassen wie *gebunden* und *frei* sowie *lexikalisch* und *grammatikalisch* beschrieben. Die traditionelle Terminologie, die aus der klassischen griechischen und lateinischen Grammatik kommt und häufiger in der historischen Sprachwissenschaft eingesetzt wird, operiert dagegen mit den Begriffen *Wurzel, Stamm* und *Affix*. Da beide Begriffssysteme in der Fachliteratur anzutreffen sind, werden auch beide hier eingeführt. Ausgangspunkt und Bezugsrahmen wird die Perspektive der morphemorientierten Terminologie sein.

2.2.1 Morphem und Morph

Der grundlegende Wortbaustein ist das *Morphem*, das üblicherweise als „kleinste bedeutungtragende Einheit von Sprachen" (z. B. Herbst, Stoll und Westermayr 1991: 73) definiert wird. Die Tatsache, dass diese Definition aus mehreren Aspekten oder Attributen besteht – in erster Linie der Minimalität, der Bedeutungshaltigkeit und dem Einheitscharakter – deutet darauf hin, dass ähnlich wie beim WORT auch bei der Kategorie MORPHEM mit guten und weniger guten Vertretern zu rechnen ist. Dies ist auch der Fall. Ich werde in diesem Abschnitt zunächst prototypische Ausprägungen der Kategorie MORPHEM und dann im Abschnitt 2.3 den Übergangsbereich zu weniger typischen Exemplaren und submorphemischen Wortteilen behandeln.

Nehmen wir als Ausgangspunkt unserer Überlegungen den kurzen Auszug aus einem Zeitungsbericht in (2.2):

(2.2) Head teachers are planning to challenge a key part of the government's education reforms ... (ICE-GB W2c-002).

Die Passage in (2.2) ist in (2.3) in Morpheme zerlegt dargestellt, wobei, wie in der Linguistik weithin üblich, Morpheme durch geschweifte Klammern angezeigt werden:

(2.3) {Head} {teach} {er} {s} (= Plural) {are} {plan} {ing} {to} {challenge} {a}
       {key} {part} {of} {the} {govern} {ment} {s} (= Genitiv) {educat(e)} {ion}
       {re} {form} {s}

Allen so segmentierten Elementen kann kaum abgesprochen werden, dass sie einerseits eine wie auch immer geartete Bedeutung tragen, andererseits aber nicht weiter in kleinere bedeutungtragende Elemente zerlegt werden können. Sie erweisen sich somit als kleinste bedeutungtragende Wortbestandteile und damit prinzipiell als Morpheme. Eine kleine theoretische Präzisierung ist hierbei freilich noch nötig. Wie andere linguistische Fachtermini, die auf *-em* enden, also z. B. *Lexem, Phonem* oder auch *Phrasem*, so kann auch der Morphembegriff als eine Abstraktion von real produzierten Sprachdaten aufgefasst werden. Das Konzept des Morphems gehört demgemäß zur Ebene des Sprachsystems (*langue*) und nicht zum Sprachgebrauch (*parole*). In Analogie zur in 2.1.1 erläuterten Beziehung zwischen *Lexem* und *Wortform* unterscheiden deshalb manche Linguisten (z. B. Lyons 1968: § 5.3.4, Bauer 1983: 15, Bauer 1988: 11–15) zwischen *Morphem* (als Abstraktion auf der Ebene der *langue*) und *Morph* (als aktueller Realisation eines Morphems). Diese Unterscheidung ist aber nicht immer von großer Bedeutung. Sie kommt in erster Linie dann zum Tragen, wenn ein Morphem formal verschiedene Morphe mit gleicher Bedeutung zusammenfasst, was für den Bereich der Flexionsmorphologie besonders typisch ist. Das Pluralmorphem z. B. kann als /s/ (in *cats*), /z/ (in *dogs*) und /ɪz/ (in *horses*) realisiert sein, je nachdem, wie das Morphem, an das es angefügt wird, auslautet (vgl. Abschnitt 3.1). In diesen Fällen spricht man von den *Allomorphen* eines Morphems, wobei Allomorphe als verschiedene formale Realisationsformen eines Morphems aufgefasst werden (s. Abschnitt 2.4). Bei Morphemen, die ohnehin nur in einer formalen Realisationsform auftreten, legen nur wenige Linguisten großen Wert auf die präzise terminologische Trennung von *Morph* und *Morphem*; es besteht entsprechend auch kein Konsens darüber, ob Morphe – wie oben beschrieben – generell die Realisationsformen von Morphemen auf *parole*-Ebene sind (wogegen sich z. B. Mugdan 1986: 33 f. wendet), ob sie nur lautliche Realisationsformen sind (z. B. Herbst, Stoll und Westermayr 1991) oder ob man die Verwendung des Begriffs ganz einfach meidet (wie z. B. Kastovsky 1986, Hansen et al. 1990 oder Lipka 2002). In Anlehnung an die zuletzt genannten Autoren wird in diesem Buch der Terminus *Morph* nur in der Fügung *Allomorph* verwendet.

2.2.2 Die distributionelle Klassifizierung von Morphemen

Zwischen den Morphemen in (2.3) bestehen unübersehbare Unterschiede. Der auffälligste Gegensatz betrifft die Möglichkeiten ihres Auftretens, die so genannte *Distribution* (*distribution*). Eine Reihe von Morphemen, z. B. {head}, {teach}, {plan}, {to} und {of}, sind *frei* (*free*), d. h. sie können selbstständig auftreten. Freie Morpheme sind mithin gleichzeitig Lexeme. Dabei ist nicht maßgeblich, ob sie im aktuellen Kontext allein stehen oder Teil eines Wortes sind, sondern nur, ob sie *potenziell* allein stehen *können*. Das Gegenstück zu freien Morphemen sind *gebundene* Morpheme (*bound morphemes*). Beispiele in (2.3) sind {-er}, {Plural -s}, {-ing}, {-ment} und {Genitiv -s}. Gebundene Morpheme können *nur* in Verbindung mit anderen Morphemen auftreten; sie unterscheiden sich streng genommen von freien – die ja wie {teach} in (2.2) in *teachers* auch in Verbindung mit anderen Morphemen vorkommen – dadurch, dass sie *obligatorisch gebunden* sind (vgl. Bauer 1988: 11, Lieber und Mugdan 2000: 406). Es ist allgemein üblich, statt von *potenziell freien* und *obligatorisch gebundenen Morphemen* einfach nur von *freien* bzw. *gebundenen* zu sprechen.

  Die Klassifizierung von Morphemen im Hinblick auf ihre Distribution ist zumindest für das Englische weitgehend unproblematisch und ohne einen umfangreichen Kriterienkatalog durchführbar. Die Grenzen zwischen den Klassen freier und gebundener Morpheme können in aller Regel durch das orthografische Kriterium allein relativ klar gezogen werden. Höchst selten treten Fälle wie *ism* auf, das ursprünglich ein gebundenes Morphem in Wörtern wie *socialism* oder *realism* war, aber heute im informellen Diskurs auch als freies nominales Morphem gebraucht wird, und zwar gemäß LDOCE4 mit der Bedeutung ‚to describe a set of ideas or beliefs whose name ends in 'ism', especially when you think that they are not sensible or practical' (s. v. *ism*).

Eine distributionelle Sonderform von Morphemen ist die kleine Klasse der so genannten *blockierten* oder *unikalen Morpheme* (*unique* oder *blocked morphemes*). Dieser Morphemtyp wird für die Elemente *rasp-* und *cran-* in *raspberry* und *cranberry*, und für den ersten Teil von Bezeichnungen der Wochentage, also z. B. *Tues-*, *Wednes-* oder *Thurs-* angesetzt. Solchen Wortteilen wird vor allem deshalb Morphemstatus zuerkannt, weil die jeweils zweiten Teile *-berry* und *-day* eindeutig freie Morpheme sind, und es damit nahe liegt, auch die ersten als Morpheme zu betrachten. Auch die Tatsache, dass unumstritten eine Reihenbildung vorliegt, also dass es mehrere Wörter gibt, die auf *-berry* und *-day* enden, trägt zu dieser Entscheidung bei. Auf der anderen Seite ist zweifelhaft, welche Bedeutung diese *cranberry-morphemes*, wie sie nach einem der Beispiele manchmal auch genannt werden, tragen. Es handelt sich also nicht um prototypische Morpheme. Als *blockiert* oder *unikal* werden diese Morpheme deshalb bezeichnet, weil sie jeweils nur mit einem anderen Morphem kombiniert werden können, mit *-berry* bzw. *-day*. Außerhalb dieser beiden Paradigmen gibt es im Englischen wohl keine weiteren blockierten Morpheme, und entsprechend selten ist diese Sonderform auch anzutreffen.

2.2.3 *Die funktionale Klassifizierung von Morphemen*

Die zweite wesentliche Klassifizierungsdimension betrifft die Funktion von Morphemen. Im Hinblick darauf sind Morpheme mit *lexikalischer* Funktion – in (2.3) z. B. die freien Morpheme {head} und {part}, aber auch die gebundenen {-ment} und {-ion} – von solchen mit *grammatikalischer* Funktion (z. B. frei: {to} und {of}; gebunden: {Plural -s}, {Genitiv -s}) zu trennen.

Bevor die funktionale Klassifizierung genauer erläutert wird, sollen die aus der Kombination des distributionellen und des funktionalen Kriteriums entstehenden Morphemklassen in die traditionelle Terminologie übertragen werden. Freie lexikalische Morpheme werden traditionell als *Wurzeln* (*roots*) oder *Stämme* (*stems*) bezeichnet, wobei noch feiner differenziert werden muss (s. Abschnitt 2.5). Freie grammatikalische Morpheme sind *Funktionswörter*. Gebundene Morpheme, egal welchen funktionalen Typs, bilden die Gruppe der *Affixe* (*affixes*); stehen sie vor einem freien Morphem, handelt es sich um *Präfixe* (*prefixes*), folgen sie auf das freie Morphem, sind es *Suffixe* (*suffixes*). Gebundene lexikalische Morpheme sind *Derivationsaffixe* (*derivational affixes*). Gebundene grammatikalische Morpheme sind im heutigen Englisch immer Suffixe; sie werden als *Flexionssuffixe* oder *Flexionsendungen* (*inflectional suffixes, inflectional endings*) bezeichnet. Abbildung 2.1 gibt einen Überblick über diese Begriffe:

Funktion	lexikalisch		grammatikalisch	
Distribution	frei	gebunden	frei	gebunden
	Wurzel	*Derivationsaffix*	*Funktionswort*	*Flexionsaffix*
Stellung		*Präfix – Suffix*		*Suffix*

Abb. 2.1: Klassifikation und Terminologie der Wortbausteine

Der Unterschied zwischen lexikalischen und grammatikalischen Morphemen tritt am deutlichsten zu Tage, wenn man freie lexikalische und gebundene grammatikalische miteinander vergleicht. Dies ist in (2.4) anhand der Morpheme in den Beispielen (2.2) bzw. (2.3) dargestellt:

(2.4) Lexikalisch frei: {head} {key}
       (Wurzeln) {teach} {part}
                  {plan} {govern}
                  {challenge} {educate}
                  {form}

       Grammatikalisch gebunden: {Plural -s}
       (Flexionsendungen) {ing}
                           {Genitiv -s}

Mit Hilfe dieser Beispiele lassen sich zwei Attribute lexikalischer und grammatikalischer Morpheme veranschaulichen, die in der Literatur häufig zu ihrer Unterscheidung verwendet werden (z. B. in Herbst, Stoll und Westermayr 1991):

1. Grammatikalischen Morphemen wird eine relationale Funktion zugeschrieben: Sie beziehen syntaktische Konstituenten aufeinander. Die erste Pluralform *teachers* beispielsweise kongruiert mit der Pluralverbform *are*; das Genitivmorphem stellt eine Beziehung zwischen den Nomina *government* und *education reforms* her. Lexikalische Morpheme dagegen fungieren nichtrelational, sie können ihre Funktion auch isoliert weitgehend erfüllen, da sie semantisch autonomer sind. Grammatikalische Morpheme werden deshalb als *Synsemantika* (d. h. in etwa ,Zusammenbedeuter') und lexikalische Morphe-

me als *Autosemantika* (‚Selbstbedeuter') bezeichnet. Lexikalische Morpheme haben darüber hinaus relativ konkrete Bedeutungen, die bildhafte Vorstellungen hervorrufen können. Die Bedeutungen grammatikalischer Morpheme – z. B. ‚Besitz' oder ‚Zugehörigkeit' für das Genitivmorphem, ‚Mehrzahl' für das Pluralmorphem oder ‚begrenzter zeitlicher Ablauf' für das {ing}-Morphem – sind dagegen vergleichsweise abstrakt.

2. Grammatikalische Morpheme bilden *geschlossene Systeme* (*closed systems*). Nur über sehr lange Zeiträume hinweg werden diesen Systemen neue Elemente hinzugefügt bzw. vorhandene entzogen. Dies gilt vor allem für gebundene grammatikalische Morpheme. Im heutigen Englisch gibt es nur noch neun Morpheme dieser Art, und dieser Zustand besteht schon seit mehr als 300 Jahren (vgl. Kapitel 3). Der Bestand an lexikalischen Morphemen ändert sich – zumindest im Bereich der freien Morpheme – praktisch täglich: Neue Lexeme kommen hinzu, vorhandene geraten außer Gebrauch. Lexikalische Morpheme bilden also eine *offene Klasse* (*open class*).

Freie lexikalische Morpheme sind somit lexikalisch bzw. semantisch autonom und gehören offenen Klassen an, gebundene grammatikalische Morpheme sind relational und gehören geschlossenen Systemen an. Ausgehend von dieser Beobachtung können wir die etwas heiklere Unterscheidung zwischen lexikalischen und grammatikalischen Morphemen innerhalb der beiden großen Distributionsklassen frei und gebunden angehen.

Lexikalisch gebunden vs. grammatikalisch gebunden – Derivation vs. Flexion

Befassen wir uns zunächst einmal mit den gebundenen Morphemen. Beispiele gebundener lexikalischer Morpheme in (2.2) sind die Suffixe {-er} in *teacher*, {-ment} in *government*, {-ion} in *education* und das Präfix {re-} in *reform*. Bei genauer Betrachtung erweisen sich diese Morpheme nicht als semantisch autonom, und man kann ihnen auch keine besonders konkrete Bedeutung zuweisen. Obgleich der Bestand lexikalischer Präfixe und Suffixe im Allgemeinen relativ stabil ist, muss man doch feststellen, dass immer wieder neue affixähnliche Elemente hinzukommen, z. B. in letzter Zeit *cyber-* (*cyberspace, cyberpunk, cybernaut, cyberart*), *nano-* (*nanotechnology, nanocomputer, nanocrystal*) oder *mega-* (*megastore, megastar, megarich, megahit*). Die Klasse gebundener lexikalischer Morpheme ist dementsprechend immerhin prinzipiell offen, aber völlig eindeutig lässt sich die Unterscheidung zwischen gebundenen lexikalischen und gebundenen grammatikalischen Morphemen mit Hilfe der beiden genannten Kriterien trotz allem nicht vornehmen. Stattdessen sind es in erster Linie vier Parameter, die eine exaktere Differenzierung der Suffixe in lexikalische bzw. Derivationsmorpheme und grammatikalische bzw. Flexionsmorpheme erlauben.

1. Was entsteht durch das Hinzufügen eines gebundenen Morphems an ein freies? Die Beispiele *teacher, government* und *education* einerseits und *planning, government's* und *reforms* andererseits deuten bereits auf die Antwort hin: Durch das Anfügen lexikalischer Morpheme entstehen neue Lexeme, während das Hinzufügen grammatikalischer Morpheme lediglich Wortformen ein und desselben Lexems erzeugt. Dieser Unterschied hat zwei Konsequenzen, die als weitere Unterscheidungskriterien zum Einsatz kommen können:

2. Da durch Derivationssuffixe neue Lexeme geschaffen werden, geht mit deren Hinzufügung immer auch eine Bedeutungsveränderung einher. *Teacher* hat eine andere Bedeutung als *teach* und bekommt deshalb in Lexika einen eigenen Eintrag. *Reforms* hat als Wortform des Lexems *reform* keinen eigenen Eintrag, denn zur eigentlichen Wortbedeutung ist nichts hinzugekommen. Eng damit verbunden ist der dritte Aspekt, der allerdings nicht so zwingend greift.

3. Flexionsendungen sind immer Wortarten erhaltend, Derivationssuffixe dagegen bewirken in den meisten Fällen einen Wortartwechsel, denn sie bestimmen immer die Wortart. *Teach* ist ein Verb, *teacher* ein Nomen, und dasselbe gilt auch für *govern – government* und *educate – education*. Nur in seltenen Fällen, wie z. B. bei dem Suffix {-ish} in *greenish*, bleibt die Wortart auch beim Anfügen eines Derivationssuffixes erhalten.

4. Welches Morphem tritt näher an das freie heran, wenn ein lexikalisches und ein grammatikalisches angefügt werden? Da das Derivationssuffix die Wortart bestimmt, umgekehrt aber Flexionssuffixe wortartenabhängig eingesetzt werden, ist klar, dass die grammatikalischen Morpheme in der Regel weiter vom Stamm entfernt stehen als die lexikalischen. Die Abfolge der Morpheme in *teach-er-s*, lexikalisch frei – lexikalisch gebunden – grammatikalisch gebunden, bestätigt dies.

Jenseits aller Theorie wird für das moderne Englisch, also die sprachhistorische Epoche seit ca. 1700, die Identifikation von gebundenen grammatikalischen Morphemen ganz wesentlich dadurch erleichtert, dass – wie schon bemerkt – relativ unbestreitbar nur noch neun Morpheme dieses Typs existieren, und zwar beim Nomen {Plural -s} und {Genitiv -s}, beim Verb {3. Person -s}, {ing}, {ed$_1$} (*simple past*) und {ed$_2$} (*past participle*), bei Adjektiven {er} (Komparativ) und {est} (Superlativ) und bei Zahlwörtern {th}, das Ordinalmorphem wie in *fourth*.[4] Man kann also bei der praktischen Arbeit der morphologischen Analyse

---

[4] Etwas umstritten ist der Status des Suffixes *-ly* (*happily, calmly, basically*), das Adjektive in Adverbien umwandelt. Die hohe Produktivität dieses Suffixes (s. S. 182) und die minimalen Bedeutungsveränderungen, die es verursacht, sprechen dafür, es als Flexionsmorphem einzustufen. Da es aber zweifellos die Überführung eines Lexems in eine andere Wortklasse bewirkt, wird es hier als lexikalisches, d. h. Derivationsmorphem angesehen.

und Klassifikation im Zweifelsfall im Ausschlussverfahren vorgehen und alle Suffixe als lexikalisch ansehen, die nicht in dieser Liste enthalten sind. (Dabei ist aber auf das Problem der Allomorphie zu achten; s. Kapitel 3, wo ein systematischer Überblick über die Flexionsmorphologie gegeben werden wird.)

Etwas problematisch, dafür aber auch besonders interessant, sind die Formen *-ing*, *-ed* und *-er*, weil diese sowohl in grammatikalischer als auch in lexikalischer Funktion vorkommen können (vgl. Adams 2001: 6 f.). Beispiele für verschiedene Funktionen sind einander in (2.5) bis (2.7) gegenübergestellt.

(2.5.a) Australia and Canada *had issued* an invitation to informal talks ... (ICE-GB: W2c-019)

(2.5.b) ... as a contribution to more effective community care "for what the report calls" adults who are mentally ill, mentally *handicapped*, elderly or physically *disabled* and similar groups ... (ICE-GB: W2a-013)

(2.6.a) I was *telling* you about that, wasn't I? (ICE-GB: S1a-086)

(2.6.b) ... Mr John Major, would raise the issue with the United States president, Mr George Bush, at their summit *meeting* in Bermuda on Saturday, in the hope of *softening* US opposition to forced repatriation ... (ICE-GB: W2c-019)

(2.7.a) Especially when I was *younger* he was boring ... (ICE-GB: S1a-072)

(2.7.b) And although the Gulf crisis may have attracted more newspaper *readers* around the world ... (ICE-GB: W2c-013)

In allen drei mit (a) gekennzeichneten Beispielen wird durch den Kontext erkennbar, dass die Formen *-ed*, *-ing* und *-er* jeweils grammatikalische Funktionen erfüllen. Es handelt sich eindeutig um Belege der Morpheme {ed$_2$}, {ing} und {er}, also der Morpheme mit den Funktionen Partizip Perfekt, Partizip Präsens bzw. Komparativ. In den (b)-Beispielen ist dies nicht der Fall. *Handicapped* und *disabled* sind nicht einfach Wortformen der Verben *handicap* und *disable*, sondern eigenständige Lexeme. Beide werden in Lexika mit eigenen Einträgen bedacht, da ihre Bedeutungen nicht mit denen der zugrunde liegenden Verben übereinstimmen. In diesen Fällen fungiert die Form *-ed* also nicht als Flexionsendung, sondern als Derivationssuffix. Analog verhält es sich mit dem Suffix *-ing* in *meeting* in (2.6.b), das ebenfalls ein eigenständiges Lexem und keine Wortform des Verbs *meet* erzeugt. Die Gerundform *softening* in (2.6.b) nimmt eine interessante Zwischenstellung zwischen einer Wortform eines Verbs und einem Nomen ein: Sie fungiert zwar syntaktisch gesehen als Nomen, was für Gerundien kennzeichnend ist, aber trotzdem wäre es übertrieben, sie als autonomes Lexem anzusehen. Gerundien werden deshalb traditionell als syntaktisches und nicht als lexikalisches Phänomen betrachtet; die *ing*-Form gehört also hier eher zu den grammatischen Morphemen.

Vergleichbare semantisch-syntaktische Beziehungen lassen sich zwischen den beiden Erscheinungsformen von -*er* in (2.7.a) und (2.7.b) nicht herstellen. Das Derivationssuffix {er} in (2.7.b) hat bedeutungsmäßig nichts mit dem Komparativmorphem {er} zu tun, und es gibt auch keine Berührungspunkte in der syntaktischen Funktion. Während man sich also noch vorstellen kann, dass es sich bei den Formen -*ing* und -*ed* um *ein* mehrdeutiges, d. h. *polysemes* Morphem handelt, das sowohl in lexikalischer als auch grammatikalischer Funktion wirksam werden kann, muss man bei -*er* auf jeden Fall von *zwei* verschiedenen, aber formal gleichen Morphemen {er}$_1$ und {er}$_2$ mit grammatikalischer bzw. lexikalischer Funktion ausgehen. Diese Beziehung wird in der Linguistik als *Homonymie* (*homonymy*) bezeichnet.

Lexikalisch frei vs. grammatikalisch frei – Inhaltswörter vs. Funktionswörter

Freie Morpheme sind gleichzeitig Lexeme. Aus diesem Grund läuft ihre funktionale Klassifizierung auf die Frage hinaus, ob das jeweilige Lexem lexikalische oder grammatikalische Funktion hat. Diese Frage lässt sich mit den beiden oben genannten Kriterien ‚relational-autonom' und ‚geschlossen-offen' zumindest in der Praxis recht gut beantworten. Als zusätzliche Dimension ist hilfreich, ob ein Morphem flektierbar ist, d. h. ob gebundene grammatikalische Morpheme an es herantreten können oder nicht. Weitergehende theoretische Überlegungen sollen hier nicht angestellt werden (s. Literaturhinweise S. 39).

Angehörige der Klassen Nomen, Adjektiv und Adverb sind unumstritten Inhaltswörter und damit, soweit sie *monomorphematisch* sind (d. h. nur aus einem Morphem bestehen), auch freie lexikalische Morpheme. Diese Wortarten werden ständig erweitert und sind somit offen; ihre Mitglieder sind semantisch autonom und sie sind flektierbar. Innerhalb der Wortart Verb muss feiner differenziert werden: Primäre Hilfsverben (*be, do, have*) und Modalverben (z. B. *must, will, shall*) bilden eine geschlossene Klasse und erfüllen relationale Funktionen im Rahmen der Grammatik; sie sind also als grammatikalische Morpheme zu betrachten. Da die primären Hilfsverben ja auch als Vollverben auftreten können, muss bei Formen wie *is, are* oder *had* in jedem Einzelfall für die morphologische Analyse abgeklärt werden, ob sie syntaktisch in Hilfs- oder Vollverbfunktion verwendet werden. Voll-, Haupt-, bzw. lexikalische Verben dagegen, wie *eat, teach* oder *please*, bilden eine offene Klasse, sind semantisch autonom und flektierbar. Daraus folgt, dass monomorphematische Hauptverben freie lexikalische Morpheme sind.

Die Anwendung derselben beiden Kriterien – Offenheit der Klasse und semantische Autonomie – weisen den englischen Artikeln *the* und *a(n)*, der Partikel *to* sowie allen morphologisch einfachen Pronomina (z. B. *she, him, why, which*), Präpositionen (z. B. *of, in, at*) und Konjunktionen (z. B. *and, or, after*) den Status freier grammatikalischer Morpheme zu. Da auch die Klasse der morphologisch einfachen Zahlwörter (*one* bis *twelve*, *hundred*, *thousand*, *million* etc.) geschlossen ist, und ihre Angehörigen semantisch nur wenig autonom sind, scheint es vernünftig, sie ebenfalls als grammatikalische Morpheme anzusehen. Die letzte Wortart, die gemeinhin unterschieden wird, die Klasse der Interjektionen, ist zwar nicht so umfangreich wie die der anderen typischen offenen Klassen, aber doch einem deutlich erkennbaren, von Moden beeinflussten Wandel unterworfen. Sie ist also eher offen als geschlossen. Darüber hinaus sind Interjektionen wie *ouch*, *damn*, *blimey*, *goodness* oder *heavens* semantisch, syntaktisch und sogar diskursiv durchaus autonom, denn sie können selbst bei isoliertem Auftreten ausreichende Information übermitteln. Es spricht also alles dafür, sie als lexikalisch frei einzuordnen, wenngleich sie hinsichtlich des Kriteriums der Flektierbarkeit eher nicht dazugehören.

2.2.4 Korpusstudie I:
Überblick über Morphemklassen und ihre Häufigkeit in Texten

Tabelle 2.2 gibt einen Überblick über die in den Abschnitten 2.2.2 und 2.2.3 dargestellten Morphemtypen, ihre wichtigsten Attribute sowie einige Beispiele. Blockierte bzw. unikale Morpheme sind in der Tabelle nicht enthalten.

Tab. 2.2: Überblick über Morphemtypen mit Beispielen

Morphemklasse	Attribute	Beispiele
Lexikalisch frei (Lexeme, Wurzeln)	• semantisch autonom • offene Klasse • flektierbar (außer Interj.)	N: {head}, {key}, {part} Adj: {green}, {pale}, {nice} Adv: {fast}, {well}, {here} V lex: {plan}, {teach}, {pass} Interj: {ouch}, {damn}, {heavens}
Grammatikalisch frei (Lexeme, Funktionswörter)	• nicht autonom, relational • geschlossene Klasse • nicht flektierbar (außer Hilfsverben *be*, *do*, *have*)	V aux: {will}, {must}, {have} Pron: {she}, {which}, {why} Präp: {of}, {in}, {at} Konj: {and}, {that}, {as} Num: {one}, {two}, {thousand}
Lexikalisch gebunden (Derivationsaffixe)	• tendenziell offene Klasse • bilden Lexeme mit eigenständiger Bedeutung • meist Wortart verändernd (bei Suffixen) • näher am Stamm	Präfixe: {re-}, {dis-}, {post-} Suffixe: {-er}, {-ify}, {-ment}

Grammatikalisch gebunden (Flexionssuffixe)	• geschlossene Klasse • bilden Wortformen mit unveränderter Bedeutung • immer Wortarten erhaltend • weiter entfernt vom Stamm	beim N: beim V: beim Adj: beim Num:	{Plural}, {Genitiv} {3. Pers. Präs. Sg.}, {ing}, {ed$_1$}, {ed$_2$} {er}, {est} {th}

Aus der soziopragmatischen Perspektive ist bemerkenswert, dass die Häufigkeit des Auftretens der einzelnen Morphemtypen in Texten maßgeblich vom untersuchten Register abhängt. Wie in der Einleitung bereits erläutert, lässt das für dieses Buch eingesetzte Korpus, das BUMC, eine Untersuchung fünf unterschiedlicher Register zu: spontane mündliche Konversation, persönlicher Brief, fiktionaler Text, Zeitungsreportage und wissenschaftlicher Fachtext.

Vergleicht man die Eigenschaften der Wörter in den verschiedenen Registern, so fällt zunächst ein Unterschied hinsichtlich der relativen Anzahl von Morphemen je Wort auf, die die interne Komplexität widerspiegelt:

Tab. 2.3: Durchschnittliche Anzahl der Morpheme pro Wort in den fünf
Registern des BUMC

	Gespräch	**Brief**	**Fiktion**	**Reportage**	**Fachtext**
Morpheme pro Wort	1,17	1,22	1,32	1,38	1,48

Tabelle 2.3 zeigt, dass die interne Wortkomplexität von der spontanen Konversation über Briefe, fiktionale Texte, Reportagen bis hin zu den Fachtexten kontinuierlich ansteigt. Im Durchschnitt enthalten die Wörter in wissenschaftlichen Texten 0,3 Morpheme mehr als die in mündlicher Konversation. Wie die Verteilung lexikalischer und grammatikalischer Morpheme in Tabelle 2.4 zeigt, ist dies auf die relativ hohe Häufigkeit lexikalischer Morpheme bei den Textsorten mit formellerem Stil und abstrakterem Inhalt zurückzuführen:

Tab. 2.4: Relative Verteilung lexikalischer und grammatikalischer Morpheme
in den fünf Registern des BUMC

	Gespräch	**Brief**	**Fiktion**	**Reportage**	**Fachtext**
Lexikalisch	44 %	47 %	47 %	54 %	59 %
Grammatikalisch	56 %	53 %	53 %	46 %	41 %

Während die relative Häufigkeit der lexikalischen Morpheme von links nach rechts ständig zunimmt, geht die der grammatikalischen Morpheme zurück. Um herauszufinden, was hinter dieser Verteilung steckt, lohnt es sich, die Distribution der Morpheme genauer zu untersuchen. Diese ist in Tabelle 2.5 dargestellt:

Tab. 2.5: Relative Verteilung freier und gebundener lexikalischer und
grammatikalischer Morpheme in den fünf Registern des BUMC

	Gespräch	Brief	Fiktion	Reportage	Fachtext
Lex frei	38 %	40 %	38 %	40 %	35 %
Lex gebunden	5 %	6 %	8 %	12 %	19 %
Gr frei	43 %	41 %	37 %	31 %	29 %
Gr gebunden	13 %	13 %	15 %	15 %	12 %

Tabelle 2.5 weist nach, dass der hohe Anteil lexikalischer Morpheme bei den
Reportagen und wissenschaftlichen Fachtexten von der Häufigkeit gebundener
lexikalischer Morpheme verursacht wird. Wie Kapitel 8 und 9 noch zeigen werden, werden diese in Präfigierungen und vor allem Suffigierungen zur Bildung
komplexer, häufig abstrakter Lexeme eingesetzt.

Die komplementäre Verteilung der grammatikalischen Morpheme dagegen
hat ihre Wurzeln im Auftreten freier grammatikalischer Morpheme. Für den hohen Anteil der Morpheme dieses Typs in Gesprächen, persönlichen Briefen und
fiktionalen Texten sind in erster Linie die Pronomina, insbesondere Personalpronomina, verantwortlich, die zur Referenz auf und textuellen Wiederaufnahme
von Personen eingesetzt werden. Im Gegensatz zu wissenschaftlichen Fachtexten, die weitgehend entpersonalisiert sind, handeln Gespräche, Briefe und fiktionale Texte von Personen und von dem, was sie tun und sagen.

Auffällig bei den gebundenen grammatikalischen Morphemen, die in der
Tabelle nicht im Einzelnen aufgeführt sind, ist die Verteilung des Morphems
$\{ed_1\}$, das die einfache Vergangenheit markiert. Den größten Anteil hat dieses
Flexionsmorphem in den fiktionalen Texten (7,08 %); darauf folgen Gespräche
(4,06 %), Zeitungsreportagen (3,66 %), Briefe (2,65 %) und, mit weitem Abstand, Fachtexte (0,89 %). Diese Verteilung bestätigt den bekannten Befund, dass
die Häufigkeit einfacher Vergangenheitsformen in Texten mit dem Ausmaß kor-
reliert, zu dem Texte narrative Ziele verfolgen (Biber 1988: 135 ff.).

Selbstverständlich ist das analysierte Korpus mit ca. 41.000 Wörtern zu
klein, um repräsentative Aussagen zur Verteilung der Morphemtypen zu machen.
Andererseits konvergieren die vorliegenden Befunde auf den verschiedenen Ebenen intern so gut und befinden sich mit früheren korpusbasierten Beobachtungen
so deutlich in Einklang, dass selbst das begrenzte Material aus der soziopragmatischen Perspektive schon interessante und auch relativ verlässliche Schlüsse zur
Registerabhängigkeit der verschiedenen morphologischen Bausteine zulässt.

Weiterführende Literatur: Zum Unterschied zwischen Flexion und Derivation: Bauer (1988:
73 ff.), Dressler (1989), Plank (1994), Booij (2000), Bybee (2000), Croft (2000), Plag (2003: 14
ff.). Zur Registerabhängigkeit von Flexionsmorphemen: Biber et al. (1999: 456–465).

2.3   Der Übergangsbereich von prototypischen Morphemen zu submorphemischen Einheiten

Wie schon bemerkt, werden prototypische Morpheme gemeinhin mit dem handlichen Ausdruck „kleinste bedeutungstragende Einheit einer Sprache" definiert. Damit sind Morpheme auch sprachliche *Minimalzeichen*, denn sie verbinden nicht weiter zerlegbare sprachliche Formen mit Bedeutungen. Nimmt man den Zeichencharakter von Morphemen ernst, so kommen zu den Attributen der Minimalität und der Bedeutungshaltigkeit, die in der Kurzdefinition enthalten sind, noch zwei weitere hinzu: Morpheme müssen eine formale Substanz haben, d. h. eine phonologische oder grafische Realisierung, und sie verknüpfen *eine* Form mit *einem* Bedeutungskomplex, nicht eine Form mit mehreren verschiedenen.

Zu diesen vier morphem-internen Attributen können in der morphologischen Analyse von Wörtern noch zwei externe Faktoren hinzukommen, je nachdem, wie man an die Aufteilung (*Segmentierung*) herangeht: Zum einen wird häufig gefordert, z. B. im einflussreichen amerikanischen Strukturalismus (Bloomfield, Harris, Nida u. a.), Wörter müssten sich vollständig in Morpheme zerlegen lassen, ohne dass Wortbestandteile übrig bleiben, die keinen Morphemstatus haben. Zum anderen – und dies geht auf die traditionelle Annahme zurück, dass Wörter immer mindestens aus einer Wurzel bestehen – sollte jedes Wort mindestens *ein* freies Morphem beinhalten. Wörter, die ausschließlich aus gebundenen Morphemen zusammengesetzt sind, sind nicht vorgesehen (s. auch den Überblick in Tabelle 2.6).

Der weitaus größere Teil der englischen Lexeme und Wortformen lässt sich ohne weiteres in Morpheme zerlegen, die die genannten vier internen und zwei externen Attribute aufweisen, aber es existieren auch Gegenbeispiele. Einerseits gibt es Wörter, bei denen vor allem dann wenig plausible und unbefriedigende morphologische Analysen zustande kommen, wenn man die beiden morphem-externen Faktoren ernst nimmt. So liegt es nahe, das Wort *necessary* in die beiden Morpheme {necess-} und {-ary} zu segmentieren, da der Teil *necess-* eine klar bestimmbare Bedeutung trägt, nicht weiter zerlegbar ist und auch in dem Nomen *necessity* auftritt, und sowohl {-ary} als auch {-ity} gängige Adjektiv bzw. Substantiv bildende Suffixe sind. Will man jedoch der Forderung nachkommen, dass mindestens ein Morphem frei sein muss, so hält diese plausible Analyse nicht stand, denn weder {necess-} noch {-ary} sind potenziell frei. Es bliebe also nur, *necessary* und *necessity* jeweils als Wörter zu betrachten, die aus einem Morphem bestehen, d. h. als monomorphematische Lexeme oder *Moneme*. Andererseits gibt es Wortteile, die zwar einen Teil der morphem-internen Kriterien erfüllen, aber nicht alle, und deswegen als eher untypische oder schlechte Vertreter der Kategorie MORPHEM gelten können. Tabelle 2.6 gibt einen Überblick darüber, zu welchem Grad prototypische Morpheme und morphemähnliche

Einheiten die Attribute der Kategorie MORPHEM aufweisen. Die genannten morphemähnlichen Elemente werden im Folgenden einzeln erläutert.

Tab. 2.6: Typische und weniger typische Vertreter der Kategorie MORPHEM und ihre Attribute

Attribute:	morphem-intern				morphem-extern	
	mini-mal	bedeu-tungstra-gend	formale Substanz	eine Form – ein Be-deu-tungs-komplex	mindes-tens ein Mor-phem ist frei	Analyse-rest ist auch ein Mor-phem
Prototyp. Morphem	+	+	+	+	+	+
Gebundene Wurzel	+	+	+	+	–	+
Combining form	+	+	+	+	~	~
Portmanteau-morphem	+	+	+	–	?	?
Nullmorphem	+	?	–	–	+	+
Fugenelement/ Formativ	+	–	+	–	+	+
Phonästhem	+	~	+	~	–	–

Gebundene Wurzeln

Als *gebundene Wurzeln* (*bound roots*) werden Wortteile wie das bereits erwähnte *necess-* sowie *spec-* (in *special, specific, specify, specialty*), *ident-* (in *identity, identical, identify*) oder *sculpt-* (in *sculptor, sculpture*) bezeichnet, die ansonsten alle Attribute von prototypischen Morphemen aufweisen außer dem einen, dass jedes Wort mindestens ein freies Morphem enthalten muss (Stockwell und Minkowa 2001: 61 f.). Sinnvollerweise dürfen gebundene Wurzeln nur dann angesetzt werden, wenn sie selbst in mehreren Lexemen auftreten und damit Wortfamilien bilden, und die jeweils anderen Wortteile eindeutig den Charakter von reihenbildenden Affixen haben. Das Konzept der gebundenen Wurzeln trägt der Tatsache Rechnung, dass bei einer Segmentierung beiden bzw. allen Wortteilen Bedeutungen zugeschrieben werden können. Deswegen wird die sonst übliche Anforderung an Wurzeln aufgegeben, potenziell allein auftreten zu können (vgl. Abschnitt 2.5). Der Grund für die Existenz solcher gebundener Wurzeln im

Englischen liegt in der Sprachgeschichte. Es handelt sich bei diesen Formen in der Regel um lateinische oder griechische Wurzeln, die als Teile komplexer Lexeme oft in ganzen Wortfamilien aus dem Lateinischen oder Französischen ins Englische entlehnt worden sind. Die Wurzeln allein wurden aber entweder nicht entlehnt oder sind im Laufe der englischen Sprachgeschichte außer Gebrauch geraten.

Combining forms

Auch *combining forms* haben ihren Ursprung in der reichen Entlehnungsgeschichte des Englischen. Sie stellen gewissermaßen das Gegenstück zu gebundenen Wurzeln dar, denn im Gegensatz zu Letzteren wurden *combining forms* isoliert (und nicht in Wörtern) entlehnt und dann mit anderen *combining forms* oder Morphemen zu englischen, oft auch zu internationalen Wörtern zusammengefügt. *Combining forms* treten demnach in so genannten neoklassischen Komposita (*neo-classical compounds*) wie *biography, democracy, microscope* und *photograph* auf, über die im Kapitel über Komposita noch mehr zu sagen sein wird (s. S. 130).[5]

Hier geht es zunächst nur darum, den Status von *combining forms* im Vergleich zu prototypischen Morphemen zu klären. Wie gebundene Wurzeln können *combining forms* das Problem mit sich bringen, dass kein freies Morphem aus der Segmentierung hervorgeht: Weder *bio-* noch *-graphy*, weder *demo-* noch *-cracy* sind freie Formen. Die Form *scope* ist zwar potenziell frei, aber mit einer völlig anderen Bedeutung als in *microscope*. (Bei *photo* als freiem Morphem handelt es sich um eine Kürzung von *photograph*.)

Im Gegensatz zu gebundenen Wurzeln, die ja nur dann angesetzt werden können, wenn der Analyserest eindeutig ein Affix ist, kommt bei *combining forms* noch eine zusätzliche Komplikation hinzu: Hier sind *beide* Wortteile keine eindeutigen Morpheme. In der Tat sind häufig kaum Indizien dafür vorhanden, welches der beiden Elemente eher Wurzel- und welches eher Affixcharakter hat, denn *combining forms* stehen im Hinblick auf die Distribution zwischen freien und gebundenen Formen. Einerseits ähneln sie gebundenen Morphemen insofern, als auch sie nicht alleine auftreten können; zum anderen aber bringen sie ein so hohes Maß an lexikalischem Inhalt ein, dass sie eher mit freien Morphemen als mit gebundenen vergleichbar sind. Diese Unsicherheiten in der Segmentierung haben den Begriff der *combining form* für viele Autoren unattraktiv gemacht.

---

[5] Uneinigkeit besteht darüber, ob nur die jeweils ersten Teile solcher Lexeme als *combining forms* anzusehen sind – so das OED oder auch Hansen et al. (1990) – oder beide (Bauer 1983: 270 ff., Warren 1990).

Auf der anderen Seite fasst der Begriff sprachlich (insbesondere sprachgeschicht-lich) und psychologisch reale Erscheinungen in eine theoretisch vergleichsweise unbelastete und neutrale Form.

Portmanteaumorpheme und Suppletion

In einer anderen Hinsicht weichen Formen wie *had, first* oder *best* von prototypi-schen Morphemen ab. Ihre Besonderheit besteht darin, dass sie mehrere Bedeu-tungen tragen, die in vergleichbaren Wörtern jeweils durch einzelne Formen gekennzeichnet sind. *Had* z. B. trägt die lexikalische Bedeutung von *have* und die grammatikalische Bedeutung *simple past* oder *past participle*. Aus semanti-scher Sicht ist *had* also in die Morpheme {have} und, je nach Verwendung, {ed_1} oder {ed_2} segmentierbar, aus formaler jedoch nicht. Analog verhält es sich mit *first* ({one} und {th}) und *best* ({good} und {est}). In allen Fällen dieser Art – die in der Grammatik als *unregelmäßige Formen* oder *Ausnahmen* gelten – besteht keine Übereinstimmung (*Isomorphie*) zwischen Form und Inhalt: Eine Form repräsentiert zwei (oder mehrere) Inhalte. Dass es sich bei diesen Inhalten jeweils nicht um *einen* größeren Bedeutungskomplex handelt, ergibt sich aus dem Vergleich zu isomorphen, ,regelmäßigen' Formen wie *laugh-ed, four-th* und *nice-(e)st*. Das Attribut ,eine Form entspricht einem Bedeutungskomplex' trifft hier also nicht zu.

Terminologisch kann man zwischen zwei Formen dieser Abweichungen von prototypischen Morphemen unterscheiden: Bei so genannten *Portmanteaumor-phemen* (*portmanteau morphemes*) ist auf der formalen Seite noch eine Ähnlich-keit zur Wurzel erkennbar. Der Begriff stammt von Lewis Carroll, dem Autor von *Alice in Wonderland*: „It's like a portmanteau [d. h. ,Koffer', HJS]: there are two meanings packed up in one word". *Suppletivformen* (*suppletions*), die auch als *ersetzende Morpheme* (*replacive morphemes*) bezeichnet werden, sind formal nicht mit der Wurzel verwandt. *Had* ist demnach als Portmanteaumorphem ein-zustufen, *first* und *best* als Suppletion. Weitere Beispiele für Portmanteaumor-pheme sind die Vergangenheitsformen *did, sang* und *got*, für Suppletionen *was, went* und *better* (s. auch S. 54).

Nullmorpheme

Nullelemente werden in der Morphologie dazu eingesetzt, semantische Verände-rungen von Wörtern zu erklären, die formal nicht gekennzeichnet sind. Dies ist in erster Linie für zwei Arten von Phänomenen nötig: das *Nullallomorph* (*zero al-lomorph*) und das *Nullmorphem* (*zero morpheme*). Bei beiden spielt der Wunsch nach Systematik und Konsistenz der morphologischen Beschreibung eine entscheidende Rolle.

Der erste Fall, das Nullallomorph, gehört in die Flexionsmorphologie und ist mit der im letzten Absatz behandelten Thematik verwandt. Neben den Portmanteau- und Suppletivformen existieren im Englischen ja auch ‚unregelmäßige‘ Formen vom Typ *put – put* (*simple past*) *– put* (*past participle*) oder *sheep* (Sg.) *– sheep* (Pl.). Geht aus dem Kontext eindeutig hervor, dass es sich beispielsweise um die Vergangenheitsform von *put* handelt, so ergibt der Vergleich mit Formen wie *laughed* oder *kissed* wie oben, dass aus semantischer Sicht das Flexionsmorphem {ed$_1$} im Spiel sein muss. Da dieses Morphem aber keine formale Entsprechung hat, wird es fälschlicherweise häufig als *Nullmorphem* bezeichnet. Es handelt sich hier aber um das *Nullallomorph* des {ed$_1$}-Morphems, und dies sollte auch terminologisch sauber auseinander gehalten werden.

Das Konstrukt des *Nullmorphems* trägt in der Wortbildung der Beobachtung Rechnung, dass zwar bei Wörtern wie dem Verb *darken* (vom Adjektiv *dark*) der Wortklassenwechsel durch das Suffix {-en} markiert ist, bei solchen wie dem Verb *clean* (vom Adjektiv *clean*) aber nicht. Damit der Wortklassenwechsel stattfinden kann bzw. konnte, so wird argumentiert, muss auch bei *clean* ein Morphem dazugekommen sein. Da man dieses Morphem aber weder hört noch sieht, setzt man die Existenz des Nullmorphems an (mehr dazu in Kapitel 10).

Sofern man überhaupt an die Existenz von Nullmorphemen glaubt bzw. bereit ist, den Nutzen dieses theoretischen Konstrukts anzuerkennen, muss man doch eingestehen, dass Nullmorpheme nicht gerade gute Vertreter der Kategorie MORPHEM sind. Nullmorpheme haben keine formale Substanz; sie sind nicht durch Phoneme (oder Buchstaben) repräsentiert. Sogar hinsichtlich ihrer Bedeutung verhalten sich Nullmorpheme problematisch, und zwar selbst wenn man die verschiedenen Nullallomorphe in der Flexionsmorphologie (für {ed$_1$}, {ed$_2$} und {Plural}) ausschließt. Das Nullmorphem wird für den Wechsel von Adjektiv zu Verb (wie in *clean*), von Nomen zu Verb (wie in *cash*), von Verb zu Nomen (wie in *cover*) und für weitere Arten der Ableitung verantwortlich gemacht. Der einzige gemeinsame Nenner, der als ‚Bedeutung‘ bzw. Funktion des Nullmorphems in Frage kommt, ist das Auslösen eines Wortklassenwechsels (s. Abschnitt 10.2.3). Ob man beim Nullmorphem wirklich von der Verbindung eines Bedeutungskomplexes mit einer Form sprechen kann, ist also fraglich. Obgleich der Begriff *Morphem* selbst ja sogar im Terminus *Nullmorphem* enthalten ist, bleibt letztendlich festzuhalten, dass Nullmorpheme äußerst untypische Morpheme sind.

Fugenelemente und Formative

Das Gegenstück zu Nullmorphemen sind Wortbestandteile, die zwar formale Realisierungen haben, aber keine Bedeutung. Im Englischen sind solche ‚leeren‘

Morphe äußerst selten. Im Deutschen existieren sie in Form so genannter *Fugen-elemente* wie dem *-s* in *Wiederaufbereitungsanlage* oder dem *-n* in *Augenbraue*. Die nächsten Verwandten zu solchen Elementen finden sich im Englischen in Komposita wie *craftsman* oder *statesman*, wo dem Phonem /s/ ebenfalls keine oder höchstens eine sehr diffuse Bedeutung zukommt. Historisch handelt es sich bei diesen Lauten zwar um Genitivmorpheme (analog zu *driver's seat* und *bull's eye*), aber diese Bedeutung ist bei *craftsman* und *statesman* nicht mehr identifi-zierbar.

Ein besonderer Fall von morphologischen Segmentierungsproblemen ent-steht bei idiomatischen Wendungen wie *blow one's top* und Partikelverben wie *get by* oder *make up for*, deren Bedeutungen sich nicht von den jeweiligen Be-standteilen ableiten lassen. Ähnlich wie bei Portmanteaumorphemen liegt hier keine Isomorphie zwischen Form und Inhalt vor. Obwohl alle Teile solcher idio-matisierter Fügungen eindeutig die Form wohl bekannter Morpheme haben, fällt eine einfache Morphemanalyse flach, da die Formen nicht einzelnen Inhalten zugeordnet werden können. Für solche Elemente wird von Kastovsky und ande-ren der Begriff *Formativ* verwendet. Formative sind „minimale formale Einhei-ten, die nur aufgrund ihrer syntaktischen und/oder phonologischen Eigenschaften isolierbar sind, die aber keine identifizierbare Bedeutung haben" (Kastovsky 1982: 70), wenn sie als Teil eines Idioms vorkommen.

Phonästheme

Im Englischen, wie auch in anderen Sprachen, existieren Reihen von Wörtern, die gleich an- oder (seltener) auslauten und bestimmte Bedeutungskomponenten gemeinsam haben. Viele Verben auf /fl-/ z. B. haben etwas mit Bewegung zu tun: Im BUMC sind *fly*, *flow*, *flick*, *flicker* und *flinch* belegt, Marchand (1969: 412) nennt viele weitere Beispiele (*flee*, *float*, *fling*, *flip* u. a.). Offenbar gibt es hier eine Assoziation zwischen Form und Bedeutung, die durchaus mit der von Morphemen bzw. Zeichen vergleichbar ist. Nach solchen Mustern werden auch immer wieder spontan neue Wörter gebildet, die unmittelbar verstanden werden. Vermutlich ist die Ursache des Erfolgs dieser so genannten *Phonästheme* (*pho-naesthemes*) in der Lautsymbolik zu suchen, die auch Lexeme wie *cuckoo*, *crack* oder *splash* motiviert, deren Ursprung eindeutig lautmalerischer Natur ist. Ob-gleich Phonästheme die Kriterien Bedeutungshaltigkeit und Minimalität erfüllen, sind sie äußerst fragwürdige Vertreter der Kategorie MORPHEM, da ihre Bedeu-tung schwer festzulegen ist, und in aller Regel diejenigen Elemente, die nach ei-ner Segmentierung übrig bleiben würden (*-y*, *-ow*, *-ick*, *-icker*, *-inch* beim Phonästhem /fl/), keinerlei Anspruch auf Morphemstatus haben.

2. Die morphologischen Bausteine

Weiterführende Literatur: Zur Morphemdefinition: Mugdan (1986), Luschützky (2000). Zu Nullelementen in der Morphologie: Bergenholtz und Mugdan (2000). Zu *combining forms*: Bauer (1983: 213 ff., 270 ff.), Warren (1990). Zur Suppletion: Mel'čuk (2000). Zu submorphemischen Einheiten: Dressler (1990), Kubrjakowa (2000). Zu Phonästhemen: Käsmann (1992), Adams (2001: 121 ff.).

2.4   Morphem und Allomorph

Es ist im Laufe der bisherigen Ausführungen schon mehrfach angeklungen, dass sprachliche Einheiten in vielerlei Hinsicht eine beträchtliche Variabilität aufweisen, ohne deshalb ihren Einheits- oder Gestaltcharakter zu verlieren. Nehmen wir noch einmal das Beispiel der Lexeme: Obwohl diese im aktuellen Gebrauch mit unterschiedlichen Bedeutungen und in verschiedenen Wortformen vorkommen, werden sie trotzdem als sprachliche Einheiten empfunden. Oder umgekehrt: Lexeme sind Abstraktionen von aktuellen Wortformen, die im Hinblick auf Bedeutung und Form so ähnlich sind, dass sie als verschiedene Verwendungen einer lexikalischen Einheit betrachtet werden können. Das Gleiche gilt auch für Morpheme. Auch sie – und das wird bei den freien lexikalischen Morphemen, die ja gleichzeitig Lexeme sind, am deutlichsten – sind in semantischer und formaler Hinsicht variabel. Sie stehen nicht in jeder Verwendung für die gleiche Bedeutung, sondern sind polysem. Da es aber im Wesen der Polysemie (im Gegensatz zur Homonymie) begründet ist, dass diese Bedeutungen als miteinander zusammenhängend empfunden werden, zeichnen sich Morpheme wie Lexeme durch semantische Geschlossenheit aus. In den letzten beiden Abschnitten wurde deshalb davon gesprochen, dass Morpheme mit Bedeutungs*komplexen* assoziiert werden. Morpheme können aber nicht nur in semantischer, sondern auch in formaler Hinsicht sehr verschieden realisiert sein. Unterschiedliche formale, d. h. lautliche oder grafische Realisierungsformen eines Morphems werden als *Allomorphe* (*allomorphs*) bezeichnet.

Freie und gebundene Morpheme unterscheiden sich darin, auf welcher Seite der Form-Bedeutungsbeziehung in erster Linie Variation auftritt. Bei freien Morphemen ist Variation eher auf der Bedeutungsseite zu finden, bei gebundenen auf der Formseite. Letzteres erklärt sich dadurch, dass gebundene Elemente eher in ihrer Form von freien beeinflusst werden, etwa dann, wenn wenig kompatible Laute aufeinander treffen. Um dies zu verhindern, können zusätzliche Laute eingeschoben werden (z. B. Einschub des Lautes /ɪ/ in *matches* als Plural zu *match*), vorhandene Laute können abgetrennt werden (z. B. Abspaltung des /d/ von der Basis *decide* in *decision*) oder Laute können aneinander angeglichen werden (*Assimilation*; z. B. in *irresponsible* anstelle von **inresponsible*). In allen Fällen haben die lautlichen Anpassungen zur Folge, dass ein Morphem durch verschiedene Allomorphe realisiert wird: Bei *matches* ist es die Allomorphie des Pluralmorphems, bei *decision* die Wurzelallomorphie der Wurzel *decide/decis-*, und bei *irresponsible* die Allomorphie des Präfixes *in-*, das zusätzlich in den Formen *in-* (*infinite*, *informal*), *il-* (*illegal*, *illiterate*) und *im-* (*impossible*, *impeachable*) realisiert wird.

Allomorphische Variation ist grundsätzlich bei allen Typen von Morphemen zu beobachten. Dies zeigt der Überblick in Tabelle 2.7. Als Paradefall für Allomorphie wird trotzdem zu Recht gerne die Flexionsmorphologie angeführt, weil die Allomorphe in diesem Bereich einer systematischen Beschreibung zugeführt werden können. Da die Flexionsallomorphie ausführlich in Abschnitt 3.1 besprochen wird, enthält Tabelle 2.7 hierzu nur wenige Angaben.

Tab. 2.7: Illustration der Allomorphie verschiedener Morphemtypen

Morphemtyp	Beispiele	Allomorphe
Lexikalisch frei	{able} {deep} {explain}	/'eɪbl̩/, /ə'bɪl-/ (*ability*) /diːp/, /dep-/ (*depth*) /ɪks'pleɪn/ /ˌekspləˈn-/ (*explanation*)
Präfix (lex geb)	{in-}	/ɪn-/ (*informal*), /ɪr-/ (*irregular*), /ɪl-/ (*illegal*), /ɪm-/ (*immoral*)
Suffix (lex geb)	{-ion}	/-ʃən/ (*collection*), /-ˈeɪʃən/ (*explanation*)
Grammatikalisch geb	{Plural}	/z/, /s/, /ɪz/, /ən/, Ø-Allomorph, Ablaut (vgl. 3.1)
Grammatikalisch frei	{a}	/ə/ (*a book*), /ən/ (*an idea*), /eɪ/ (zögernd und emphatisch)
	{the}	/ðə/ (*the book*), /ðɪ/ bzw. /ðiː/ (vor Vokal, z. B. *the idea*, sowie zögernd und emphatisch)

2.5 Zusammenfassung: Das morphologische Material im Überblick

Die in den Abschnitten 2.2 und 2.3 beschriebenen morphologischen Bausteine lassen sich als ein Kontinuum betrachten, das von typischen Morphemen über Zwischenformen bis hin zu relativ klaren Fällen von submorphemischen Einheiten reicht.[6] Als terminologische und theoretische Basis für dieses Buch werden

---

[6] Für die morphologischen Einheiten, die nicht zu den prototypischen Morphemen gehören, sind in der Literatur eine Reihe von Begriffen vorgeschlagen worden. In der russischen Linguistik wird von „Submorphen" und „Quasimorphen" gesprochen (Kubrjakowa 2000: 419). Hansen et al. (1990) bezeichnen Elemente wie *heli-*, *para-*, oder *chemo-* als „präfixartige Wortbildungselemente", „Halbpräfixe" und „Präfixoide" und setzen diese den *combining forms* gleich (1990: 86 ff.); „suffixartige Wortbildungselemente", „Halbsuffixe" oder „Suffixoide" (1990: 123 ff.) sind z. B. *-(e)teria*, *-like* oder *-wise*. Marchand (1969: 1 f.) verwendet die Termini „free form",

die folgenden morphologischen Bausteine angesetzt. Wie die praktische Segmen-
tierungsarbeit im Rahmen der Erstellung des BUMC gezeigt hat, sind diese morphologischen Einheiten notwendig und hinreichend, um die Morphologie des
englischen Wortguts sinnvoll und systematisch zu beschreiben und zu erklären
(vgl. auch die Beispielanalyse in Abschnitt 2.6):

- **Morpheme**: minimale bedeutungtragende Einheiten, die eine formale Substanz haben. Ihre formalen Realisierungsformen sind **Allomorphe**.
- **Gebundene Wurzeln**: morphemartige Wortbestandteile mit identifizierbarer
  Bedeutung und enger funktionaler Verwandtheit mit freien Morphemen (hoher
  semantischer Gehalt, wortfamilienbildend), die aber nur gebunden zusammen
  mit gebundenen Morphemen (Affixen) auftreten.
- *Combining forms*: morphemartige Wortbestandteile mit identifizierbarer Be-
  deutung in Zwischenstellung zwischen freien und gebundenen Morphemen,
  die zusammen mit freien Morphemen und anderen *combining forms* auftreten.
- **Portmanteaumorpheme (inklusive Suppletionen)**: morphemähnliche Wort-
  bestandteile, die mehrere Bedeutungen realisieren, welche in vergleichbaren
  Wörtern formal einzeln repräsentiert sind.
- **Nullmorpheme**: morphemartiges, formal nicht repräsentiertes theoretisches
  Konstrukt, dem eine Bedeutung bzw. Funktion zugeschrieben wird.
- **Formative**: minimale formale Einheiten, denen allein keine identifizierbare
  Bedeutung zugeordnet werden kann.

Fugenelemente und Phonästheme werden als eindeutig submorphemische Einheiten bei der morphologischen Segmentierung nicht eingesetzt und spielen auch in
diesem Buch keine Rolle mehr.

Abschließend muss in diesem Kapitel noch eine Klärung im Bereich der tra-
ditionelleren Terminologie der Morphologie und Formenlehre erfolgen. Diese
betrifft die Begriffe *Wurzel* (*root*), *Stamm* (*stem*) und *Basis* (*base*):

- **Wurzel**: Prinzipiell bezeichnen wir denjenigen Teil einer Wortform als *Wur-
  zel*, der verbleibt, wenn alle gebundenen Morpheme entfernt werden. In dem
  Wort *disclaimers* z. B. sind *dis-*, *-er* und *-s* gebunden. *Claim* ist folglich die
  Wurzel. In aller Regel ist die Wurzel ein freies lexikalisches Morphem. Arbeitet man mit dem Konzept der gebundenen Wurzeln, so ist die Wurzel das
  Element, das nach Abspaltung aller klar identifizierbaren Affixe übrig bleibt.
  Man kann dann von *Wurzelmorphemen* sprechen (vgl. z. B. Hansen et al.
  1990: 15, Herbst, Stoll und Westermayr 1991: 73), die frei oder gebunden auf-
  treten können. In *disruption* beispielsweise verbleibt der Teil *rupt*, wenn man

---

„pseudo-morpheme" und „pseudo-sign" in etwa gleichbedeutend mit dem, was in 2.3
als Formativ bezeichnet wurde.

die produktiven Affixe *dis-* und *-ion* abspaltet. Da die Form *rupt* auch unter anderem in *erupt(ion)* und *interrupt(ion)* als Wurzel isolierbar ist, ist es gemäß der in 2.3 geschilderten Überlegungen sinnvoll, sie als gebundene Wurzel zu betrachten. Lässt man Wörter zu, die nur aus *combining forms* bestehen (z. B. *demography* aus den *combining forms demo-* und *-graphy*), so lässt sich die Wurzel letztendlich nicht feststellen.

- **Stamm**: Der Stamm einer Wortform ist derjenige Teil, der verbleibt, wenn alle gebundenen grammatikalischen Morpheme, also alle Flexionsmorpheme, abgetrennt werden. Stämme können aus einer Wurzel bzw. einem freien lexikalischen Morphem bestehen; dann sind sie *monomorphematisch* oder *einfach* (im technischen, morphologischen Sinn). Stämme können aber auch *polymorphematisch* oder morphologisch *komplex* sein, wenn sie sich aus mehreren (freien oder gebundenen) lexikalischen Morphemen zusammensetzen. Die Wortform *disclaimers* hat demnach den komplexen Stamm *disclaimer*; bei der Wortform *claimed* ist *claim* ein morphologisch einfacher Stamm und damit gleichzeitig die Wurzel.

- **Basis**: Während der Begriff *Stamm* in der Flexionsmorphologie eine Rolle spielt, wird in der Derivationsmorphologie mit dem Konzept *Basis* operiert. Jede Form, an die lexikalische Affixe angefügt werden können, wird so bezeichnet. Das Konzept der Basis ist also relational. *Claim* ist die Basis für die präfigierte Form *disclaim*, während letztere wiederum die Basis für die Suffigierung *disclaimer* darstellt.

Einen zusammenfassenden Überblick über die hier erklärten traditionellen Begriffe gibt Abbildung 2.2.

dis	*claim*	*er*	*s*
Stamm		Flexionsendung	
Basis		Suffix	Flexionsendung
Präfix	Wurzel	Suffix	Flexionsendung

Abb. 2.2:   Illustration der traditionellen morphologischen Terminologie

2.6   Morphologische Segmentierung und Klassifizierung: Beispielanalyse

Zur Illustration der in diesem Kapitel erläuterten Kategorien soll im Folgenden ein kurzer Auszug aus dem ICE-GB im Hinblick auf die Funktion und Distribution der morphologischen Bausteine analysiert werden. Der Ausschnitt stammt aus einem Fachtext zu Freuds Psychoanalyse.

(2.8) Freud also entirely ignores the death wish in Hanold's first and third dream whilst he is enchanted with the metaphor of archaeology for memory unevenly buried in an unstable mental terrain (a metaphor which was to become one of his most creative models of the mind); he ignores the potential violence of Jensen's images of burial, flattening, cutting, measuring. (ICE-GB: W2a-002)

Die Analyse in (2.9) gibt eine in Morpheme und morphemähnliche Bestandteile segmentierte Version der Passage in (2.8) mit der funktionalen Analyse jeweils über und der distributionalen Analyse unter den Elementen. Nach der Analyse werden einige erläuternde Kommentare gegeben.

(2.9) Segmentierungs- und Klassifizierungsanalyse

lex	lex	lex	lex	lex	gr	gr	lex	lex	lex
Freud	also	entire	ly	ignore	s	the	dea(d)	th	wish
fr	fr	fr	geb	fr	geb	fr	fr	geb	fr

gr	lex	gr	lex+gr	gr	lex+gr	lex	gr	gr
in	Hanold	's	first	and	third	dream	whilst	he
fr	fr	geb	fr+geb	fr	fr+geb	fr	fr	fr

gr+gr	lex	gr	gr	gr	lex	gr	lex
is	enchant	ed	with	the	metaphor	of	archeo
fr+geb	fr	geb	fr	fr	fr	fr	CF

lex	gr	lex	lex	lex	lex	lex	gr	gr
logy	for	memory	un	even	ly	bur(y)	ed	in
CF	fr	fr	geb	fr	geb	fr	geb	fr

gr	lex	lex	lex	lex	gr	lex	gr	gr+gr
an	un	stable	mental	terrain	a	metaphor	which	was
fr	geb	fr	fr	fr	fr	fr	fr	fr+geb

gr	lex	lex	gr	gr	gr	lex	lex	lex
to	become	one	of	his	most	creat(e)	ive	model
fr	fr	fr	fr	fr	fr	fr	geb	fr

gr	gr	gr	lex	gr	lex	gr	gr	lex
s	of	the	mind	he	ignore	s	the	potential
geb	fr	fr	fr	fr	fr	geb	fr	fr

lex	lex	gr	lex	gr	lex	gr	gr	lex
violen(t)	ce	of	Jensen	's	image	s	of	bur(y)
fr	geb	fr	fr	geb	fr	geb	fr	fr

lex	lex	lex	gr	lex	gr	lex	gr
al	flat	en	ing	cut	ing	measure	ing
geb	fr	geb	geb	fr	geb	fr	geb

Anmerkungen:

- *Death*: In einer strikt synchron ausgerichteten Analyse würde dieses Lexem nicht weiter in Morpheme segmentiert, da das Derivationssuffix nicht mehr produktiv ist (vgl. Kapitel 6). Die vorliegende Analyse folgt der Devise, dass segmentiert werden soll, was morphologisch und semantisch sinnvoll segmentierbar ist.
- *Enchanted*: Auch in diesem Fall ist diese Devise maßgeblich. Da zwischen dem Verb *chant* und *enchanted* (das im Übrigen bereits in dieser Form entlehnt wurde) keine semantische Beziehung mehr existiert, wird hier aber nicht segmentiert.
- *First, third*: Beide sind Suppletivformen; sie werden zerlegt in *one* bzw. *three* (jeweils lex, fr) und -*th* (gr, geb; Ordinalzahlmorphem).
- *Is, was*: Dies sind ebenfalls Suppletivformen; sie werden zerlegt in *be* (gr, fr, da es sich um eine Verwendung als Hilfsverb handelt) und -*s* (gr, geb, 3. Person Sg.) bzw. -*ed* (gr, geb, *simple past*, wobei streng genommen hier auch der Singular zu segmentieren wäre).
- *Archeo-, -logy*: CF steht für combining forms.
- *Burial, flattening, cutting, measuring*: Während -*al* in *burial* ein eindeutiges Wortbildungssuffix darstellt und somit als lexikalisches Morphem klassifiziert ist, wird die Endung -*ing* bei den nicht lexikalisierten Wörtern *flattening, cutting* und *measuring* als gerundbildende Flexionsendung behandelt und entsprechend als grammatikalisches Morphem klassifiziert.

3. Flexionsmorphologie

Die Flexionsmorphologie spielt in allen Sprachen eine wichtige Rolle. Mit ihrer Hilfe werden Kategorien ausgedrückt, die für das Verständnis der Welt und ihre sprachliche Beschreibung sehr grundlegend sind: die Zahl von Personen oder Objekten, über die gesprochen wird (vor allem eines im Gegensatz zu mehreren), der Zeitpunkt oder Zeitraum eines Ereignisses, das beschrieben wird, und die Perspektive auf den Zeitpunkt oder Zeitraum. Da solche auch kognitiv fundamentalen Betrachtungsweisen von Dingen, Personen und Ereignissen sehr häufig sprachlich wiedergegeben werden müssen, lohnt es sich gewissermaßen für Sprachen, sie im grammatischen, d. h. regelhaften System zu verankern. Deshalb existieren grammatische Kategorien wie Numerus, Tempus oder Aspekt. Die Grammatik des Englischen beispielsweise ermöglicht es den Sprechern nicht nur, sondern sie zwingt sie sogar in den meisten Fällen dazu, sich festzulegen, ob sie eine Nominalphrase auf einen oder mehrere Gegenstände beziehen wollen (*the girl* vs. *the girls*). Eine neutrale Form sieht die Grammatik nur bei nichtzählbaren Nomina vor.

Welche dieser Kategorien durch Flexionsmorpheme ausgedrückt werden und wie viele Werte pro Kategorie möglich sind, variiert von Sprache zu Sprache. Es gibt z. B. Sprachen, in denen die Kategorie Numerus nicht nur die Werte Singular und Plural erlaubt (so wie im Englischen und Deutschen), sondern auch den Dual (für zwei Einheiten).

Schon ein relativ oberflächlicher Vergleich zwischen Englisch und Deutsch zeigt, dass die Flexionsmorphologie des Deutschen sehr viel komplexer ist. Während im Deutschen selbst im Präsens regelmäßiger Verben Paradigmen mit vier verschiedenen Flexionsendungen die Regel sind (*ich geh-e, du geh-st, er/sie/ es/ihr geh-t, wir/sie geh-en*), sind im heutigen Englisch nur noch die Grundform *go* und das *-s* zur Markierung der dritten Person Singular Präsens (*he/she goes*) vorhanden. Dieser Unterschied war aber nicht immer so stark ausgeprägt. In früheren Phasen seiner Geschichte verfügte das Englische über ein System von Flexionsmorphemen und Allomorphen, das in seiner Komplexität mit dem heutigen Deutsch durchaus vergleichbar ist. Im Gegensatz zum Deutschen hat das Englische seit dem Altenglischen (450–1100) aber den größten Teil seiner Flexionsmorpheme und deren Allomorphe verloren. Dies war jedoch nur möglich, weil im Gegenzug die ursprünglich freie Wortstellung im Satz durch das Muster Subjekt-Verb-Objekt ersetzt wurde, denn schließlich muss der syntaktische Status von Konstituenten ja irgendwie markiert sein. Man spricht deshalb davon, dass das Englische einen Wandel von einer *synthetischen Sprache* – in der ein hohes

Maß an grammatischer Information in Flexionsmorphemen kodiert ist – zu einer flexionsarmen *analytischen Sprache* durchgemacht hat, in der grammatische Information verstärkt durch die Reihenfolge von Wörtern im Satz und umschreibende (sog. *periphrastische*) Konstruktionen Ausdruck findet. Beispiele hierfür werden noch folgen.

Ziel dieses Kapitels ist es, zunächst einen Überblick über die Flexionsmorpheme des heutigen Englisch (3.1.1) und deren Allomorphe (3.1.2) zu geben. Davon ausgehend wird in einem kleinen Ausflug in die Sprachgeschichte der Verfall der ehemals reichen Flexionsmorphologie exemplarisch dargestellt (3.2).

3.1 Flexionsmorphologie und -allomorphie des heutigen Englisch

3.1.1 Überblick über die Flexionsmorpheme

Ein Überblick über die im heutigen Englisch noch existierenden Flexionsmorpheme ist, wie bereits angedeutet, schnell gegeben, soweit man von wenigen Besonderheiten bei den Verben *be* und *have* sowie den Pronomina absieht. Ein solcher Überblick findet sich in Tabelle 3.1.

Tab. 3.1: Flexionsmorpheme im heutigen Englisch[7]

Wortart	Morphem	Funktionen/Bedeutungen
Nomen	{Plural}	Pluralmarkierung
	{Genitiv}	Genitivmarkierung, Besitz, Teil u. a.
Verb	{3. Pers.}	3. Person Singular Präsens
	{ing}	Partizip Präsens
	{ed$_1$}	Einfache Vergangenheit
	{ed$_2$}	Partizip Perfekt
Adjektiv	{er}	Komparativ
	{est}	Superlativ
Numeralia	{th}	Ordinalzahl

---

[7] In vom amerikanischen Strukturalismus geprägten Quellen findet man die folgenden Kürzel für Flexionsmorpheme, die von den stimmhaften Realisierungen im gesprochenen Englisch abgeleitet wurden: {Z1} = Plural, {Z2} = Genitiv, {Z3} = 3. Person Sg., {D1} = einfache Vergangenheit, {D2} = Partizip Perfekt.

Alle in Tabelle 3.1 genannten Morpheme haben gemeinsam, dass sie in formaler Hinsicht verschiedene Wortformen der jeweiligen Lexeme erzeugen und aus semantischer bzw. grammatischer Sicht grundlegende Kategorien markieren. Für das heutige Englisch ist kennzeichnend (und dies ist für analytische Sprachen typisch), dass in der Regel nur ein Flexionsmorphem an den Stamm angefügt wird, und jedem Flexionsmorphem nur eine Bedeutung zugeschrieben werden kann. Ausnahmen sind die wenigen Suppletivformen (z. B. *better, was* und *first*) und Portmanteauformen wie *told* oder *thought*.

In zwei Bereichen gibt es auch im heutigen Englisch noch Flexionsmorpheme, die über die in Tabelle 3.1 gegebene Übersicht hinausgehen. Diese rekrutieren sich zum einen wiederum aus dem Bereich der Suppletion: Beim Verb *be* existieren noch die Formen *am, are, was* und *were*. Sie drücken grammatische Kategorien aus, die bei allen anderen Verben verloren gegangen sind (Numerus und Person):

- *am*: {1. Person} {Singular} {Präsens}
- *are*: {2. Person} {Singular} oder {Plural} {Präsens}
- *was*: {1. Person} oder {3. Person} {Singular} {Präteritum}
- *were*: {2. Person} {Singular} {Präteritum} oder {Plural} {Präteritum}

Bei den Personal- bzw. Possessivpronomina haben grammatische Kategorien überlebt, die bei den Nomina nicht mehr markiert sind: Kasus, Genus und Person. Da nicht einmal die Pronomina formal eine Unterscheidung zwischen den Fällen Dativ und Akkusativ erlauben, wird im Englischen in der modernen deskriptiven Grammatik nach ihrer syntaktischen Funktion nur noch zwischen den drei Fällen *subjective case, objective case* und *genitive case* differenziert. Die ersten beiden werden zusammen häufig als *common case* bezeichnet. Diese drei Fälle sind auch beim Relativpronomen *who* noch markiert (*whom, whose*). Einen Überblick über die Formen, der auf der Darstellung von Quirk et al. (1985: 336) aufbaut, gibt Tabelle 3.2:

Tab. 3.2: Überblick über die Formen der Personalpronomina

Person	1.		2.	3.				Rel.
Genus				mask.	fem.	neutr.		Pron
Numerus	Sg.	Pl.	Sg./Pl.	Sg.	Sg.	Sg.	Pl.	Sg./Pl.
subjective	*I*	*we*	*you*	*he*	*she*	*it*	*they*	*who*
objective	*me*	*us*		*him*	*her*		*them*	*who(m)*
genitive Det.	*my*	*our*	*your*	*his*	*her*	*its*	*their*	*whose*
Kopf	*mine*	*ours*	*yours*		*hers*		*theirs*	

Die Übersicht zeigt, dass z. B. in der Form *us* die Morpheme {1. Person} und {*objective case*} verschmolzen sind, und in der Form *it* die Morpheme {3. Person}, {Neutrum} und {*common case*}. Bei den meisten Genitivformen muss unterschieden werden, ob das Pronomen als Determinator in einer Nominalphrase fungiert (d. h. vor einem Nomen) oder selbst anstelle eines Nomens den Kopf einer Nominalphrase darstellt.

Im verbleibenden Teil dieses Abschnitts werden wir uns den grammatischen Funktionen und Bedeutungen der in Tabelle 3.1 genannten Morpheme widmen und uns im Folgenden dann ihren formalen Realisierungen zuwenden.

{Plural}

Das Pluralmorphem vereint eine referentielle (auf die Relation zur außersprachlichen Welt bezogene) und eine grammatische Funktion in sich: Es zeigt an, dass die entsprechende Nominalphrase auf mehrere Entitäten referiert (,Mehrzahl'), und es stellt die Kongruenz zwischen einem Pluralsubjekt und einem Verb ohne {3. Person}-Markierung her.

{Genitiv}

Das Genitivmorphem setzt zwei Nomina zueinander in eine Beziehung. Je nach Kontext kann es sich dabei um Relationen wie Besitz, Teil, Ursprung, Eigenschaft und andere handeln, die hier nicht näher besprochen werden sollen. Das Genitivmorphem konkurriert in der heutigen englischen Grammatik mit einer periphrastischen Form, dem *of*-Genitiv. Letzterer wird in der Regel bei nichtbelebten Nomina verwendet, während das Genitivmorphem (mit absteigender Häufigkeit) bei den in Tabelle 3.3 zusammengestellten Arten von Nomina vorkommt:

Tab. 3.3:   Genitivmorphem und Arten von Nomina

Art der Nomina	Beispiel
Eigennamen	*Freud's repression of his own vocabulary of parapraxis* (ICE-GB: W2a: 002)
Personenbezeich-nungen	*... trying to take her eyes off the baby's cheeks* (ICE-GB: W2f-003)
Tiernamen und -bezeichnungen	*I steal the food from the cats' bowls* (ICE-GB: W1b-001)
Kollektiva	*the government's education reforms* (ICE-GB: W2c-002)
Orts- und Länder-namen	*other countries in Asia have followed Hong Kong's lead* (ICE-GB: W2c-019)
Zeitangaben	*Mr Mandela arrived for yesterday's hearing* (ICE-GB: W2c-019)

{3. Person}

Das Morphem zur Markierung der dritten Person Singular am Verb ist auch für die Numeruskongruenz zwischen Subjekt und Verbphrase zuständig. Die Frequenz dieses Morphems ist textsortenabhängig, denn seine Verwendung ist nicht nur an den Numerus des Subjekts gebunden, sondern wird von den Kategorien Tempus und Aspekt gesteuert, die ihrerseits wiederum textsortenabhängig sind. Aus dieser Perspektive kann man sagen, dass das {3. Person}-Morphem Verbphrasen als neutral im Hinblick auf den progressiven und den perfektiven Aspekt und auf ihr Tempus markiert.

{ing}

Aus formal-grammatischer Sicht hat das {ing}-Morphem die Funktion, das Partizip Präsens von Verben zu bilden. Diese Form wiederum kommt in zwei verschiedenen Funktionen zum Einsatz. Sie drückt zusammen mit dem Hilfsverb *be* den progressiven Aspekt aus und ist damit an der Kodierung der Bedeutung ‚andauernder Vorgang mit begrenzter Dauer' beteiligt. (Die Verlaufsform kann auch andere Bedeutungen realisieren, z. B. eine Referenz in die Zukunft, aber um semantische Details dieser Art geht es hier nicht.) Zum anderen wird dieselbe Form zur Bildung von Partizipien in Partizipialsätzen oder bei der Verbkomplementierung (z. B. *he started talking to me*) verwendet. In Beispiel (3.1) illustriert die erste *ing*-Form den Gebrauch in Partizipialsätzen und die zweite den progressiven Aspekt.

(3.1) *Having* said that, some of the greatest stresses *are coming* in the UK and Scandinavia. (ICE-GB: W2c-013)

Drei weitere Verwendungen der *ing*-Form – nicht des {ing}-Morphems! – sind in Abschnitt 2.2.3 bereits erwähnt worden: als Adjektiv bildendes Suffix (*an interesting book*), als Substantiv bildendes Suffix (*the meeting, the building*) und als Gerundform (*the hope of softening US opposition*). Die ersten beiden dieser Verwendungen sind eindeutig Fälle von lexikalischen Morphemen, die dementsprechend nicht hierher gehören. Die Gerundform ist schwieriger zu beurteilen, weil sie durch die Ähnlichkeit zu Partizipien verbale, durch die substantivähnliche syntaktische Verwendung (z. B. Auftreten nach Artikeln und Präpositionen) aber auch nominale Züge hat. Sie nimmt eine Zwitterstellung ein.

{ed₁}

Das Morphem {ed$_1$} markiert die einfache Vergangenheit mit der Kernbedeutung ‚Zeitpunkt oder abgeschlossener Zeitraum in der Vergangenheit ohne Auswirkung auf die Gegenwart'. Bei praktisch allen Verben tritt dieses Morphem ohne zusätzliche Flexionsmorpheme auf. Die einzige Ausnahme ist das Verb *be* (als

Hilfs- oder Hauptverb), das in seinen Suppletivformen (vgl. 3.1.2) *was* und *were* das Morphem {ed₁} und die Markierung der Numeruskongruenz verschmilzt.

{ed₂}
Wie das {ing}-Morphem ist auch das Morphem {ed₂} an verschiedenen grammatischen Konstruktionen beteiligt und erfüllt daher mehrere Funktionen. Das Morphem drückt zusammen mit dem Hilfsverb *have* den perfektiven Aspekt (Beispiel 3.2) aus, zusammen mit dem Hilfsverb *be* bildet es das Passiv (3.3), und es tritt analog zum {ing}-Morphem in Partizipialsätzen (3.4) auf.

(3.2) I haven't *seen* her for a while but will be doing so on Wednesday (ICE-GB: W1b-014)

(3.3) … a large house *was demolished* on Westmoreland Hill (ICE-GB: S1a-007)

(3.4) Moro was on the way to Parliament *with the deal fixed* when he was kidnapped (ICE-GB W2c-010)

Ebenfalls analog zu *-ing* tritt auch die Form *-ed* als Adjektiv bildendes Derivationssuffix (z. B. in *dark-haired*, *half-dressed*, *semi-detached*) auf. In solchen Fällen wird die Form als lexikalisches Morphem behandelt.

{er} und {est}
Das Komparativmorphem {er} und das Superlativmorphem {est} dienen der Steigerung von Adjektiven und wenigen Adverbien, von denen die meisten (Ausnahme: *soon*) formal mit Adjektiven identisch sind: *fast*, *hard*, *late*, *long* und *quick*. Die beiden Morpheme konkurrieren in dieser semantischen Funktion mit der periphrastischen Konstruktion mit den Adverbien *more* und *most*, wobei die Wahl zwischen den beiden Möglichkeiten (Flexionsmorphem oder Periphrase) durch die Länge des Adjektivs bestimmt wird:

- Einsilbige Adjektive bilden ihre Steigerungsformen meist durch Flexion, sie können aber auch mit der periphrastischen Form gesteigert werden.
- Viele zweisilbige Adjektive, vor allem diejenigen, die auf *-y* (*early*, *happy*), *-ow* (*narrow*, *shallow*) und *-le* (*able*, *simple*) enden, kommen mit Flexionsendung vor, können aber genauso periphrastisch gebildet werden.
- Die periphrastische Konstruktion ist die Regel für dreisilbige und längere Adjektive, soweit sie nicht mit *un-* präfigierte Formen von zweisilbigen sind, die auf *-y* enden (*unhappier*, *untidier*).
- Partizipialformen, die als Adjektive fungieren (z. B. *interesting*, *wounded*), benötigen die periphrastische Konstruktion der Steigerung.

{th}

Das ordinalzahlbildende Morphem {th} wird häufig bei der Inventarisierung der Flexionsmorpheme des heutigen Englisch übersehen, obgleich es alle wichtigen Kriterien von Flexionsmorphemen erfüllt (vgl. 2.2.3): Es bildet eine Wortform eines Lexems und ist sowohl wortklassen- als auch bedeutungserhaltend. Das Morphem hat bekanntlich die Funktion, Grundzahlen in Ordnungszahlen umzuformen.

3.1.2 Die formale Realisierung von Morphemen: Phonologische und morphologische Konditionierung von Allomorphen

Ganz oberflächlich betrachtet haben die Formen *seen* (in Beispiel 3.2) und *demolished* (in 3.3) nichts gemeinsam. Dennoch werden sie aufgrund der ähnlichen Funktion und Bedeutung als Manifestationen eines Morphems angesehen. Morpheme können also durch verschiedene Formen, so genannte Allomorphe (*allomorphs*), realisiert sein. Welche Faktoren bestimmen die Art und Weise, in der ein Morphem in einer aktuellen Verwendung formal erscheint? Nachdem Allomorphe häufiger in lautlicher als in orthografischer Hinsicht voneinander abweichen, liegt diese Frage an der Schnittstelle von Morphologie und Phonologie, die (nach dem Wortbildungsmuster der Wortmischung) als *Morphophonemik* oder *Morphonologie* bezeichnet wird.

Prinzipiell sind zwei Möglichkeiten der Selektion von Allomorphen zu unterscheiden: Zum einen kann die Wahl des Allomorphs von lautlichen Faktoren abhängen, und zwar vom Auslaut des Stamms, an den ein Flexionsmorphem herantritt. In diesem Fall spricht man von einer *phonologischen Konditionierung* (*phonological conditioning*). Zum anderen können Allomorphe jedoch auch *morphologisch konditioniert* (*morphologically conditioned*) sein. Das bedeutet, dass die Wahl des Allomorphs vom ganzen Morphem abhängt, an das das Flexionsmorphem angefügt wird, und nicht nur von dessen letztem Laut. Da in vielen Fällen das konditionierende Morphem auch das einzige Morphem des Wortstamms ist, wirkt entsprechend das Wort konditionierend. Deshalb verwenden manche Sprachwissenschaftler (z. B. Bauer 1988: 14, 240) den Terminus *lexikalische Konditionierung* (*lexical conditioning*).

Nicht alle Flexionsmorpheme sind im gleichen Maß von formaler Variation betroffen. Das Morphem {ing} ist z. B. formal nicht variabel; es hat nur eine Realisierungsform: /ɪŋ/. Es wird zwar im kolloquialen Englisch sehr häufig als /ɪn/ (*walkin'*, *runnin'*) realisiert, aber dabei handelt es sich nicht um ein Allomorph des Morphems, sondern lediglich um eine *freie Variante*, die nicht von der lautlichen oder morphologischen Umgebung konditioniert wird. Ihre Wahl liegt vielmehr im Belieben des jeweiligen Sprechers. Dies zeigt, dass ‚echte' Allomorphe nicht einfach nur als „formale Realisierungsmöglichkeiten" aufgefasst werden dürfen, sondern ähnlich wie Allophone vom sprachlichen Kontext determiniert und komplementär verteilt sein müssen. Je nach Kontext kann immer nur eines der zur Wahl stehenden Allomorphe auftreten.

Die Morpheme {er}, {est} und {th} haben keine phonologisch konditionierten, sondern nur morphologisch konditionierte Morpheme. Diese werden in der Formenlehre traditionell als unregelmäßige Formen behandelt. In der Morphologie bezeichnet man sie, wie bereits in 2.4 erwähnt, als *Suppletivformen* oder *Suppletionen*. Damit sind Formen gemeint, die formal nicht mit dem Stamm bzw. der Grundform verwandt sind. Die Suppletivformen von {er}, {est} und {th} sind in Tabelle 3.4 aufgelistet.

Tab. 3.4: Suppletivformen der Flexionsmorpheme {er}, {est} und {th}

Morphem	Stamm/Grundform	Suppletivformen
{er}, {est}	*good*	*better – best*
	bad	*worse – worst*
{th}	*one*	*first*
	two	*second*
	three	*third*

Bei den restlichen Flexionsmorphemen sind sowohl phonologisch als auch morphologisch konditionierte Allomorphe vorhanden.

Allomorphe der Flexionsmorpheme {Plural}, {Genitiv} und {3. Person}

Die den Morphemen {Plural}, {Genitiv} und {3. Person} gemeinsamen *phonologisch konditionierten Allomorphe* sind /z/, /s/ und /ɪz/. Bei allen drei Morphemen tritt jeweils das stimmhafte *-s* (/z/) nach Vokalen und allen stimmhaften Konsonanten außer den stimmhaften Zischlauten /z/, /ʒ/ und /dʒ/ auf. Das stimmlose *-s* (/s/) folgt auf alle stimmlosen Konsonanten außer die stimmlosen Zischlaute /s/, /ʃ/ und /tʃ/. Und das Allomorph /ɪz/ folgt auf die sechs Zischlaute (/z/, /ʒ/, /dʒ/, /s/, /ʃ/ und /tʃ/).

Beim Genitivmorphem existiert über diese Systematik hinaus noch der Sonderfall eines phonologisch konditionierten Nullallomorphs (∅), denn es gibt Kontexte, in denen der Genitiv zumindest lautlich nicht markiert ist. Der häufigste Fall ist der Genitiv eines regelmäßig auf *-s* gebildeten Pluralnomens. Hier wird der Genitiv zwar grafisch durch den Apostroph gekennzeichnet, lautlich ist er dagegen nicht realisiert (vgl. Beispiel 3.5).

(3.5)   ... a boys' grammar school in Birmingham (ICE-GB: W2c-002)

Weitere Umgebungen für das Nullallomorph, die so selten sind, dass sie im BUMC nicht vorkommen, sind zum einen Eigennamen, die auf /z/ auslauten. Bei diesen kann der Genitiv neben dem /ɪz/-Allomorph (*Dickens's, Burns's*) auch als Ø realisiert werden (*Dickens', Burns'*). Zum anderen, und dies stellt eine Kombination aus phonologischer und morphologischer Konditionierung dar, tritt das Nullallomorph an mehrsilbige griechische Eigennamen, die auf *-s* enden, wie *Socrates'* oder *Euripides'* (vgl. Quirk et al. 1985: 320).

Was morphologisch konditionierte Allomorphe anbelangt, verhalten sich die drei Morpheme {Plural}, {Genitiv} und {3. Person} unterschiedlich. Am ausgeprägtesten ist diese Art der Allomorphie beim Pluralmorphem, das durch drei solche Varianten realisiert werden kann. Die mit Abstand häufigste von ihnen, zumindest was die Zahl der *tokens* angeht, ist der *Umlaut* (*mutation*), d. h. der Wechsel des Vokals im Wortstamm. Für die Häufigkeit dieses Allomorphs sind in erster Linie die Lexeme *man* (Pl. *men*) und *woman* (Pl. *women*, /ˈwɪmɪn/) verantwortlich; die anderen fünf Lexeme dieses Typs *mouse – mice, louse – lice, goose – geese, tooth – teeth* und *foot – feet* sind vergleichsweise selten. In allen Fällen ist die morphologische Konditionierung letztendlich auch eine lexikalische. Bei zusammengesetzten Formen wie etwa *woodlouse – woodlice* (‚Kellerassel') liegt streng genommen nur morphologische Konditionierung vor. Zum Zweiten kann auch das Nullallomorph morphologisch determiniert sein, und zwar vor allem bei Tierbezeichnungen (*sheep – sheep, deer – deer* oder *cod – cod*), bei einzelnen anderen Wörtern wie *aircraft* und bei Nationalitätenbezeichnungen auf *-ese* (z. B. *Japanese, Portuguese*). Drittens gibt es als Überrest der altenglischen schwachen Pluralformen (s. Abschnitt 3.2) noch drei Lexeme, die den Plural auf /ən/ bilden: *ox – oxen, child – children* und, in der religiösen Bedeutung des Lexems, *brother – brethren*.

Beim Genitivmorphem existiert nur die bereits erwähnte marginale Form morphologischer Konditionierung: das Nullallomorph bei mehrsilbigen griechischen Eigennamen auf *-s*. Das verbale Morphem der 3. Person Sg. kennt keine morphologisch konditionierten Allomorphe außer der Suppletivform *is*.

Allomorphe der Flexionsmorpheme {ed₁} und {ed₂}

Die *phonologisch konditionierten Allomorphe* von {ed₁} und {ed₂} verhalten sich in gewisser Weise analog zu {Plural}, {Genitiv} und {3. Person}. Das Allomorph /ɪd/ wird bei Stämmen, die auf /d/ oder /t/ auslauten, verwendet (*wanted, nodded, started, ended* etc.). Das Allomorph /d/ tritt auf bei vokalischem oder stimmhaftem konsonantischem Stammauslaut außer /d/ (*said, seemed, called, changed*). Und das Allomorph /t/ findet man bei stimmlosem konsonantischem Stammauslaut außer /t/ (*looked, used, asked, stopped*).

Die *morphologisch konditionierten Allomorphe* der beiden Morpheme sind zahlreich und unübersichtlich, wie Lerner des Englischen in ihrer Beschäftigung mit den unregelmäßigen Formen erfahren. Trotzdem wird in den meisten Grammatiken versucht, die unregelmäßigen Verben in Klassen einzuteilen. Diese Klassen richten sich aber in der Regel danach, inwieweit Grundform, Vergangenheitsform und Partizip Perfekt übereinstimmen und welche Arten von rein formalen Unterschieden auftreten (vgl. z. B. Quirk et al. 1985: 105 ff.). Die morphologische Beschreibung muss sich im Gegensatz dazu bemühen, die Gemeinsamkeiten aus denjenigen Formen zu ermitteln, die sich morphologisch noch so weit segmentieren lassen, dass Entsprechungen zwischen Form und Bedeutung erkennbar sind. Hält man sich an diese Vorgabe, so sind die folgenden Allomorphe (mit abnehmendem Grad an Ähnlichkeit zur Grundform des Verbs) auszumachen:

- Das Nullallomorph bei allen Vergangenheits- und Partizip-Perfekt-Formen, die mit der Grundform identisch sind, z. B.: *bet, cast, cut, hit, let, put, set* (Grundform ist formal identisch mit {ed₁} und {ed₂}) und *come, become* (Grundform ist formal identisch mit {ed₂}).
- Der Ablaut, z. B.: *got, came, began, took, drank, sat, held, gave, knew, became, wrote, spoke, fell* bei {ed₁}, *begun, got* (im britischen Englisch), *drunk* bei {ed₂} und *held, sat* und *won* bei {ed₁} und {ed₂}.
- Die Allomorphe /ən/ und /n/ für {ed₂}, z. B. bei *taken, eaten, given* und *beaten*. Beide treten häufig zusammen mit einem Vokalwechsel auf, wodurch die Segmentierbarkeit beeinträchtigt wird: z. B. *spoken, written, broken, driven, trodden, woken, woven* und *gotten* (im amerikanischen Englisch).
- Suppletion (*was, were; went*) und andere Portmanteauformen, die sich rein formal in Gruppen zusammenfassen lassen (z. B. *send – sent – sent, bend – bent – bent, lend – lent – lent* oder *catch – caught – caught, teach – taught – taught, seek – sought – sought*); sie als Allomorphe zu beschreiben, ist wegen ihrer mangelnden Segmentierbarkeit aber kaum sinnvoll.

Gerade gegen Ende dieser Liste wird deutlich, dass das Allomorphiekonzept im Bereich der phonologischen Konditionierung erfolgreicher ist als bei der morphologischen. In der Tat lässt sich die Idee morphologisch konditionierter Allomorphe als nicht ganz gelungener Versuch auffassen, historisch begründete Sonderfälle in einen systematischen und formalisierbaren Regelapparat zu integrieren. Zumindest theoretisch bleibt dies auch nur deshalb möglich, weil die Zahl der ‚unregelmäßigen‘ Verbformen begrenzt ist. Sprachprogramme im Computer, die nur in der Lage sind, formalisierbare Befehle zu verarbeiten, können diese Formen nur als Liste verfügbar gemacht werden, nicht aber als Wenn-

Dann-Algorithmen, was für die phonologisch konditionierten Allomorphe durchaus möglich ist.

Zur Abrundung dieses Kapitels gibt Tabelle 3.5 noch einmal eine Zusammenschau der phonologisch und morphologisch konditionierten Allomorphe der Flexionsmorpheme des heutigen Englisch.

Aus den genannten Gründen fällt es vor allem im morphologisch konditionierten Bereich schwer, die von Linguisten so häufig beschworene Systematik in der Sprache abzubilden. Dies gilt ganz besonders für den verbalen Bereich, wo gerade bei häufigen Lexemen Unregelmäßigkeit weniger die Ausnahme als vielmehr die Regel darstellt. Wir werden uns jetzt kurz der Quelle dieser Unordnung zuwenden, der Geschichte der englischen Flexionsmorphologie.

Weiterführende Literatur: Neef (2000a), (2000b).

3.2   Zur Geschichte der englischen Flexionsmorphologie

Wie schon angedeutet, ist das Englische nicht immer so arm an Flexionsmorphemen gewesen wie heute. In früheren Phasen der englischen Sprachgeschichte war das System der Flexionsendungen weitaus komplexer. Vor allem für das Altenglische – das ist die Periode von 450 bzw. 700 bis 1100 (je nachdem, ob man von der Übersiedlung der Angeln, Sachsen und Jüten nach Britannien oder von den ersten schriftlichen Quellen ausgeht) – ist kennzeichnend, dass es nicht nur eine Vielzahl gebundener grammatikalischer Morpheme gibt, sondern diese auch noch durch zahlreiche Allomorphe realisiert werden.

Neben den noch heute im Flexionssystem grammatikalisierten Kategorien waren beim Nomen, beim Adjektiv und beim bestimmten Artikel bzw. den Demonstrativpronomina noch Kasus und Genus markiert. Nomina hatten im Altenglischen ähnlich wie im Deutschen ein grammatisches Geschlecht (maskulin, feminin, neutrum). Bei den Personalpronomina gab es neben dem Singular und dem Plural noch den dritten Numerus *Dual* für zwei Personen (z. B. *wit* ‚wir zwei‘ und *git* ‚ihr zwei‘, jeweils im Nominativ). Altenglische Verben trugen Flexionsendungen, die Numerus, Person, Tempus und Modus (Indikativ, Konjunktiv oder Imperativ) ausdrückten. Die Kategorie Aspekt indessen, die im heutigen Englisch den progressiven und den perfektiven Aspekt beinhaltet, war im Altenglischen noch nicht grammatikalisiert. Beispielhaft für die ausgeprägte Allomorphie des Altenglischen ist das Pluralmorphem bei den Nomina, das unter anderem durch die Formen *-as*, *-an*, *-n*, *-u*, *-a*, *-e*, *-r*, Ø und i-Umlaut realisiert war (Faiß 1989: 116).

Tab. 3.5: Übersicht über die Allomorphe der Flexionsmorpheme im heutigen Englisch

Morphem	Phonologisch konditioniert		Beispiele	Morphologisch konditioniert	Beispiele
	Form	Umgebung: Stammauslaut			
{Plural}	• /z/ • /s/ • /ɪz/	Vokal oder stimmhafter Konsonant[1] stimmloser Konsonant[1] Zischlaut (/z/, /s/, /ʃ/, /ʒ/, /tʃ/, /dʒ/)	cars, dogs, worries cats, ducks, rips houses, matches	• Ø • Umlaut • /ən/	sheep, aircraft, fish men, mice, geese oxen
{Genitiv}	• /z/ • /s/ • /ɪz/ • Ø	Vokal oder stimmhafter Konsonant[1] stimmloser Konsonant[1] Zischlaut (/z/, /s/, /ʃ/, /ʒ/, /tʃ/, /dʒ/) nach /z/ (und generell Gen. Plural)	dog's, John's cat's, Pat's George's, Jones's Dickens', the boys'	• Ø (bei mehrsilbigen griechischen Namen auf -s)	Socrates', Xerxes'
{3. Pers.}	wie bei {Plural}			• Suppletion	is
{ing}	keine Allomorphe				
{ed₁}, {ed₂}	• /d/ • /t/ • /ɪd/	Vokal oder stimmhafter Konsonant[2] stimmloser Konsonant[2] Dental (/d/, /t/)	loved, remembered kissed, stopped founded, rented	• Ø • Ablaut • /(ə)n/ (häufig mit Ablaut) • andere Portmanteauformen • Suppletion	put, let, hit, cut sang/sung, began/began taken, spoken, been did, taught, told, stood was, were, went
{er}	keine phonologisch konditionierten Allomorphe			• Suppletion	better, worse
{est}	keine phonologisch konditionierten Allomorphe			• Suppletion	best, worst
{th}	keine phonologisch konditionierten Allomorphe			• Suppletion	first, second, third

Anmerkungen:
1) Jeweils mit Ausnahme der stimmhaften (/z/, /ʒ/, /dʒ/) bzw. stimmlosen Zischlaute (/s/, /ʃ/, /tʃ/)
2) Jeweils mit Ausnahme des stimmhaften (/d/) bzw. stimmlosen Dentallauts (/t/)

Angesichts der ausgesprochenen Vielfalt an Formen der altenglischen Flexionssuffixe kann dieser Abschnitt nur einen exemplarischen Einblick in die Geschichte der englischen Flexionsmorphologie bieten. Der Fokus wird auf dem Formenreichtum im Altenglischen und dem Flexionsverfall im Mittelenglischen liegen; die jüngeren, weniger drastischen Veränderungen im Frühneuenglischen werden weitgehend ausgeklammert, da sie durch einen Vergleich der mittelenglischen und der neuenglischen Situation relativ leicht erschlossen werden können.

3.2.1 Formenreichtum im Altenglischen

Um einen ersten Eindruck der flexionsmorphologischen Vielfalt des Altenglischen zu vermitteln, sind in Tabelle 3.6 die Formen der Nominalphrase *se wīsa cyning* (‚der weise König', *the wise king*) zusammengestellt. Das Lexem *cyning* ist maskulin und wird nach der *a*-Deklination flektiert. Die Zugehörigkeit altenglischer Nomina zu den Deklinationsklassen geht auf das Indogermanische zurück. Stämme, die auf Konsonant endeten, werden schwach dekliniert; diejenigen, die auf Vokale endeten, sind stark, wobei hier vier Unterklassen (*a*, *o*, *i* und *u*) unterschieden werden.

Tab. 3.6: Altenglisches Paradigma der Nominalphrase *se wīsa cyning*

| | Singular | | Plural | |
	Schwach	Stark	Schwach	Stark
Nom.	*se wīsa cyning*	*wī cyning*	*ða wīsan cyningas*	*wīse cyningas*
Gen.	*ðæs wīsan cyninges*	*wīses cyninges*	*ðara wīsena cyninga*	*wīsra cyninga*
Dat.	*ðæm wīsan cyninge*	*wīsum cyninge*	*ðæm wīsum cyningum*	*wīsum cyningum*
Akk.	*ðone wīsan cyning*	*wīsne cyning*	*ða wīsan cyningas*	*wīse cyningas*

Die Tabelle zeigt, dass in Abhängigkeit vom Kasus unterschiedliche Formen für den bestimmten Artikel, der noch eine Form des Demonstrativpronomens ist, das attributive Adjektiv und das Nomen existieren. Beim Adjektiv gilt es darüber hinaus, ähnlich wie im Deutschen, zwischen der schwachen (*der weise König*) und der starken Form (*weiser König*) des Adjektivs zu unterscheiden. Maßgeblich ist, ob das Adjektiv nach dem bestimmten Artikel, nach Demonstrativpronomina, im Komparativ oder Superlativ steht (schwache Form) oder attributiv allein stehend oder prädikativ gebraucht wird (starke Form).

Dieses Paradigma stellt aber nur einen kleinen Ausschnitt aus der Fülle von Formen im nominalen Bereich dar, weil sowohl die beiden anderen Genera als auch die verbleibenden Deklinationsklassen (die allerdings mit den Genera in Zusammenhang stehen) andere Formen verlangen. Hieraus ergeben sich z. B. beim Pluralmorphem die zahlreichen oben erwähnten Allomorphe. Der heutige *s*-Plural geht auf die Form *-as* im Nominativ und Akkusativ der Maskulina der *a*-Deklination zurück (s. Tabelle 3.6), während das Allomorph /-ən/ (s. Tabelle 3.5) aus dem Nominativ und Akkusativ Plural der (schwachen) *n*-Deklination (*-an*) hervorgegangen ist. Der Ursprung des modernen Genitiv-*s* liegt in der altenglischen Form *-es*, die den Genitiv Singular der Maskulina und Neutra der starken *a*-Deklination markierte.

Auf der anderen Seite ist selbst in Tabelle 3.6 nicht zu übersehen, dass nicht jeder Kasus eindeutig markiert ist, sondern Formen zusammenfallen. Dies gilt auch für andere Deklinationsklassen und teilweise sogar über die Deklinationsklassen hinweg. In der *a*-Deklination der Nomina sind die Formen von Nominativ und Akkusativ im Singular und Plural jeweils identisch; die Pluralformen in Nominativ und Akkusativ sind bei allen Deklinationsklassen schon dieselben, so dass Subjekts- und Objektsform nicht unterschieden werden können. Beim Adjektiv sind die Formen des Genitiv-, Dativ- und Akkusativmorphems im Singular der schwachen Deklination ebenfalls identisch. Am breitesten ist die Vielfalt der Formen im Bereich der Demonstrativpronomina bzw. des bestimmten Artikels, wo heute nur noch *the*, *this*, *these*, *that* und *those* übrig sind.

Auch die verbale Flexionsmorphologie des Altenglischen ist äußerst komplex. Tabelle 3.7 verschafft einen Einblick in den Formenreichtum.

Tab. 3.7: Verbale Flexionsmorpheme des Altenglischen

			Stark	**Schwach**
Stamm			*sing-* („singen')	*dēm-* („urteilen')
Infinitiv			*sing -an*	*dēm -an*
Präsens Indikativ	Sg.	1. Pers.	*sing -e*	*dēm -e*
		2. Pers.	*sing -est*	*dem -est*
		3. Pers.	*sing -eð*	*dēm -eð*
	Pl.		*sing -að*	*dēm -að*
Konjunktiv	Sg.		*sing -e*	*dēm -e*
	Pl.		*sing -en*	*dem -en*
Imperativ			*sing/sing -að*	*dēm/dēm -að*
Partizip			*sing -ende*	*dēm -ende*
Präteritum Indikativ	Sg.	1. Pers.	*sang*	*dēm -de*
		2. Pers.	*sunge*	*dēm -dest*
		3. Pers.	*sang*	*dēm -de*
	Pl.		*sung -on*	*dēm -don*
Konjunktiv	Sg.		*sung -e*	*dēm -de*
	Pl.		*sung -en*	*dēm -den*
Partizip			*ge- sung -en*	*ge- dēm -ed*

Die Tabelle zeigt, dass in dieser Phase des Englischen noch eine große Zahl von Morphemen in Präsens und Präteritum existiert, die Person, Numerus und Modus markieren. Des Weiteren lässt sich der Tabelle entnehmen, dass es nur im Präteritum einen Unterschied zwischen dem starken und dem schwachen Paradigma gibt. Typisch für das starke Paradigma ist, dass die Präteritalmorpheme durch Ablautallomorphe markiert sind.

Diese Ablautformen sind es auch, die dem Altenglischen eine ausgeprägte Allomorphie bei einzelnen Verbalmorphemen bescheren. Wiederum zurückgehend auf das Germanische werden die zahlreichen Formen üblicherweise in sieben Klassen starker Verben eingeteilt.[8] Sieht man über Variationen innerhalb dieser Klassen hinweg (für Details vgl. z. B. Mitchell und Robinson 1992: 35 ff.), so stellen sich die entscheidenden Formen Infinitiv, Präteritum Singular 1. und 3. Person, Präteritum Plural und Partizip Präteritum wie in Tabelle 3.8 zusammengefasst dar:

Tab. 3.8: Formen der starken altenglischen Verben (nach Mitchell und Robinson 1992: 37)

Klasse	Infinitiv	Prät. Sg.	Prät. Pl.	Part. Prät.
I	*scīnan* („scheinen')	*scān*	*scinon*	*scinen*
II	*crēopan* („kriechen')	*crēap*	*crupon*	*cropen*
	brūcan („genießen')	*brēac*	*brucon*	*brocen*
III	*findan* („finden')	*fand*	*fundon*	*funden*
IV	*beran* („tragen')	*bær*	*bǣron*	*boren*
V	*tredan* („sprechen')	*trǣd*	*trǣdon*	*treden*
VI	*faran* („gehen')	*fōr*	*fōron*	*faren*
VII	*healdan* („halten')	*hēold*	*hēōldon*	*healden*
	hātan („befehlen')	*hēt*	*hēton*	*hāten*

Wie im nominalen Bereich sind auch hier die Analogien zum heutigen Deutschen unübersehbar (vgl. z. B. dt. *finden – fand – gefunden* oder *treiben – trieb – getrieben* etc.). Das Altenglische und das Neuhochdeutsche ähneln sich im Hinblick auf ihre flexionsmorphologische Formenvielfalt sehr viel mehr als das Altenglische und das Neuenglische.

---

[8] Die Klassen eins bis sechs der starken Verben bilden ablautende Formen, während Klasse sieben ehemals reduplizierende Verben enthält.

3.2.2 Flexionsverfall im Spätaltenglischen und Mittelenglischen

Beginnend in spätaltenglischer Zeit und dann verstärkt im Frühmittelenglischen (Mittelenglisch: 1100–1500) erodiert das System der Flexionsmorpheme, bis es schließlich nach minimalen weiteren Veränderungen im Frühneuenglischen (1500–1700) den heutigen Zustand erreicht.

Vermutlich ausgelöst durch die Abschwächung der unbetonten Suffixvokale /a, e, u, o/ zu /ə/ schon im Spätaltenglischen verschwinden alle nominalen Flexionsmorpheme außer {Plural} und {Genitiv}. Die grafische Markierung des Genitivmorphems durch den Apostroph tritt im Singular schon vereinzelt im 14. und 15. Jahrhundert auf, verfestigt sich aber erst gegen Ende des 17. Jahrhunderts. Schon im 12. und 13. Jahrhundert werden – von dialektalen Unterschieden abgesehen – die flektierten Formen der Demonstrativpronomina und des bestimmten Artikels aufgegeben. Beim Adjektiv ist der heutige flexionslose Zustand in der ersten Hälfte des 15. Jahrhunderts erreicht (Lass 1992: 112 ff.).

Die Nominalphrase verliert also drastisch an flexionsmorphologischer Markierung; in vollen Nominalphrasen vom Typ Determinator – Prämodifikator – Nomen sind im Mittelenglischen nur noch das Plural- und das Genitivmorphem beim Nomen übrig geblieben. Um den Wegfall der Kasusmarkierungen, die ja für die Kennzeichnung syntaktischer Konstituenten wie Subjekt (Nominativ) oder direktem (Akkusativ) bzw. indirektem Objekt (Dativ) verantwortlich sind, zu kompensieren, verfestigt sich zunehmend die Wortstellung im Satz.

Bei den Verben verläuft der Flexionsverfall langsamer als bei den Nomina, so dass im Mittelenglischen noch mehr Morpheme erhalten sind als im Neuenglischen. Dies hat wahrscheinlich phonetische Gründe: Wie wir gesehen haben, enthalten die meisten verbalen Endungen die Obstruenten -ð, -s, -t oder -d, die sich der lautlichen Reduzierung länger widersetzten als die Vokale und Nasale im Bereich der Nomina (Welna 1996: 80). Einen exemplarischen Überblick für das Mittelenglische gibt Tabelle 3.9 (unter Vernachlässigung der beträchtlichen historischen und dialektalen Variation):

Tab. 3.9:   Verbale Flexionsmorpheme im Mittelenglischen

		Stark	**Schwach**
Stamm = Infinitiv = Imperativ		*sing* (‚singen')	*deem* (‚urteilen')
Präsens Indikativ	Sg. 1. Pers.	*sing -e*	*deem -e*
	2. Pers.	*sing -est*	*deem -est*
	3. Pers.	*sing -eth*	*deem -eth*
	Pl.	*sing -en/-eth*	*deem -en/es*
Konjunktiv	Sg.	*sing -e*	*deem -e*
	Pl.	*sing -en*	*deem -en*
Partizip		*sing -ing*	*deem -ing*

Präteritum Indikativ	Sg.	1. Pers.	*sang*	*deem -de*
		2. Pers.	*sunge*	*deem -dest*
		3. Pers.	*sang*	*deem -de*
	Pl.		*sung -en*	*deem -den*
Konjunktiv	Sg.		*sung -e*	*deem -de*
	Pl.		*sung -en*	*deem -den*
Partizip			*i- sung -en*	*i- deem -d*

Auffälligste Veränderungen im Vergleich zu Tabelle 3.7 sind der Verlust der Infinitiv- und der Imperativendung, der Ersatz der altenglischen Partizipialendung *-ende* durch *-ing* sowie der Präsens-Indikativ-Pluralendung *-að* durch *-en*. Die Vorläufer der drei weiteren neuenglischen verbalen Flexionsmorpheme {3. Person}, {ed$_1$} und {ed$_2$} sind in dieser Tabelle noch deutlicher als in Tabelle 3.7 auszumachen. Alle anderen Formen gehen in spätmittelenglischer bzw. frühneuenglischer Zeit verloren; die *ing*-Form gewinnt andererseits durch die Verfestigung des progressiven Aspekts im 18. bzw. 19. Jahrhundert funktional erheblich an Bedeutung hinzu.

Prinzipiell lassen sich zwei Arten des Formenverlusts vom Altenglischen zum Mittel- bzw. Frühneuenglischen unterscheiden, eine auf Morphemebene und eine auf Allomorphebene. Zum einen reduziert sich der Bestand an Morphemen, die Modus, Numerus und Person markieren, durch einen Zusammenfall von Formen. In Präsens und Präteritum lassen sich z. B. schon im Mittelenglischen Indikativ und Konjunktiv nicht mehr durch ihre morphologische Markierung voneinander unterscheiden. Bei den starken Verben geht der morphologische Unterschied zwischen den beiden Präteritalformen (1. und 3. Pers. Sg. vs. 2. Pers. Sg. und Pl.) verloren. Zum anderen treten starke Verben in die Klasse der schwachen über, wodurch die ausgeprägte Ablautallomorphie deutlich reduziert wird. Dies findet Unterstützung durch das Aussterben der Hälfte aller starken altenglischen Verben, vor allem solcher, die schon im Altenglischen selten waren und/oder schwierige Paradigmen hatten (Görlach 2002: 61).

3.2.3 Zusammenfassung und Einbettung in den grammatischen Rahmen

Die historische Entwicklung der morphologischen bzw. grammatischen Grundkategorien des Englischen ist als ein Gegenüber der Stärkung einiger Kategorien und Schwächung anderer beschrieben worden (Leisi und Mair 1999: 112 ff.). Zu den gestärkten Kategorien gehören Aspekt, Tempus, infinite Verbformen (Gerund, Partizip und Infinitiv) und Wortstellung. Flexionsmorphologisch relevant ist hier in erster Linie die Stärkung des progressiven Aspekts, die ein deutlich gehäuftes Auftreten von *ing*-Formen zur Folge hat, und die semantische Differenzierung des Präteritums (*simple past*) im Vergleich zum perfektiven Aspekt.

Auf der Seite der geschwächten Kategorien stehen grammatisches Geschlecht, Kasus, Modus und zum Teil Numerus. Hiervon ist das Gros der altenglischen Flexionsmorpheme betroffen.

- Das grammatische Geschlecht existiert nicht mehr. Wenn im heutigen Englisch z. B. feminine Pronomina für Schiffe oder Fahrzeuge verwendet werden (z. B. *she's a beauty* über einen Oldtimer), dann hat dies mit dem grammatischen Geschlecht nichts zu tun, sondern lässt sich als Personifizierung verstehen.

- Von den Kasus sind bei den Nomina nur noch ein unmarkierter Kasus (*common case*) und der Genitiv verblieben. Artikel, Demonstrativpronomina und Adjektive haben keine Kasusmarkierungen mehr. Bei den Personalpronomina existieren noch Kasusformen, die aber heute eher über ihre syntaktische Funktion als *subjective* oder *objective* bezeichnet werden denn als traditionelle Kasus (s. S. 54).

- Im Bereich der Satzmodi ist der Imperativ heute mit dem ebenfalls unmarkierten Infinitiv bzw. der Grundform identisch. Der Konjunktiv (in heutiger Terminologie: *subjunctive)* hat weitgehend nur in feststehenden Formeln wie *God save the Queen*, in Konditionalsätzen (*if I were you*) und vor allem im amerikanischen Englisch in so genannten mandativen *that*-Sätzen (*I demand that the manager resign*; s. Quirk et al. 1985: 155 ff.) überlebt. Außer beim Verb *be* ist er auch formal mit der Grundform identisch und somit nicht durch ein offen realisiertes Morphem markiert. Schließlich sind numerusmarkierende Morpheme bei Artikeln, Demonstrativpronomina, Adjektiven sowie Verben (mit Ausnahme von {3. Pers. Sg. Präsens}) verschwunden.

Der Verlust vieler alter englischer Morpheme und Allomorphe hat zu einer beträchtlichen Vereinfachung und damit auch zu einer Erhöhung der Ökonomie der englischen Sprache geführt. „Zum Ausdruck der gleichen sprachlichen Inhalte genügen heute geringere Mittel als früher" (Leisi und Mair 1999: 152). Gleichzeitig hat eine Verschiebung der funktionellen Last vom Einzelwort inklusive seiner Flexionsmorpheme zur Wortverbindung stattgefunden. Dies lässt sich unter anderem an den komplexen Formen zum Ausdruck von Aspekt und Tempus, am periphrastischen *of*-Genitiv (s. S. 55) und an den periphrastischen Steigerungsformen beim Adjektiv (s. S. 57) ablesen.

Mit dem Abschluss dieses kleinen Ausflugs in die englische Sprachgeschichte verlassen wir den Bereich der Flexionsmorphologie und wenden uns nun der Wortbildung zu. Hier geht es zunächst darum, den Entwicklungsverlauf der Entstehung und Etablierung neuer komplexer Lexeme zu skizzieren.

Weiterführende Literatur: Brunner (1965: 194 ff.), Faiß (1989), Mitchell und Robinson (1992: Kap. 3), Lass (1992), Welna (1996), Leisi und Mair (1999: Kap. IV), Obst und Schleburg (1999: Kap. 5 und 6), Görlach (2002: Kap. 6).

4. Entstehung, Entwicklung und Etablierung komplexer Lexeme

4.1 Neue Wörter:
Möglichkeiten der Erweiterung der lexikalischen Ressourcen

Der Wortbestand (oder das *Lexikon*) jeder lebendigen Sprache befindet sich in einem ständigen Wandel. Einerseits geraten Wörter außer Gebrauch, werden obsolet und verlassen das kollektive Lexikon der Sprecher einer Sprachgemeinschaft. Das altenglische Wort *niman* beispielsweise, das formal und semantisch mit dt. *nehmen* verwandt ist, wurde von dem skandinavischen Lehnwort *take* verdrängt und geriet in spätmittelenglischer Zeit in der Bedeutung ‚nehmen‘ und später auch in anderen Bedeutungen wie ‚stehlen‘, auf die es sich zurückgezogen hatte, außer Gebrauch. Ein ähnliches Schicksal ereilte altenglische Lexeme wie *weorpan* (‚werfen‘, verdrängt durch *cast*), *wyrt* (‚Wurzel‘, verdrängt durch *root*) und *steorfan* (‚sterben‘, auf die Bedeutung ‚verhungern‘ abgedrängt durch *die*; vgl. Leisi und Mair 1999: 42).

Andererseits finden laufend neue Wörter Eingang ins Lexikon, in der Regel weil neue Dinge erfunden werden oder neue Ideen aufkommen, die einer Bezeichnung bedürfen. Zur Benennung von Neuartigem werden grundsätzlich die folgenden Verfahren eingesetzt:

- Wortschöpfung (*word manufacture, root creation, creation ex nihilo*): Es können völlig neue Wörter erfunden werden, also Wörter, die weder formal noch semantisch auf bereits existierendes morphologisches Material zurückgreifen. Die Erfolgsaussichten solcher Neuschöpfungen (*coinings*), d. h. ihre Chancen, sich einen festen Platz im Lexikon zu erobern, sind allerdings vergleichsweise gering, eben weil sie nicht an Bekanntes anknüpfen. Sie sind völlig arbiträr, nicht erschließbar und deshalb sprachlich und kognitiv unökonomisch. Bauer (1983: 239) nennt sechs ihm bekannte Fälle außerhalb des produktiven Bereichs der erfundenen Markennamen (z. B. *Kodak, Teflon,* ursprünglich übrigens auch *frisbee* und *yo-yo*), von denen aber nur *quark* (‚part of an atom‘) und *skag/scag* (‚heroin‘) in der 4. Auflage des LDOCE verzeichnet sind. Die anderen dürften nicht mehr zum lebenden Teil des heutigen englischen Lexikons gehören. Ein sehr erfolgreicher Fall der Etablierung einer Wortschöpfung in jüngster Vergangenheit ist das Wort *muggle* aus den Harry-Potter-Romanen.

- Entlehnung (*borrowing*): Sehr viel häufiger als die Wortschöpfung ist der Fall, dass Wörter aus anderen Sprachen entlehnt werden. Das Englische ist bekannt dafür, dass sein Wortschatz aufgrund seiner wechselhaften Geschichte im Hinblick auf die Herkunft der Wörter sehr gemischt ist (vgl. Scheler 1977, Leisi und Mair 1999: 41–77). Dabei müssen nicht immer ganze Wörter übernommen werden. Selbst heute noch werden fortwährend aus morphologischen Bausteinen der toten Sprachen Latein und Altgriechisch vor allem in der Wissenschaft neue englische Wörter gebildet (z. B. *Euro-sceptic, cyberspace, cyberpunk* etc., *bovine spongiform encephalopathy*, kurz *BSE*, *paleo-conservative* ‚Erzkonservativer‘; alle Beispiele aus dem ODNW). Häufig werden Wörter aus derjenigen Sprache entlehnt, aus deren Kulturraum die neue Idee stammt. Man denke nur an den massiven englischen Lehneinfluss im Deutschen im Bereich der Computertechnologie (z. B. *Laptop, Notebook* oder *Computer* selbst) und der Wirtschaft (z. B. *just-in-time, Broker, outsourcen* etc.). Die Zahl der deutschen Lehnwörter im Englischen nimmt sich im Vergleich dazu eher bescheiden aus. Zu den häufiger verwendeten Beispielen gehören *kindergarten, rucksack, zeitgeist, weltanschauung* und *angst*.

- Bedeutungsübertragung (*semantic transfer*): Neue Gegenstände oder Ideen können benannt werden, indem existierende Lexeme mit neuen Bedeutungen versehen werden. Der zugrunde liegende Vorgang wird als Bedeutungsübertragung bezeichnet, deren häufigste Erscheinungsform die Metapher (*metaphor*) ist. Dabei wird die Bedeutung eines Lexems aufgrund mehr oder weniger objektiv beobachtbarer Ähnlichkeiten von einer kognitiven Domäne in eine andere hinein übertragen. Ein typisches Beispiel für eine Metapher ist die Übertragung des Lexems *mouse* aus der Domäne der Säugetiere in die des Computerzubehörs. Der Vorteil der Bedeutungsübertragung liegt aus kognitiver und sprachökonomischer Sicht darin, dass die der Metapher zugrunde liegende Ähnlichkeit in der Regel dazu beiträgt, dass die Bedeutung erschließbar ist. Hinzu kommt, dass lediglich die inhaltliche Seite des Zeichens neu ist und damit im Grunde gar kein neues Wort, sondern nur eine neue Bedeutung geschaffen wird. Streng genommen wird hier also nicht der Wortschatz erweitert, sondern nur der ‚Bedeutungsschatz‘.
- Wortbildung (*word-formation*): Schließlich wird das Lexikon laufend durch die Bildung neuer Lexeme aus vorhandenem morphologischem Material erweitert, d. h. mit den Mitteln der Wortbildung. Resultate von Wortbildungsprozessen sind komplexe Lexeme (vgl. S. 14). Mit der Karriere solcher Lexikonerweiterungen werden wir uns im Folgenden detaillierter auseinander setzen.

Egal welchen Typs, ein neues Lexem muss immer bestimmte Stadien durchlaufen, bevor es als fester Bestandteil einer Sprache gelten kann: Jedes neue Lexem ist zu einem bestimmten Zeitpunkt zum ersten Mal von einem Sprecher gesagt oder niedergeschrieben worden (Phase 1). Wird das Lexem in der Folge von einer zunehmenden Zahl anderer Sprecher verstanden und benutzt (Phase 2), so kann es schließlich Mitglied des allgemeinen Wortschatzes einer Sprache werden (Phase 3). Diese drei Phasen werden im vorliegenden Buch als *Entstehung* (*creation*), *Festigung* (*consolidation*) und *Etablierung* (*establishing*) bezeichnet. Es ist das Ziel dieses Kapitels, den dreistufigen Verlaufsprozess der Etablierung neuer Wörter im Lexikon zu beschreiben. Gemäß der Thematik dieses Buches liegt das Hauptaugenmerk dabei auf Lexemen, die Produkte von regelmäßigen Wortbildungsverfahren sind.

Weiterführende Literatur: Zur Wortschöpfung und anderen kreativen Prozessen: Hohenhaus (1996: 125 f.), Baldi und Dawar (2000).

4.2 Drei Sichtweisen der Etablierung komplexer Lexeme

Für eine differenzierte Beschreibung des Verlaufs der Etablierung komplexer Lexeme ist die bereits in Abschnitt 1.3 eingeführte Trennung dreier verschiedener Sichtweisen hilfreich:

- Strukturelle Perspektive: Die Sicht auf die interne Struktur des Wortes selbst, auf Veränderungen seiner Form, seiner Bedeutung und deren Abhängigkeit vom unmittelbaren sprachlichen Kontext.
- Soziopragmatische Perspektive: Die Sicht auf das Wort in der Sprachgemeinschaft, auf das Ausmaß seiner Verbreitung, d. h. den Grad seiner Verwendung und Bekanntheit unter den Mitgliedern der Sprachgemeinschaft.
- Kognitive Perspektive: Die Sicht auf das Wort in den Köpfen der Sprecher, auf seine Verankerung in den individuellen mentalen Lexika der Sprecher und den konzeptuellen Status, den es dort erlangt hat bzw. erlangen kann.

Diese drei Sichtweisen sind in Abbildung 4.1 zusammengefasst:

Strukturelle Perspektive			Soziopragmatische Perspektive		Kognitive Perspektive	
Das Wort selbst			Das Wort in der Sprachgemeinschaft		Das Wort in den Köpfen der Sprecher	
Form	Bedeutung	Kontextabhängigkeit	Verwendung	Bekanntheitsgrad	Mentales Lexikon	Konzeptueller Status
Lexikalisierung			*Institutionalisierung*		*Konzeptbildung*	

Abb. 4.1: Sichtweisen der Etablierung komplexer Lexeme

Die Phasen der Etablierung und die Perspektiven auf den Verlauf der Etablierung sind auseinander zu halten. Wie aus Tabelle 4.1 hervorgeht, werden die Begriffe *Lexikalisierung (lexicalisation), Institutionalisierung (institutionalisation)* und *Konzeptbildung (concept-formation)* zur Bezeichnung der drei Perspektiven eingesetzt. Der Terminus *Etablierung* fungiert als Oberbegriff für den gesamten Entwicklungsverlauf und das Endstadium des Etabliert-Seins.[9]

Im Folgenden werden die drei Phasen der *Entstehung, Festigung* und *Etablierung* als Gliederungsprinzip fungieren. Jede Phase wird jeweils aus allen drei Perspektiven heraus erläutert (vgl. auch den zusammenfassenden Überblick in Tabelle 4.2, S. 84). Hierbei wird jeweils mit der soziopragmatischen Perspektive begonnen, weil die Sprecher einer Sprache auch immer für die Prägung neuer Lexeme verantwortlich sind. Zur Illustration dient der folgende Auszug aus einem Zeitungstext im ICE-GB über Angola, in dem komplexe Lexeme durch Kursivdruck hervorgehoben sind:

(4.1)   Rains have failed for four years and, says the *United Nations*, 1.9m people are on the brink of *starvation* in the nine provinces where fighting has been fiercest and drought most severe. Ganda is a vivid example of how the famine is feeding off a war the world has largely forgotten. Both the rebels and *government forces* have destroyed villages, *commandeering* what food they can find, and both sides have a history of *press-ganging* recruits, snatching men and younger women. Their *indiscriminate* scattering of *land mines* has caused further agony. Angola is said by *Africa Watch*, the *human rights group*, to have suffered the highest number of *civilian land-mine casualties* in the world – up to 50,000. *Amputees* are common.

In recent weeks it rained in some areas, but there are no seeds left to plant. *Relief workers* know that if they bring in fresh seeds, they must bring in food too, *otherwise* the seeds will *simply* be eaten. Ganda, like other *government-held* towns, has been inundated with *refugees* from the *countryside*. Joaquim Silva, a 73-year-old *farmer*, told a familiar story: "We came to the town because we couldn't stay in our village. Unita had stolen all our cattle and *belongings*. We started farming here, but now Unita has stolen our *farming implements* and taken all the food we had." Getting aid through, *however*, is a nightmare. While the *government* holds the towns, Unita controls much of the *countryside*, its troops equipped with *American-supplied ground-to-air missiles* to deter *air transport*. A visit involves a *50-minute treetop-hugging* flight in a *military helicopter* from a *government airfield* at Benguela; *low altitude flying minimises* the time Unita has to react. (ICE-GB: W2c-002)

---

[9]   Es ist darauf hinzuweisen, dass diese Konzepte von anderen Autoren in unterschiedlicher Weise gebraucht werden. Die hier vorliegende Verwendung von *Institutionalisierung* und *Lexikalisierung* stimmt weitgehend mit der von Lipka (z. B. 2002: 110 ff.) überein. Bauer (1983: 42 ff.) dagegen verwendet die Begriffe *institutionalisation* und *lexicalisation* zur Beschreibung von Stadien des Entwicklungsverlaufs der Etablierung (ähnlich auch Quirk et al. 1985: 1525 ff.).

4.3 Entwicklungsverlauf der Etablierung

4.3.1 Entstehung

Soziopragmatische Sicht: Wörter entstehen nicht von selbst. Neue komplexe Wörter können in einer Sprachgemeinschaft nur dann auftreten, wenn sie von einem Sprachbenutzer zu einem Zeitpunkt erstmalig verwendet werden. Diese erstmalige Verwendung bezeichnen wir als (den Prozess der) *Ad-hoc-Bildung* (*nonce-formation, ad-hoc formation*).

Sprecher verfolgen bei weitem nicht mit allen Ad-hoc-Bildungen das Ziel, den Anstoß für die Etablierung eines neuen Lexems zu geben. Häufiger ist der Fall zu beobachten, dass Sprecher ein bis dahin unbekanntes Wort aus anderen Gründen verwenden: wegen aktueller Wortfindungsprobleme, d. h. weil ihnen ein für die auszudrückende Idee existierendes Wort gerade nicht einfällt, oder weil sie sich besonders kurz, prägnant, originell oder witzig ausdrücken wollen. Gerade in Pressetexten wie dem in (4.1) steht häufig das Bedürfnis nach Kürze Pate für neue Wörter. Diese werden ohne die Absicht, ihnen ein längeres Leben zu geben, nur für den Augenblick kreiert. Beispiele dieses Typs von Ad-hoc-Bildungen in (4.1) sind *50-minute* und *American-supplied*. Wie viele andere Ad-hoc-Bildungen dieses Typs haben auch diese beiden Beispiele weniger eine lexikalische als eine syntaktische Funktion (s. S. 102); beide lassen sich als Verkürzungen und Verdichtungen von potenziellen Relativsätzen auffassen (... *which lasts 50 minutes* und ... *which are supplied by the US*).

Der einzige gute Kandidat in Text (4.1) für ein neues komplexes Wort, mit dem der Autor möglicherweise größere Ambitionen verfolgt, ist *treetop-hugging* in der dritten Zeile von unten, ein Adjektiv, das eine metaphorische Charakterisierung für Flüge in sehr niedriger Höhe über den Baumkronen gibt. Gerade in Pressetexten, in denen solche Geburtshilfen für erfolgreiche Etablierungen zur Erhöhung der Originalität häufig anzutreffen sind, werden Ad-hoc-Bildungen zusätzlich durch Anführungszeichen als neue Wörter markiert. Ein Beispiel aus der Ausgabe der *Newsweek* vom 25. November 2002: „The Slovaks are set to join the EU at the same time as the rival Czechs, long presumed to be more modern and 'Europeanized'" (S. 42).

Strukturelle Sicht: Das neue Wort selbst, das ebenfalls als (Produkt der) *Ad-hoc-Bildung* bezeichnet wird, stellt eine vorher noch nicht da gewesene Kombination von existierenden Morphemen dar. Im Gegensatz zur individuellen Ad-hoc-Bildung selbst ist das Wortbildungsmuster, nach dem sie gebildet wurde, in der Regel bekannt und transparent. Man kann also davon sprechen, dass Ad-hoc-Bildungen *type-familiar* sind, weil man sie als neuen Fall eines bekannten Verfahrenstyps identifizieren kann, aber nicht *item-familiar* (Lipka 2002: 112).

Auf der Bedeutungsseite ist kennzeichnend für Ad-hoc-Bildungen, dass sie für sich allein genommen häufig noch sehr mehrdeutig sein können und deshalb für ihre Disambiguierung, d. h. die Bestimmung der aktuellen Bedeutung, maßgeblich auf den sprachlichen und/oder situativen Kontext angewiesen sind. Dies gilt allerdings nur – und hier greife ich soziopragmatische und kognitive Aspekte auf, die auch schon von Vertretern der strukturellen Perspektive in Betracht gezogen wurden – für die Rezipienten einer neuen Ad-hoc-Bildung. Ihre ‚Erfinder‘ haben im Augenblick der Bildung in der Regel eine sehr spezifische Vorstellung davon, was sie mit der Ad-hoc-Bildung meinen oder bezeichnen wollen. Da sie aber zur Versprachlichung der intendierten Bedeutung aufgrund der Regeln der Wortbildung nur eine begrenzte Menge morphologischen Materials einsetzen können – wir werden dies später aus der kognitiven Perspektive als Prozess der gezielten Profilierung von Konzepten begreifen (vgl. S. 105) –, ist der Rest der Bedeutung vom Produzenten mitgedacht, aber für die Rezipienten unterbestimmt. Der als semantische *Lexikalisierung* bezeichnete Sachverhalt (vgl. S. 79 f.), dass die Bedeutung eines komplexen Lexems nicht durch Regeln aus der Bedeutung seiner Teile ableitbar ist, muss also nicht immer Ergebnis eines diachronischen Verlaufs sein, sondern kann schon von Anfang an in einer neuen Ad-hoc-Bildung angelegt sein. Lipka (1981: 122) nennt diesen Vorgang *Einzelprägung* (*instantaneous coining*).

Die potenzielle Mehrdeutigkeit vieler Ad-hoc-Bildungen für ihre Rezipienten wird durch das oben erwähnte Beispiel *tree-top hugging flight* illustriert. Bezeichnenderweise wird die Bedeutung dieses Ausdrucks im darauf folgenden Satz mit dem etablierten Lexem *low altitude flying* noch einmal aufgenommen, dadurch erläutert und quasi ‚glossiert‘. Ohne diesen Zusatz und den anderweitigen Kontext wäre eine Interpretation wie ‚Bruchlandung, die mit dem Umarmen einer Baumkrone endet‘ ebenso plausibel wie die im Text intendierte.

Kognitive Sicht: Per *definitionem* haben Ad-hoc-Bildungen keinen Eintrag im mentalen Lexikon der Sprecher der jeweiligen Sprachgemeinschaft. Die Morpheme indessen, aus denen sie sich zusammensetzen, sind im mentalen Lexikon gespeichert und können von den Hörern bzw. Lesern beim ersten Verwendungsakt identifiziert werden (vgl. Aitchison 1994: 165 ff.). Leser des Artikels in (4.1) sind also in der Lage, die Bedeutungen der Morpheme {tree}, {top}, {hug} und {ing} abzurufen, aber sie müssen aus ihrer Kombination erst eine plausible Hypothese über ihre aktuelle Gesamtbedeutung bilden, was durch den metaphorischen Charakter zusätzlich erschwert wird. Insofern hat diese Morphemkombination insgesamt nicht den Status eines Begriffs bzw. Konzepts (*concept*) oder einer kognitiven Kategorie (*cognitive category*); Konzepte sind nämlich gekennzeichnet durch eine im Gedächtnis der einzelnen Sprecher gespeicherte Verknüpfung *einer* Form mit *einem* Inhaltskomplex sowie das Wissen darüber, welche realen Gegenstände oder abstrakten Sachverhalte in die mit der Form assoziierte kognitive Kategorie hineingehören und welche nicht. Ich bezeichne diese Vorstufe in der Konzeptbildung komplexer Lexeme als *Vorbegriff*. In der hier vertretenen Verwendung zeichnen sich Vorbegriffe dadurch aus, dass ihr Inhalt von den

Sprechern durch eine Analyse der einzelnen Wortteile ermittelt wird und nicht als Ganzheit abgerufen werden kann.

4.3.2 Festigung

Aus *soziopragmatischer Sicht* ist die Festigung eines neuen komplexen Lexems durch seine *Verbreitung* in der Sprachgemeinschaft gekennzeichnet. Es findet Verwendung in einer zunehmenden Zahl von Gruppen und in immer größer werdenden Teilen der Sprachgemeinschaft und wird von immer mehr Menschen als *item-familiar*, d. h. als ein individuell bekanntes Wort, wahrgenommen. In der Anfangsphase der Verbreitung, in der neue komplexe Lexeme von den Sprechern noch als neu wahrgenommen werden, bezeichnet man sie als *Neologismen (neologisms)*. Neologismen sind also nicht einfach neue Wörter, wie die griechischen Wurzeln des Wortes es nahe legen (*neo* ,neu', *logos* ,Wort'), sondern vielmehr neue Wörter, denen es gelungen ist, über die einmalige Verwendung in einer Ad-hoc-Bildungssituation hinaus zu überleben (vgl. Hohenhaus 1996: 19, Fischer 1998: 3–6).

Wie in Abschnitt 4.2.1 bereits diskutiert, werden nicht alle Ad-hoc-Bildungen mit der Absicht verwendet, sie auf den Weg der Festigung zu bringen. Viele sind vorwiegend syntaktisch motiviert und dienen nicht wirklich der Benennung. Aber auch viele der lexikalisch motivierten Prägungen kommen über das Stadium der Entstehung schlicht deshalb nicht hinaus, weil sie keine Verbreitung finden. Die Chancen einer Ad-hoc-Bildung auf erfolgreiche Verbreitung und Institutionalisierung hängen von einer Reihe semantischer, soziolinguistischer, pragmatischer, kognitiver und letztlich auch phonologischer Faktoren ab, von denen hier nur die wichtigsten kurz angesprochen werden sollen (vgl. Bauer 1983: 43 f., Ungerer 1991, Fischer 1998: 15 f.). Wörter, die sich schnell verbreitende neue Gegenstände, z. B. im Bereich der Technologie, benennen, haben natürlich bessere Aussichten als solche, deren Referenten nur für einzelne Personen oder Berufsgruppen von Relevanz sind. Werden Wörter von Personen im Zentrum des öffentlichen Interesses mit Prestige und Medienwirksamkeit kreiert und verwendet, z. B. von Politikern, Medienberühmtheiten, Managern, Journalisten o. Ä., so sind ihre Chancen auf Festigung und Etablierung besser, als wenn sie von einer Privatperson geprägt werden. Je nach Verbreitung des Mediums, in dem das Wort erstmalig auftaucht, wird eine viel größere Zahl von Sprechern erreicht, und die Wahrscheinlichkeit nimmt zu, dass ein Wort nicht nur weiter verwendet, sondern auch Gegenstand eines metasprachlichen Diskurses wird, der seinerseits deutlich zu seiner Verbreitung beiträgt. Auch die Gefälligkeit der äußeren Form sowie die Originalität der bezeichneten Idee können ausschlaggebend dafür sein, ob ein Wort von der Sprachgemeinschaft akzeptiert wird und Verbreitung findet.

Aus *struktureller Sicht* lässt sich die Phase der Festigung als *Stabilisierung* von Form und Bedeutung beschreiben. Kurz nach der Entstehung eines neuen Wortes kann man gelegentlich noch formale Variationen etwa im Hinblick auf Aussprache oder Orthografie beobachten. Das Ausmaß dieser Variation wird im Zuge der Verbreitung verringert; die Form stabilisiert sich. Semantisch ist eine Reduzierung der ursprünglich für die Rezipienten vorhandenen potenziellen Ambiguität festzustellen. Sollte beispielsweise die Form *treetop-hugging flight* Verbreitung finden und den Weg zur Stabilisierung antreten, so wird die Wahrscheinlichkeit, es wörtlicher als ‚Bruchlandung, die mit dem Umarmen einer Baumkrone endet' zu verstehen, geringer. Mit der Reduzierung der Ambiguität nimmt die Kontextabhängigkeit ab.

Aus *kognitiver Sicht* bedeutet die Festigung eines komplexen Lexems zweierlei: Einerseits bekommt das Wort in den mentalen Lexika einer zunehmenden Anzahl von Sprechern einer Sprachgemeinschaft einen Eintrag und es beginnt, sich mit anderen Einträgen in vielfältiger Hinsicht zu vernetzen. Damit ist gemeint, dass sich assoziative Beziehungen zu anderen Wörtern herauskristallisieren. Diese können auf der einen Seite vom Typ der klassischen paradigmatischen Sinnbeziehungen des Strukturalismus sein (Synonyme, Antonyme, Hyperonyme und Hyponyme). Andererseits werden syntagmatische Beziehungen wie Kollokationen aufgebaut, wenn sich z. B. die Kombinationsmöglichkeiten eines neuen Nomens mit Verben oder Adjektiven verfestigen.

Was andererseits seinen konzeptuellen Status angeht, so beginnt der Vorbegriff zu einem ganzheitlichen (oder *holistischen*) Konzept zu verschmelzen. In den Köpfen der Sprecher entstehen Ansätze einer assoziativen Verknüpfung zwischen der Form und *einem* Konzept, das sich von der Kombination der durch die beteiligten Morpheme repräsentierten Konzepte unterscheidet. Gleichzeitig beginnt der konzeptuelle Beitrag der einzelnen Morpheme zu verblassen, so dass etwa bei der Verarbeitung von *treetop-hugging flight* weniger an Baumkronen und Umarmungen gedacht wird, dafür aber immer mehr und direkter an das Fliegen in niedriger Höhe. Diese beiden konvergierenden Vorgänge – Herausbildung einer konzeptuellen Einheit und Verblassen der Prominenz der einzelnen Teile – führen zur Bildung einer konzeptuellen Gestalt im Sinne der Gestaltpsychologie, also einer Einheit, deren Gesamtbedeutung von der Summe der Bedeutungen ihrer Teile abweicht.

Neue Wörter beginnen somit aus kognitiver Sicht in der Phase der Festigung damit, eine eigene konzeptuelle Gestalt und Substanz zu erlangen. Sie bekommen, wenn man so will, eine eigene Plastizität. Dieser Vorgang, der laut Leech (1981: 31 f.) durch die begriffsbildende Kraft von Wörtern in Gang gesetzt wird, wird in Anlehnung an Leisi (1975) als *Hypostasierung* bezeichnet. Das Endstadium der Hypostasierung ist erreicht, wenn die Sprachbenutzer das Gefühl haben, dass ein komplexes Lexem „mit einer selbständigen, von anderen Erscheinungen abgelösten Existenz" (Leisi 1975: 26) ausgestattet sei. Darüber wird im nächsten Abschnitt noch mehr zu sagen sein.

4.3.3 Etablierung

Die Etablierung markiert den Endpunkt des Festigungsprozesses, wobei betont werden muss, dass im Zuge des stetigen Sprachwandels noch andere diachrone Prozesse ablaufen und somit eine weitere Veränderung des Wortes herbeiführen können.

Ein Lexem kann aus *soziopragmatischer Sicht* dann als voll *institutionalisiert* gelten, wenn es einer überwiegenden Zahl der Sprecher bekannt ist und von ihnen verwendet wird. Die vage Rede von der „überwiegenden Zahl" zeigt, dass zwischen der Phase der Verbreitung und dem Zustand des Institutionalisiert-Seins keine klare Grenze gezogen werden kann. Während Lexeme in (4.1) wie *government, starvation, United Nations, landmines* und natürlich *however* und *otherwise* allen erwachsenen Muttersprachlern des Englischen geläufig und somit voll institutionalisiert sind, kann man annehmen, dass sich *commandeer, press-ganging, ground-to-air missile* und *relief worker,* zumindest was ihre aktive Verwendung angeht, auf einen kleineren Benutzerkreis beschränken und deshalb als weniger institutionalisiert gelten können. Dass Verwendungshäufigkeit und Bekanntheitsgrad als Gradmesser der Institutionalisierung von Wörtern schwer mess- bzw. operationalisierbar sind, dürfte auf der Hand liegen.

Als voll *lexikalisiert* gilt ein Lexem aus *struktureller Sicht* laut Bauer (1983) und Quirk et al. (1985) dann, wenn es formale Eigenschaften aufweist, die nicht durch Regeln der Wortbildung erklärbar sind, und/oder Bedeutungsmerkmale hat, die nicht aus der kompositorischen Bedeutung abgeleitet werden können. Eine intensive Auseinandersetzung mit solchen formalen (d. h. in erster Linie phonologischen, orthografischen und morphologischen) und semantischen Lexikalisierungsprozessen findet sich bei Bauer (1983: 50 ff.). Fälle der formalen Lexikalisierungstypen sind im Vergleich zu den semantischen im Englischen seltener zu beobachten und auch im Text in (4.1) nicht belegt. In der Literatur (und im ICE-GB Korpus) sind als Beispiele für phonologische Lexikalisierung das Lexem *holiday* oder die Bezeichnungen der Wochentage (*Sunday, Monday, Tuesday* etc.) anzutreffen. Bei *holiday* hat sich die Aussprache des ersten Teils von /hɔuli/ zu /hɒli/ verändert; bei den Wochentagen tritt der Diphthong in *day* /deɪ/ in der reduzierten monophthongen Form /di/ auf (z. B. /fraɪdi/). Viele Beispiele für phonologische Lexikalisierung liefert das Wortbildungsmuster der Präfigierung. In der Regel tragen z. B. Präfigierungen mit *non-* den Hauptton auf der betonten Silbe der Basis und auf dem Präfix einen Nebenton (vgl. ˌnon-ˈviolent). Das lexikalisierte Lexem *nonsense* dagegen, das nach demselben Muster gebildet ist, trägt den Hauptton auf dem Präfix. Bei Präfigierungen mit *re-* lassen sich lexikalisierte Bildungen dadurch erkennen, dass das Präfix keinen Nebenton trägt und der Vokal reduziert ist, vgl. dazu z. B. das nicht lexikalisierte *re(-)count* /ˌriːˈkaʊnt/ ‚count again' im Gegensatz zu *recount* /rɪˈkaʊnt/ ‚tell (in detail)' (Hansen et al. 1990: 71; s. auch S. 159 unten). Auch die orthografische Lexikalisierung lässt sich mit dem Lexem *nonsense* illustrieren, das im Gegensatz zur Regel bei dem Modell *non-* nicht mit Bindestrich geschrieben wird. Weitere Beispiele sind Wörter wie *welcome, welfare* oder *fulfil* (AmE *fulfill*), in denen die Doppelkonsonanten der einfachen Formen *well* und *full* nicht mehr auftauchen.

Interessanter ist im Hinblick auf die Beispiele in Text (4.1) jedoch die Beschäftigung mit der semantischen Lexikalisierung. Hier geht es darum festzustellen, ob alle semantischen Bestandteile der etablierten Bedeutung eines komplexen Lexems in den Bedeutungen der Morpheme, aus denen es besteht, angelegt sind oder nicht; oder umgekehrt: ob sich die Bedeutung des komplexen Lexems in die Bedeutungen seiner Konstituenten zerlegen und erschöpfend aus ihnen heraus erklären lässt. Lexikalisierte Lexeme erfüllen dieses Prinzip der semantischen Kompositionalität nicht. Man spricht davon, dass ihre Bedeutung nicht, oder zumindest nicht vollständig, *transparent* sei, dass sie *demotiviert* oder *idiomatisiert* seien, ähnlich wie Idiome, deren Gesamtbedeutung ja ebenfalls nicht von den Bedeutungen der am Idiom beteiligten Wörter abgeleitet werden kann. Der höchste Grad der Lexikalisierung und Demotivierung ist bei so genannten *verdunkelten Komposita* erreicht, z. B. bei *lord* (von Altenglisch *hlafweard*, ‚loaf keeper') und *gospel* (von Altenglisch *god spel*, ‚good news'). Diese Lexeme sind heute weder formal noch semantisch als Komposita identifizierbar.

Das Lexem *airfield* kann als erstes Beispiel für schwächere Ausprägungen der semantischen Lexikalisierung dienen. Schon die zentrale Bedeutung ‚a place where planes can fly from' ist nicht direkt aus den Morphemen {air} und {field} zu erschließen. Darüber hinaus wird im Gegensatz zu *airport* das Lexem *airfield* typischerweise dann verwendet, wenn es um militärische Flugplätze geht (vgl. LDOCE4: ‚... especially one used by military planes'). Diese nicht obligatorische, aber gleichwohl charakteristische Bedeutungskomponente kommt zweifellos hinzu, ohne dass sie in der kompositorischen Bedeutung von *air* und *field* angelegt ist. Sie ist nicht Teil des Merkmals- oder Attributinventars der beiden einfachen Substantive und somit als Indiz für die semantische Lexikalisierung im oben beschriebenen Sinn zu werten.

Weitere gute Beispiele für semantische Lexikalisierung in Text (4.1) sind *refugee* und das Verb *to press-gang*. *Refugee* hat zusätzlich zur weitgehend transparenten Bedeutung ‚someone who takes refuge' laut LDOCE4 die Attribute ‚in another country' und ‚especially during a war' bzw. ‚for political or religious reasons' angenommen. Das Verb *to press-gang* hat die ursprüngliche Bedeutung des gleich lautenden Nomens *press-gang*, ‚a group of people in the past who took young men away using force in order to make them come to work on a ship', die ebenfalls schon semantisch lexikalisiert war, drastisch erweitert: Das Verb wird beschrieben mit der Bedeutung ‚*informal* to force someone to do something‘. Im Zuge der Lexikalisierung können sich also Bedeutungen nicht nur verengen oder verschieben, sondern auch erweitern (vgl. Lipka 1977: 160, Bauer 1983: 55 ff.).

Worin liegen die Gründe für die Lexikalisierung? Zunächst muss in Erinnerung gerufen werden (s. S. 76), dass bei so genannten *Einzelprägungen* Divergenzen zwischen der kompositorischen Bedeutung komplexer Lexeme und den Einzelbedeutungen ihrer Konstituenten schon im Stadium der Ad-hoc-Bildung angelegt sein können, weil das vom ersten Produzenten verwendete morphologische Material die intendierte Bedeutung unterspezifiziert. Oder anders ausgedrückt: Es kann von vornherein mehr, oder sogar etwas anderes, gemeint sein, als ausdrücklich gesagt wird.

Für im weiteren Verlauf stattfindende Lexikalisierungsprozesse lassen sich prinzipiell drei Arten von Ursachen voneinander unterscheiden: kulturelle, sprachliche und kognitive.

Der klassische Fall einer kulturellen Ursache für die semantische Lexikalisierung ist der Wandel der bezeichneten Sache. Tafeln sind heutzutage in der Regel grün und nicht mehr schwarz. Die englische Wortform *blackboard* aber ist in ihrer ursprünglichen Form erhalten geblieben, und dadurch haben sich die Gesamtbedeutung dieses Lexems und die kompositorische Bedeutung auseinander bewegt. Analoges gilt für Lexeme wie *cupboard*, *shoemaker* oder *watchmaker* (vgl. Lipka 1983: 927).

Die sprachliche Hauptursache der Lexikalisierung ist das Spiegelbild der kulturellen: Während die außersprachlichen Referenten eines Lexems hier im Wesentlichen relativ stabil bleiben, verändert sich die Lexembedeutung. Bedeutungsveränderungen wie Bedeutungserweiterung, -verengung und -verschiebung sind alltägliche Prozesse in lebenden Sprachen, die alle Wörter betreffen, nicht nur komplexe Lexeme. Einfache und komplexe Lexeme unterscheiden sich aber im Hinblick darauf, wie nachvollziehbar diese Veränderungen aus synchroner Perspektive sind. Da die meisten einfachen Lexeme zumindest heute nicht motiviert sind, lassen sich Bedeutungsveränderungen synchron in der Regel nicht feststellen. Sprachhistorisch nicht ausgebildete Sprecher werden z. B. kaum wissen, dass das heutzutage annähernd bedeutungsentleerte Wort *nice* noch zu Jane Austens Zeiten die recht spezifische Bedeutung ‚wählerisch‘ hatte (Leisi 1985: 134), die nur noch in Kollokationen wie *a nice point* ‚ein feiner Unterschied‘ übrig geblieben ist. Komplexe Lexeme dagegen sind relativ motiviert, weil ihre Bestandteile aus einer bestimmten Überlegung heraus zusammengefügt wurden. Wenn die Wortform, die diese Überlegung widerspiegelt, bestehen bleibt, die Bedeutung sich indes verändert, so wird durch die Diskrepanz zwischen kompositorischer und Gesamtbedeutung der Sprachwandel auch synchron sichtbar. Dies lässt sich mit dem schon im Zusammenhang mit der phonologischen Lexikalisierung erwähnten Lexem *holiday* illustrieren, das in altenglischer Zeit in der Tat noch die Bedeutung ‚heiliger Tag‘ hatte. Die Erweiterung der Bedeutung zu

‚Tag, an dem nicht gearbeitet wird' und schließlich ‚Reihe von Tagen, an denen nicht gearbeitet wird' führt zu einer Divergenz zwischen kompositorischer und Gesamtbedeutung, die aber im Gegensatz zum einfachen Lexem *nice* auch synchron spürbar und damit für sprachhistorisch nicht gebildete Sprecher zumindest nachvollziehbar ist.

Eine noch etwas grundsätzlichere Ursache für die semantische Lexikalisierung liegt schließlich in der konzeptbildenden Kraft von Wörtern, der Hypostasierung, bzw. allgemeiner: in der kognitiven Tendenz zur Gestaltbildung (Lipka 1977: 161, 1981: 122). Dies bringt uns zur *psycholinguistisch-kognitiven Sicht* auf die Phase der Etablierung.

Für das menschliche kognitive System ist es offenbar ökonomischer, Reizkonstellationen, die den so genannten Gestaltprinzipien wie Nähe, Geschlossenheit oder Ähnlichkeit genügen, nicht einzeln, sondern als konzeptuelle Einheiten zu verarbeiten und zu einer Gestalt zusammenzufügen. Zwei senkrechte Striche, die in der Mitte mit einem waagrechten Strich verbunden sind, werden von uns nicht als drei visuelle Einzelreize wahrgenommen, sondern als die ganzheitliche Reizkonstellation H. Folgen von Tönen, z. B. ♪ ♪ ♪, werden nicht als einzelne Reize wahrgenommen, sondern ganzheitlich als Melodien. Es spricht vieles dafür, dass derselbe Prozess der Gestaltbildung auch bei Kombinationen von Morphemen abläuft, insbesondere dann, wenn sie häufig wiederkehren, und sich deshalb ihre kognitive Verarbeitung wiederholt. Die Chance von Einzelreizen, ganzheitlich als Gestalt wahrgenommen bzw. konzeptualisiert zu werden, steigt nämlich nicht nur mit dem Maß, mit dem sie den oben erwähnten Gestaltprinzipien genügen, sondern auch mit der Häufigkeit, mit der sie zusammen auftreten. Für Morphemkombinationen bedeutet dies, dass die Wahrscheinlichkeit der konzeptuellen Gestaltbildung mit dem Grad der Verbreitung und Institutionalisierung zunimmt. Je häufiger ein Sprecher ein neues komplexes Wort antrifft und verarbeitet, desto wahrscheinlicher wird es, dass sich für ihn ein ganzheitlicher Begriff herausbildet, der sich von den mit den Teilen des Wortes assoziierten Begriffen oder Bedeutungen abkoppelt. In der von Langacker begründeten Kognitiven Grammatik wird der frequenzabhängige Prozess der Gestaltbildung metaphorisch als *entrenchment*, also ein ‚Sich-Eingraben', aufgefasst (Langacker 1987a: 59, 100; vgl. auch Schmid im Druck). Die Konzeptbildung wird von Langacker mit dem Bild des Gerüsts greifbar gemacht: Die morphologischen Teile sind für das lexikalisierte komplexe Lexem wie ein Gerüst, das dann abgebaut werden kann, wenn sich die komplexe Einheit als Ganzes etabliert hat (Langacker 1987a: 461). Wie am Ende von Abschnitt 4.3.2 angedeutet, ist das Endstadium der begrifflichen Gestaltbildung der hypostasierte Begriff, der eine eigene konzeptuelle Substanz und Plastizität angenommen hat.

Der Prozess der Lexikalisierung und Konzeptbildung wurde von Ungerer und Schmid (1998) mit so genannten *attribute listing tasks* empirisch nachgewiesen. Sie legten Gruppen von Studenten Komposita und ihre Teile einzeln vor und baten sie, Eigenschaften aufzuschreiben, die alle Referenten der Lexeme teilten. Ziel war es zu ermitteln, welchen konzeptuellen Beitrag die beiden Teile zum Gesamtkonzept des Kompositums leisten. Semantische Lexikalisierung und Konzeptbildung wurden dann als nachgewiesen betrachtet, wenn sich eine geringe Übereinstimmung zwischen dem Konzept des Kompositums und den Konzepten seiner Teile ergab. Die Tests zeigten, dass im Hinblick auf ihren Lexikalisierungsgrad verschiedene Typen von Komposita existieren. Nicht lexikalisierte – aber durchaus voll institutionalisierte – Komposita wie *apple juice* oder *kitchen chair* bezogen ihr gesamtes Attributinventar und damit ihren gesamten konzeptuellen Gehalt aus den sie konstituierenden Nomina *apple* und *juice* bzw. *kitchen* und *chair*. Anders bei lexikalisierten Komposita wie *newspaper* oder *wheelchair*: Hier tauchte in den Attributlisten für die Komposita eine große Zahl von Attributen auf, die nicht in den Listen der einfachen Nomina vorzufinden waren, z. B. ‚Fotos/Bilder' oder ‚Artikel' bei *newspaper* und ‚Behinderte/Gehbehinderte' oder ‚nicht überall einsetzbar' bei *wheelchair*. Dies zeigt, dass sich diese komplexen Lexeme konzeptuell von der Bedeutung ihrer Konstituenten emanzipiert haben.

Im Hinblick auf das mentale Lexikon zeichnet sich das hypostasierte Konzept dadurch aus, dass es von einem Großteil der Mitglieder einer Sprachgemeinschaft direkt, d. h. ohne den Umweg über die es zusammensetzenden Morpheme, abgerufen werden kann. Metaphorisch gesprochen erhält das entsprechende Wort ‚einen eigenen Eintrag' im mentalen Lexikon der meisten Sprecher, der in neuer Weise vielfältig mit anderen Einträgen vernetzt ist. Für das Beispiel *treetophugging flight* würde dies bedeuten, dass im Falle einer vollständigen Hypostasierung die Vernetzungen mit Baumkronen und Umarmungen verloren gehen und diejenigen mit niedriger Höhe, Gefahr und der Möglichkeit feindlichen Beschusses im Gegenzug zunehmen würden. Die Speicherung im mentalen Lexikon hat ihrerseits auch wieder Auswirkungen auf den Charakter des Begriffs. Da die Bedeutung des Gelesenen oder Gehörten nicht neu aus den beteiligten Morphemen ‚zusammengereimt' werden muss, sondern erinnert werden kann und dem Sprachbenutzer bekannt und vertraut vorkommt, beginnt sich das Konzept mit weiteren Assoziationen zu verbinden. In strukturalistischer Terminologie ausgedrückt, beginnt das Konzept sich über die Denotation hinaus mit Konnotationen anzureichern.

4.4   Zusammenfassung

Einen zusammenfassenden Überblick über die drei Sichtweisen auf die Etablierung komplexer Lexeme und ihre drei Stadien gibt Tabelle 4.1 (umseitig).

Tab. 4.1: Übersicht über die Phasen der Etablierung komplexer Lexeme aus drei Perspektiven

Kriterium: Phase:	Strukturelle Sicht auf das Wort selbst			Soziopragmatische Sicht auf das Wort in der Sprachgemeinschaft		Kognitive Sicht auf das Wort in den Köpfen	
	Lexikalisierung			Institutionalisierung		Konzeptbildung	
	Form	Bedeutung	Kontextabhängigkeit	Verwendung	Bekanntheit	Mentales Lexikon	Konzeptueller Status
Entstehung	(Produkt der) Ad-hoc-Bildung			(Prozess der) Ad-hoc-Bildung		Vorbegriff	
	Neue Formenkombination	Hochgradig ambig	Hochgradig kontextabhängig	Erstmalige Verwendung durch einen Sprecher	Wort selbst ist unbekannt; nur *type-familiarity*	Kein Eintrag im mentalen Lexikon	Neue Kombination von Konzepten
Festigung	Stabilisierung			Verbreitung		Prozess der Hypostasierung	
	Form wird stabilisiert	Reduzierung der morphologisch bedingten Ambiguität	Reduzierung der Kontextabhängigkeit	Verwendung von Teilen bzw. Gruppen der Sprachgemeinschaft	*Item-familiarity* für Teile bzw. Gruppen der Sprachgemeinschaft	Anlegen eines Eintrags mit Vernetzung im mentalen Lexikon	Verschmelzung zu einem holistischen Konzept
Etablierung	Lexikalisiertes Lexem			Institutionalisiertes Lexem		Hypostasiertes Konzept	
	Herausbildung orthografischer, phonologischer, morphologischer und/oder syntaktischer Besonderheiten	Herausbildung semantischer Besonderheiten	Minimierung der Kontextabhängigkeit	Verwendung durch die meisten Mitglieder der Sprachgemeinschaft	*Item-familiarity* für die meisten Mitglieder der Sprachgemeinschaft	Eigenständiger Eintrag mit neuer Vernetzung im mentalen Lexikon	Holistisches Konzept; eigenständige konzeptuelle Gestalt

Die tabellarische Darstellung erweckt den Eindruck, als würden die drei Phasen im Hinblick auf alle drei Perspektiven immer parallel verlaufen. Dies ist aber nicht der Fall: Komplexe Lexeme können je nach Perspektive unterschiedliche Entwicklungszustände erreichen. Es ist gerade diese Tatsache, die die möglicherweise etwas umständlich und unnötig komplex anmutende Trennung von drei Stadien und drei Perspektiven rechtfertigt. Komplexe Lexeme wie die bereits erwähnten *apple juice* und *kitchen chair* sind zweifellos vollständig institutionalisiert und hypostasiert; wie die Tests von Ungerer und Schmid (1998) ergeben haben, sind sie aber nicht lexikalisiert. Komplexe Lexeme in Fachsprachen, z. B. die in dem psychiatrischen Fachtext im ICE-Korpus (ICE-GB W2a-026) belegten *mechanoreceptor*, *motor end-plate*, *denervation*, *axon death* und *peripheral innervation density*, sind zwar nur teilweise institutionalisiert, aber dennoch für die Sprecher, die mit ihnen umgehen können, gleichwohl voll hypostasiert und lexikalisiert, was umgekehrt ihr Verständnis für nicht Eingeweihte umso mehr erschwert.

Abschließend bleibt noch zu erwähnen, dass die Etablierung komplexer Lexeme an sich immer ein diachroner Prozess ist, der aus sprachhistorischer Sicht am präzisesten beschrieben werden kann. Die vielfältigen Beispiele in diesem Kapitel haben aber gezeigt, dass auch die synchrone Betrachtung der internen Struktur, der soziopragmatischen Verhältnisse, der kognitiven Bedingungen und nicht zuletzt auch der synchrone Vergleich zwischen der Form des Lexems, den Bedeutungen seiner Bestandteile und der Gesamtbedeutung aufschlussreich sein kann.

Weiterführende Literatur: Zu Lexikalisierung, Institutionalisierung und Hypostasierung: Leisi (1975: 25 f.), Lipka (1977), (1981), (1992), Bauer (1983: 42–61), (2000b). Zu Ad-hoc-Bildung und Neologismen: Hohenhaus (1996), Fischer (1998), Lipka (2000). Zu verdunkelten Komposita: Götz (1971), Faiß (1978). Zu Gestaltbildung und *entrenchment*: Langacker (1987a: 59, 100), Schmid (im Druck), Ungerer und Schmid (1996: 33 ff.).

5. Grundfragen der englischen Wortbildung

5.1 Überblick über die englischen Wortbildungsmuster

Solange man sich im Wesentlichen an die formalen Gegebenheiten hält und auf einer verlässlichen Charakterisierung der morphologischen Bausteine aufbauen kann (die in Kapitel 2 gegeben wurde), kann man sich relativ leicht einen Überblick über die grundlegenden Muster verschaffen, nach denen sich im Englischen neue Wörter aus vorhandenem Material bilden lassen.

Grundsätzlich ist dabei zunächst einmal zwischen Mustern zu unterscheiden, die Morpheme oder morphemähnliche Bausteine verwenden, und solchen, bei denen dies nicht der Fall ist. Erstere heißen *morphematische Muster* (*morphemic patterns*), Letztere bezeichnet man als *nichtmorphematische* (*non-morphemic*) oder nicht vorhersagbare Bildungen (*unpredictable formations*, Bauer 1983: 232 ff.). In den beiden folgenden Abschnitten werden die morphematischen und nichtmorphematischen Wortbildungsmuster des Englischen überblicksartig skizziert. Detailliertere Besprechungen der einzelnen Muster folgen dann in den Kapiteln 7 bis 12.

5.1.1 Morphematische Wortbildungsmuster

Geht man von dem idealtypischen Fall aus, dass sich ein komplexes Lexem aus nicht mehr als zwei Morphemen zusammensetzt, so lässt sich der Kernbereich der prototypischen morphematischen Wortbildungsmuster durch Angabe der Art der beteiligten Morpheme und ihrer Reihenfolge beschreiben. Wie in der Syntax werden auch in der Wortbildung Elemente, die direkt und erschöpfend an der Bildung größerer Einheiten beteiligt sind, als *unmittelbare Konstituenten* (*immediate constituents*) bezeichnet. Tabelle 5.1 gibt einen Überblick über Art und Anordnung der unmittelbaren Konstituenten der grundlegenden morphematischen Wortbildungsmuster:

Tab. 5.1: Grundlegende morphematische Wortbildungsmuster

Muster	Erste unmittelbare Konstituente	Zweite unmittelbare Konstituente	Beispiele
Komposition (*compounding*)	freies lexikalisches Morphem	freies lexikalisches Morphem	*boatpeople, showroom, timetable*
Präfigierung (*prefixation*)	gebundenes lexikalisches Morphem	freies lexikalisches Morphem	*dislike, inside, rebuild*
Suffigierung (*suffixation*)	freies lexikalisches Morphem	gebundenes lexikalisches Morphem	*attachment, harmless, owner*

Von diesen Mustern existiert eine Reihe von Varianten bzw. Abwandlungen, die die Möglichkeiten, neue Wörter zu bilden, erheblich erweitern:

- Statt aus Morphemen können Wörter ausschließlich oder teilweise aus morphemähnlichen bedeutungstragenden Konstituenten bestehen. Dies ist der Fall, wenn ein freies Morphem zusammen mit einer vorangestellten *combining form* (s. S. 42) ein Wort bildet (z. B. *neuromuscular, endoneurial*), oder wenn sich ein Wort aus zwei *combining forms* zusammensetzt (z. B. *biology, democracy, psychology*). Da *combining forms* Merkmale von gebundenen und freien Morphemen aufweisen, gilt es hier bei der Analyse zu klären, ob diese näher bei der Komposition oder näher bei der Affigierung stehen, oder ob für sie ein eigenes Verfahrensmodell postuliert werden muss (s. S. 130).
- Bei der Suffigierung kann an die Stelle des freien Morphems auch eine gebundene Wurzel treten, wie z. B. in *necessary* oder *special* (s. S. 169).
- Traditionell wird in der Wortbildungslehre ein Prozess mitbehandelt, dessen Wirkung am Produkt der Wortbildung formal nicht markiert, sondern nur durch die Tatsache erkennbar ist, dass ein Wort zu mehr als einer Wortklasse gehört, wie bei *adult* (Adj und N) oder *knife* (N und V). Obgleich dieser Sachverhalt vor allem bei häufig verwendeten Wörtern im Englischen rein statistisch gesehen eher Regel als Ausnahme ist, wird er unter der Annahme, dass Wörter eigentlich prinzipiell nur einer Wortklasse angehören, als Ergebnis eines Wortklassenwechsels interpretiert. Je nach Theorie wird dieser Wechsel als Konversion (*conversion*) von einer Wortklasse in eine oder mehrere andere oder als Nullmorphemableitung bzw. Nullableitung (*zero-derivation, derivation by means of a zero-morpheme*) aufgefasst (s. Abschnitt 10.2).
- Schließlich ist noch der vergleichsweise seltene Sonderfall zu vermerken, dass ein Wortklassenwechsel nicht durch das Hinzufügen, sondern das Abtrennen von lexikalischen Bausteinen verursacht wird. Dieses Verfahren wird als Rückableitung (*back-formation*) bezeichnet. Ein Beispiel ist das Verb *to baby-*

sit, das nicht aus der Zusammensetzung der freien Morpheme *baby* und *sit* entstanden ist, sondern vom Substantiv *babysitter* abgeleitet wurde (s. Abschnitt 12.1).

Es ist wichtig zu betonen, dass in der praktischen Analyse vor allem größerer Datenmengen immer wieder noch weitere Zwischen- und Sonderfälle auftreten. Wie andere Bereiche der Linguistik ist auch das Feld der Wortbildungslehre nicht durch klar voneinander trennbare Kategorien gekennzeichnet, sondern durch ein Nebeneinander relativ klarer, prototypischer Fälle und einer Vielzahl von Übergangsphänomenen. Einem Bild Langackers (1991: 285) folgend sollten die hier beschriebenen prototypischen Wortbildungsmuster und ihre Varianten nicht als einzelne Statuen in einem Museum, sondern als Reihe von Gipfeln einer Bergkette verstanden werden, die zwar besonders hervorstechen und deshalb auch als Anhaltspunkte dienen, aber durch weniger prominente Erhebungen miteinander verbunden sind. In den einzelnen Kapiteln zu den Wortbildungsmustern (Kap. 7 bis 11) wird deshalb immer wieder auf Übergangsphänomene und Abgrenzungsprobleme eingegangen werden müssen.

5.1.2 Nichtmorphematische Wortbildungsmuster

Streng genommen ist die Rückableitung als Grenzfall zwischen den morphematischen und den nichtmorphematischen Verfahren zu betrachten, da nicht nur ‚echte' Morpheme, sondern auch Wortteile abgespalten werden, die zumindest historisch gar keinen Morphemstatus hatten, aber offenbar für Morpheme gehalten wurden. Die Verben *to burgle* und *to peddle*, abgeleitet von den Nomina *burglar* und *peddler*, werden gerne als Beispiele dafür angegeben, dass der abgetrennte Teil als Manifestation des Morphems {-er} missverstanden wurde.

Als klare Fälle nichtmorphematischer Wortbildungsverfahren zählen die Kürzung (*clipping*; z. B. *photo* von *photograph*, *phone* von *telephone*), die Wortmischung (*blending* oder *blend*, z. B. *brunch, chunnel, infotainment*), die Bildung von Initialwörtern (*acronymy* und *abbreviation*, z. B. *USA, UK, UNESCO, radar*) und die Reduplikation (*reduplication*, z. B. *willy-nilly, girly-girly*). Da die angegebenen Beispiele die jeweiligen Muster für die gegenwärtigen Zwecke hinreichend erläutern, wird an dieser Stelle nicht mehr zu diesen Verfahren gesagt. Für ausführlichere Informationen wird der Leser auf Kapitel 12 verwiesen.

5.2 Ansätze der Klassifizierung der englischen Wortbildungsmuster

Im letzten Abschnitt wurde der Versuch gemacht, die Grundlagen der englischen Wortbildung möglichst theoriefrei und neutral zu skizzieren. Von einer objektiven Beschreibung kann dennoch nicht gesprochen werden. Denn trotz der allen Forschern gemeinsamen Datenbasis, den sprachlichen Erscheinungen, ist jede Beschreibung und Klassifikation unausweichlich subjektiv, da sie mehr oder weniger explizit von bestimmten Grundannahmen ausgeht und bestimmte Ziele verfolgt. Schon die Entscheidung beispielsweise, die Basismuster Komposition, Präfigierung und Suffigierung mittels der sie konstituierenden Morphemtypen zu beschreiben und nicht mit Konzepten wie *Stamm* und *Affix*, ist potenziell kontrovers. Das Gleiche gilt für den eingeschlagenen Weg, gebundene Wurzeln und *combining forms* als morphemähnliche bedeutungstragende Konstituenten zuzulassen.

Gerade weil Klassifikationen in der Linguistik eine Menge über den theoretischen Ausgangspunkt und die Schwerpunkt- und Zielsetzung eines Ansatzes verraten, lohnt es sich, im Folgenden Versuche zu vergleichen, wie englische Wortbildungsmuster aufgrund von Unterschieden und Ähnlichkeiten klassifiziert werden können. Ich werde mich dabei weitgehend auf den Bereich der morphematischen Muster beschränken.

5.2.1 Der ‚traditionelle‘ Ansatz

Stellvertretend für eine nahe liegende und gängige Art der Klassifikation kann die Gliederung der Wortbildungsmuster im Appendix in der *Comprehensive Grammar* von Quirk et al. (1985) dienen. Diese lässt sich grafisch wie in Abbildung 5.1 dargestellt veranschaulichen:

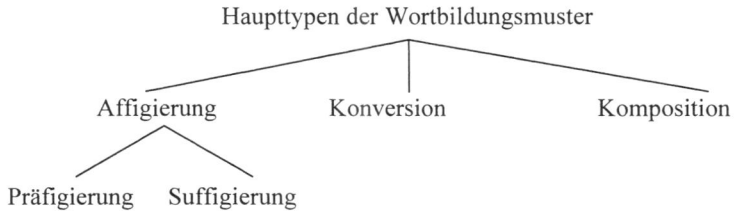

Abb. 5.1: Klassifikation der Wortbildungsmuster nach Quirk et al. (1985: 1520)

Kennzeichnend für diese Klassifikation sind die Orientierung an der morphologischen Form und Unabhängigkeit der Konstituenten und der Einsatz der Konzepte *Basis* (*base*) und *Affix* bzw. *Präfix* und *Suffix*. Präfigierung und Suffigierung werden hier zusammen als Formen der Affigierung betrachtet, da beide jeweils aus einer Basis und einem Affix bestehen. Konversion und Komposition sind eigenständige Muster. Erstere wird mit dem Hinweis auf den Wortklassenwechsel einer Basis „with no change of form" (Quirk et al. 1985: 1520) charakterisiert, Letztere als Hinzufügung einer Basis zu einer anderen. Eine ähnliche Klassifikation vertreten Hansen et al. (1990: 41 f.). Da diese Autoren aber der Tradition Marchands folgend den formal nicht markierten Wortklassenwechsel nicht als Konversion, sondern als Nullableitung auffassen (s. Abschnitt 10.2.3), ergibt sich bei ihnen eine Zweiteilung in Komposition und Affigierung, wobei Letztere sich dann in Präfigierung, Suffigierung, Nullableitung und Rückableitung zergliedert.

5.2.2 Der Syntagma-Ansatz

Der Syntagma-Ansatz wird am prominentesten durch Marchand (1969) vertreten. Während für Quirk et al. (1985) die Frage nach der Wortart bzw. dem Wortklassenwechsel zwar wichtig, aber nicht prägend für ihre Klassifikation ist, kommt bei Marchand diesem Kriterium eine überragende Bedeutung zu. Marchands Systematik ist in Abbildung 5.2 dargestellt:

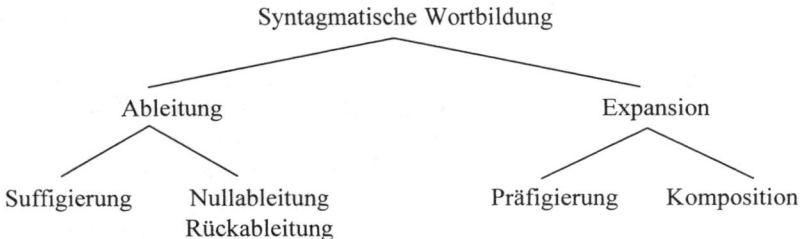

Abb. 5.2: Klassifikation der morphematischen Wortbildungsmuster nach Marchand (1969: 2 f.)

Im Gegensatz zu Quirk et al. sieht Marchand eine größere Nähe zwischen Präfigierung und Komposition als zwischen Präfigierung und Suffigierung. Dies hat mit der von ihm eingenommenen Sichtweise auf die interne Struktur von komplexen Lexemen zu tun, die er als *Wortbildungssyntagmen* auffasst. Der Begriff *Syntagma* geht auf eine Konzeption der Wortbildung zurück, die in der Nachfolge Saussures und dessen Schülers Charles Bally vor allem von Marchand und seinen Schülern vertreten wird (vgl. Marchand 1969: 2 f., Kastovsky 1982: 21 f., 152, Lipka 2002: 95 f.). Wortbildungssyntagmen werden hier als verkürzte grammatikalische Konstruktionen bzw. Sätze betrachtet. Die Grundstruktur von

Wortbildungssyntagmen ist die so genannte *Determinans-Determinatum-Beziehung* (*determinant-determinatum relationship*). Damit ist gemeint, dass eines der Elemente, und zwar im Englischen in der Regel das erste (*Determinans* ‚Bestimmendes'), das andere Element (*Determinatum* ‚Bestimmtes') näher bestimmt. Diese Beziehung ist eine Variante des *modifier-head*-Prinzips, wonach sich grammatische Einheiten, z. B. Nominalphrasen, in der Regel aus einer abhängigen modifizierenden Konstituente, dem Modifikator (*modifier*), und aus einer eher autonomen Konstituente, dem Kopf (*head*), zusammensetzen. Dieses Prinzip wird von Marchand in terminologisch neuer Form als Determinans-Determinatum-Beziehung auf die Wortbildung übertragen. Ich übernehme in diesem Buch das Prinzip, gebe aber den Termini *modifier* und *head* den Vorzug, da diese auch außerhalb des Marchandschen Systems etabliert sind.

Ein wesentliches Motiv für die oben abgebildete Klassifikation liegt nun darin, dass verschiedene Wortklassen in der Grammatik typischerweise verschiedene Funktionen übernehmen: Nomina beispielsweise fungieren gewöhnlich als *head*, Adjektive dagegen als *modifier* von Nomina (vgl. *the black board*). Bei Präfigierung und Komposition sind Vertreter der jeweiligen Wortklassen in Wortbildungssyntagmen typischerweise an der für sie üblichen Stelle zu finden: Nomina als *head* und Adjektive als *modifier*, wie z. B. in *blackboard* oder *granddaughter*. Bei allen Formen der Ableitung ist dies nicht der Fall; die Position des *head*, die auch für die Wortklasse des gesamten komplexen Lexems ausschlaggebend ist, wird von einem gebundenen Morphem – bei der Nullableitung paradoxerweise sogar vom Nullmorphem – eingenommen. Die Wortklasse wird also nicht von dem Morphem bestimmt, das grammatikalisch eher für die Funktion des *head* in Betracht käme. Deshalb spricht Marchand von einer Transposition des *head* in die für ihn untypische Rolle des *modifier*. Die Ableitung ist für ihn eine spezifische Form der Transposition, bei der die Rolle des *head* von einem gebundenen Morphem übernommen wird (Marchand 1969: 11–13).

Der Begriff der *Expansion* (*expansion*), der als Oberbegriff für Präfigierung und Komposition fungiert, beschreibt die Tatsache, dass bei beiden Verfahren eine morphologische Erweiterung durch den *modifier* unter Beibehaltung der Wortklasse des *head* vorgenommen wird.

5.2.3 Tournier (1985) und (1988)

Der französische Anglist Tournier (1985) erhebt einen ganz anderen Aspekt zum Grundprinzip seiner Klassifikation: die Frage, welche der beiden Seiten des sprachlichen Zeichens bei produktiven lexikalischen Prozessen Veränderungen erfahren. Die folgende grafische Darstellung seines Systems und die anschließende Diskussion orientiert sich an einer Zusammenfassung von Lipka (2002: 108 f.):

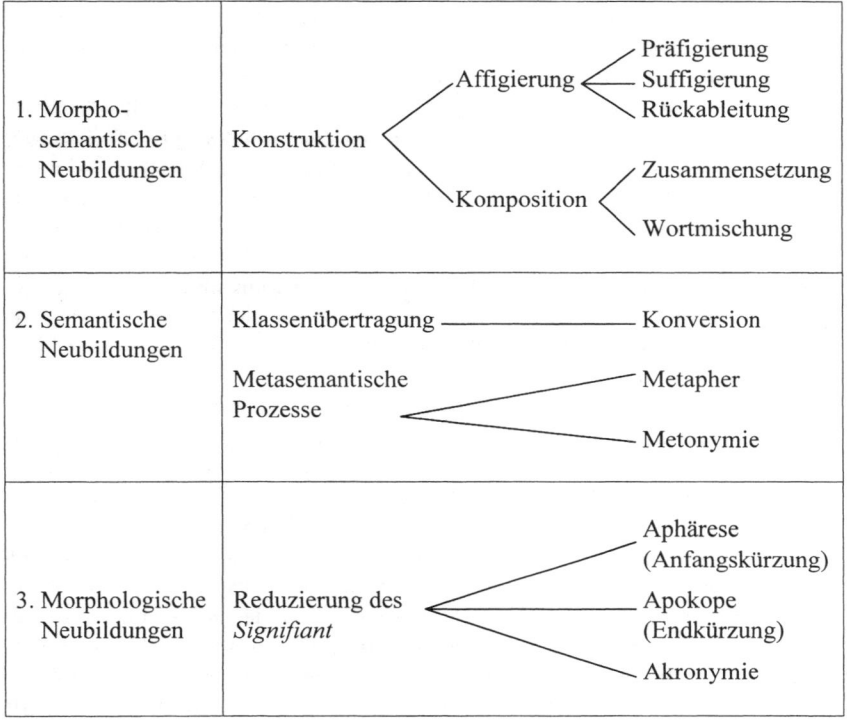

Abb. 5.3: Klassifikation der Wortbildungsmuster und anderer produktiver lexikalischer Prozesse nach Tournier (1985: 47 ff., 1988: 18 ff.; dargestellt nach Lipka 2002: 108 f.)

Drei grobe Typen oder Makro-Mechanismen ergeben sich je nachdem, ob Änderungen sowohl Form- als auch Inhaltsseite (*morpho-semantische Neubildungen*),
nur Inhaltsseite (*semantische Neubildungen*) oder nur Formseite (*morphologische
Neubildungen*) betreffen. Die auf der rechten Seite des Diagramms dargestellten
Einzelprozesse werden von Tournier als Blaupausen oder Gussformen aufgefasst,
mit denen Sprecher produktiv umgehen können. Da es hier um den generellen
Klassifikationsansatz geht, sollen nicht die einzelnen Muster, sondern lediglich
die grundsätzlichen Wesensmerkmale dieser Klassifikation erörtert werden.

Interessant ist zunächst, dass neben den klassischen Wortbildungsmustern
nicht nur die semantischen Übertragungsprozesse Metapher und Metonymie einen ‚natürlichen‘ Platz in der Systematik produktiver lexikalischer Prozesse finden, sondern auch die formkürzenden nichtmorphematischen Muster. Für
Tournier beschränkt sich die Wortbildung im eigentlichen Sinn auf die Bereiche

eins und drei, d. h. auf diejenigen Muster, bei denen Formveränderungen stattfinden. Dies ist insofern außergewöhnlich, als damit die Konversion aus der Wortbildung ausgeschlossen wird.

Weiterhin ist bemerkenswert, dass die Konversion als formstabiler Prozess von der Suffigierung getrennt wird. Im Gegensatz zu Marchand und anderen, die ihr Augenmerk vor allem auf die Wortklassen verändernde Kraft der Konversion richten und diese als Prozess mit weitgehend grammatikalischem Effekt auffassen, stellt Tournier die semantischen Veränderungen in den Vordergrund.

Schließlich soll noch hervorgehoben werden, dass Tourniers Klassifikation der nicht von der Hand zu weisenden Ähnlichkeit zwischen der *Komposition* (in unserer Terminologie) und der *Wortmischung* Rechnung trägt. Bei beiden Verfahren werden freie Morpheme zusammengesetzt und semantisch zueinander in Beziehung gebracht.

5.2.4 *Onomasiologische Ansätze*

Zuletzt sollen Klassifizierungsversuche erwähnt werden, die sich unter dem Stichwort *onomasiologische Ansätze* zusammenfassen lassen. Kennzeichnend für die onomasiologische Herangehensweise an die semantische Sprachbetrachtung ist, dass im Gegensatz zur semasiologischen nicht von den sprachlichen Elementen ausgegangen und gefragt wird, was sie bedeuten und wofür sie stehen können, sondern von der außersprachlichen Welt der Dinge bzw. den kognitiven Konzepten, die wir von dieser Welt haben. Eine typische semasiologische Fragestellung in der Wortbildung ist beispielsweise: ‚Welche Bedeutungen kann das Suffix *-er* annehmen?‘; eine onomasiologische ist: ‚Mit welchen morphologischen Mitteln können Personen bezeichnende Lexeme gebildet werden?‘. Da sich onomasiologische Ansätze für die Versprachlichung mentaler Konzepte interessieren, besteht eine enge Affinität zu einer kognitiven Sprachbetrachtung.

Onomasiologische Ansätze in der Wortbildung haben laut Fleischer (2000: 887 f.) in der slawischen Philologie eine längere Tradition als in der Anglistik (s. auch Štekauer 1998: 7). In der englischen Wortbildung gibt es drei relativ aktuelle Versuche, aus onomasiologischer Perspektive zum Verständnis komplexer Lexeme beizutragen: das Buch von Szymanek (1988), die beiden Bücher von Štekauer (1998) und (2000) und einen Aufsatz von Ungerer (2002). Allen drei Ansätzen ist gemein, dass sie von grundlegenden kognitiven Kategorien ausgehen, mit deren Hilfe wir die Welt um uns herum verstehen, z. B. Kategorien wie MENSCH, SUBSTANZ, GEGENSTAND, HANDLUNG, VORGANG oder EIGENSCHAFT. Dass diese Kategorien nicht nur kognitiv, sondern auch sprachlich von besonderer Bedeutung sind, spiegelt sich in der Tatsache wider, dass sie mit den wichtigen Wortklassen korrelieren: Menschen und Gegenstände werden typischerweise durch Nomina bezeichnet, Handlungen durch Verben und Eigenschaften durch

Adjektive. Hinzu kommen grundlegende Beziehungen zwischen diesen Kategorien, die Teil unseres Erfahrungswissens über die Welt sind, wie z. B. das Wissen darüber, dass HANDLUNGEN von MENSCHEN unter Zuhilfenahme von GEGEN-STÄNDEN ausgeführt werden. Diese wichtigen kognitiven Kategorien und die Beziehungen zwischen ihnen bilden aus onomasiologischer Sicht den Ausgangspunkt für die Wortbildung. Ein Lexem wie *truck driver* (Štekauer 1998: 15–17) kodiert – vereinfacht dargestellt – konzeptuelles und semantisches Wissen über einen MENSCHEN mit bestimmten Eigenschaften, einen GEGENSTAND mit bestimmten Eigenschaften und die Beziehung zwischen beiden, dass der MENSCH eine HANDLUNG mit dem GEGENSTAND ausführt.

Derivationsmorphologische Prozesse verändern aus dieser Perspektive nicht nur einfach die Wortklasse von Wörtern, sondern haben die Funktion, Konzepte in andere Konzeptkategorien zu transferieren. Eine Funktion von {-er}-Suffigierungen wie *baker* oder *driver* ist es demnach, aus den Handlungskonzepten *bake* und *drive* Personenkonzepte zu konstruieren. Vor diesem Hintergrund lassen sich laut Ungerer (2002) auf einer relativ generellen Ebene Wortbildungstypen wie *personizers, actionizers, qualitizers, object creators* und, bei der Bildung von Abstrakta, *domain creators* unterscheiden. Die Konversion kann man als onomasiologische oder konzeptuelle Rekategorisierung beschreiben (Štekauer 1998: 11, Ungerer 2002: 560).

Die onomasiologische Herangehensweise wird in den Kapiteln zur Präfigierung und zur Suffigierung bei der Darstellung der einzelnen Affixe gliederungsleitend sein.

5.2.5 *Zusammenfassung*

Die Verschiedenheit der Ansätze, die in diesem Kapitel besprochen wurden, hat gezeigt, dass es *die* eine Wortbildungslehre weder terminologisch noch klassifikatorisch gibt. Wie in allen anderen linguistischen Disziplinen herrscht eine ausgeprägte Vielfalt von Konzepten und Theorien, die auf Neulinge leicht verwirrend wirken kann. Die verzweifelte Forderung von Studierenden in Lehrveranstaltungen „Die sollen sich doch mal zusammensetzen und auf ein System und eine Terminologie einigen." ist aber trotzdem ebenso unrealistisch wie kontraproduktiv. Der Ideenpluralismus ist Zeichen der intensiven Auseinandersetzung der Forschung mit einer Thematik, was wiederum zur gegenseitigen Befruchtung von Konzeptionen führt.

Die hier diskutierten Ansätze unterscheiden sich im Hinblick auf wesentliche Grundannahmen und Zielsetzungen. Die Klassifikation von Quirk et al. repräsentiert eine eher traditionelle deskriptive Herangehensweise auf der Grundlage der Konzepte *Stamm* bzw. *Basis* und *Affix*. Marchands Klassifikation ist stärker von grammatischen Überlegungen geprägt; die Analogie zwischen vollen grammatischen Syntagmen und verkürzten Wortbildungssyntagmen steht bei ihm im Vordergrund. Tournier löst sich von der vorherrschenden Fokussierung auf die morphologischen, d. h. formal sichtbaren Veränderungen und richtet systematisch den Blick auf die zwei Seiten des sprachlichen Zeichens. Man könnte seinen Ansatz insofern als *semiotisch* orientiert bezeichnen. Die beiden besprochenen onomasiologischen Ansätze schließlich zeichnen sich durch eine Umkehrung der Perspektive von sprachlicher Form und mentalem Konzept aus und setzen sich deshalb am deutlichsten von den anderen Klassifikationen ab.

Weiterführende Literatur: Weitere Klassifizierungssysteme finden sich unter anderem in Algeo (1978, 1980), Bauer (1988: 89 ff.), Cannon (1987) und Bauer und Huddleston (2002).

5.3   Fragen und Methoden der Wortbildungsanalyse

In diesem Kapitel soll das notwendige Instrumentarium zur Analyse von komplexen Lexemen und zur daraus resultierenden Beschreibung von Wortbildungsmustern vermittelt werden.

Schon in älteren Arbeiten zur englischen Wortbildung, z. B. bei Koziol (1937) und Jespersen (1942), ist es üblich, komplexe Lexeme in zweifacher Hinsicht zu beschreiben, und zwar nach formaler Zusammensetzung und semantischer Struktur. Marchand trägt zu einer beträchtlichen Verfeinerung der Wortbildungsanalyse bei, indem er ausdrücklich ein mehrstufiges Muster für die Analyse von Komposita vorschlägt (1969: 53–59). Empfohlen wird, die Analyse nach morphologischen, semantischen und syntaktischen Aspekten durchzuführen, wobei jeweils mehrere Aspekte in den Blick kommen, in Bezug auf die Morphologie beispielsweise sowohl die morphologische Form als auch die morphologische Struktur. Dieses Instrumentarium wurde von Kastovsky (1982: 168–215) und vor allem Lipka (1983, 1994: 4–6, 13 f.) übernommen, verfeinert und ergänzt.

Das Programm zu einer kontinuierlichen Erweiterung der Perspektiven auf die Wortbildung ist also schon im Strukturalismus vorgezeichnet und teilweise entwickelt worden. Wie in Abschnitt 1.3 bereits erläutert, soll dieser Weg hier konsequent weiterverfolgt werden, indem einzelne schon früher gewonnene Erkenntnisse zu soziopragmatischen und kognitiven Aspekten aufgegriffen und durch neue Erkenntnisse systematisch ausgedehnt werden. Ausgangspunkt ist die im Strukturalismus und den darauf aufbauenden Theorien, wie dem Generativismus, vorherrschende strukturelle Perspektive.

5.3.1 Strukturelle Perspektive

Die strukturelle Perspektive richtet ihren Blick in erster Linie auf komplexe Lexeme selbst und versucht, von der Beobachtung vorhandener komplexer Lexeme möglichst präzise und ausnahmslose Regeln für die Möglichkeiten der Bildung neuer Wörter abzuleiten. Im Einzelnen interessieren hier morphologische Form und Struktur, zugrunde liegender Satz und semantische Struktur.

Morphologische Form und Struktur

Die erste und einfachste Ebene der Betrachtung, die für alle Lexeme und Muster gleichermaßen relevant ist, betrifft die *morphologische Form* der beteiligten Morpheme bzw. morphemähnlichen Bestandteile. Bei freien Morphemen wird diese durch die Angabe der Wortklassenzugehörigkeit gekennzeichnet, bei gebundenen durch die Angabe der Funktion im komplexen Lexem. Morphemähnliche Bestandteile werden jeweils als gebundene Wurzeln und *initial combining forms* (ICF) oder *final combining forms* (FCF) identifiziert. Die Analyse der morphologischen Form ist in Abbildung 5.4 anhand von Beispielen aus dem Korpus illustriert:

greenhouse	unable	democrat	special
green + house	un + able	demo + crat	spec + ial
Adj + N	Pfx + Adj	ICF + FCF	geb. W. + Sfx

Abb. 5.4: Illustration der Analyse auf der Ebene der morphologischen Form

Die darauf aufbauende Analyse im Hinblick auf die *morphologische Struktur* betrifft die Ermittlung der unmittelbaren Konstituenten und die Zuweisung der funktionalen Rollen *modifier* (Mod) und *head* (H). Bei den meisten zweigliedrigen komplexen Lexemen – Ausnahmen sind solche, bei denen ein Nullmorphem ins Spiel gebracht werden kann – verläuft dieser Analyseschritt mehr oder weniger automatisch, da in aller Regel die zweite Konstituente die Rolle des *head* übernimmt und die erste die des *modifier* (vgl. S. 91). Wichtiger und interessanter ist diese Ebene bei allen mehrgliedrigen komplexen Lexemen, die in hierarchisch einander übergeordnete Zweierbeziehungen zerlegt werden. Die beiden Lexeme *anti-establishment* und *disclaimer* aus dem Korpus z. B. haben grundsätzlich dieselbe morphologische Form Präfix + Verb + Suffix. Vergleicht man sie aber im Hinblick auf ihre *modifier-head*-Struktur, so zeigen sich Unterschiede bei der Anordnung der unmittelbaren Konstituenten:

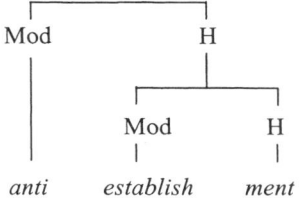
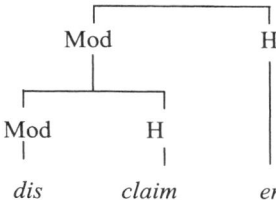

Abb. 5.5: Illustration der Analyse auf der Ebene der morphologischen Struktur

Wie lassen sich diese Unterschiede ermitteln und nachweisen (s. dazu auch Abschnitt 11.1)? Bei *anti-establishment* sind das Verb *establish* und das Suffix *-ment* als unmittelbare Konstituenten des komplexen Lexems *establishment* anzusehen, das seinerseits als *head* von *anti-* modifiziert wird. Diese Struktur ist unzweideutig nachweisbar, da das Verb **to anti-establish* nicht existiert und somit auch nicht als erste Konstituente einer potenziellen Suffigierung angesetzt werden kann. Bei *disclaimer* indessen ist die Struktur anders: Hier lassen sich nur das Präfix *dis-* und das Verb *claim* als unmittelbare Konstituenten plausibel machen, denn die nicht existente suffigierte Form **claimer* scheidet als *head* aus.

Bei vielen Lexemen kann die morphologische Struktur nicht eindeutig geklärt werden, z. B. bei dem ebenfalls im Korpus belegten Lexem *re-establishment*. Da sowohl das Verb *re-establish* als auch das Nomen *establishment* institutionalisiert sind, muss die morphologische Struktur offen bleiben. Bei dem Nomen *disappointment* spricht die semantische Nähe von *disappointment* zum Verb *disappoint* eher dafür, dass die Struktur analog zu der von *disclaim* angelegt ist, obwohl eine Präfigierung mit *dis-* zum *head appointment* rein morphologisch nicht ausgeschlossen werden kann. Besonders problematisch für die Analyse der morphologischen Struktur sind so genannte synthetische Komposita (*synthetic compounds*) wie *watchmaker*, die sich weder als Zusammensetzung aus *watch* und **maker* noch als *er*-Suffigierung von **to watchmake* analysieren lassen (vgl. dazu S. 135 ff.).

Als Platz sparende Alternative zu der in Abbildung 5.5 gewählten Darstellungsform lässt sich die morphologische Struktur einer Tradition der *immediate-constituent analysis* (IC-Analyse) im amerikanischen Strukturalismus folgend auch durch die Verwendung von eckigen Klammern kennzeichnen. Die in Abbildung 5.5 dargestellten Strukturen würden dementsprechend wie folgt aussehen: *anti*[*establishment*] und [*disclaim*]*er*.

Zugrunde liegender Satz

Mit der Analyse im Hinblick auf einen zugrunde liegenden Satz verlassen wir die morphologische Perspektive und wechseln zur syntaktischen. Hier spielt die Vorstellung eine Rolle, dass Wortbildungen aus verkürzten Sätzen hervorgehen – eine Idee, die sowohl im Syntagma-Ansatz Marchands als auch im generativen Ansatz verankert ist.[10]

Die Relevanz des zugrunde liegenden Satzes für die Wortbildungsanalyse lässt sich mit den beiden komplexen Lexemen *day dreaming* und *song writing* aus dem Korpus illustrieren:

(5.1)   He proposes in 'Creative Writers and *Day Dreaming*' [...] that the artist and the neurotic are essentially similar ... (ICE-GB W2a-002)

(5.2)   A: I don't think that I could do it on my own, particularly
B: Right. And it's singing and playing.
A: Yeah but more the singing and actually more the *song writing*.
(ICE-GB S1a-033)

Beide Lexeme manifestieren das Wortbildungsmodell N + [Verb + ing]. Sie unterscheiden sich aber im Hinblick auf die zugrunde liegenden Sätze und, was besonders wichtig ist, auf die syntaktischen Funktionen, die ihre Bestandteile in diesen Sätzen einnehmen. Die Analysen sind in Abbildung 5.6 dargestellt.

day dreaming			*song writing*	
someone dreams *(a dream)* during the day			*someone* writes a song	
Pr	A		Pr	O

Abb. 5.6:   Illustration der Analyse des zugrunde liegenden Satzes

Der dem komplexen Lexem *day dreaming* zugrunde liegende Satz besteht aus den Konstituenten Subjekt (*someone*), Prädikat (*dreams*), einem nicht obligaten Objekt (*a dream*) und einer temporalen Adverbiale (*during the day*), von denen das Prädikat und ein Teil der Adverbiale im komplexen Lexem explizit ausgedrückt werden. *Song-writing* lässt sich auf einen Subjekt-Prädikat-Objekt-Satz zurückführen, und hier sind Prädikat und Objekt im komplexen Lexem realisiert.

---

[10]   Marchands Vorstellung, Wortbildungssyntagmen seien verkürzte Sätze, wurde einerseits von Saussures und Ballys Konzept des Syntagmas inspiriert (vgl. S. 90). Andererseits macht sich in der 2. Auflage seines Buches (1969) deutlich der Einfluss der frühen Transformationsgrammatik bemerkbar (Chomsky 1957, 1965, Lees 1966), in der z. B. Nominalisierungen wie *meeting* explizit als Transformationen von vollständigen Sätzen aus der so genannten Tiefenstruktur in die Oberflächenstruktur aufgefasst wurden (Lees 1966, Chomsky 1970).

Die Analyse des zugrunde liegenden Satzes erweist sich vor allem bei Komposita und Suffigierungen als hilfreich. Sie lässt sich dann nachvollziehen und relativ eindeutig durchführen, wenn komplexe Lexeme ein verbales Element beinhalten. Bei Komposita ohne verbalem Element, also z. B. bei N+N-Komposita wie *wallpaper* oder *police car*, muss im postulierten zugrunde liegenden Satz immer ein Verb eingefügt werden. Hierbei können erhebliche Schwierigkeiten auftreten, weil schon in viel höherem Maß als bei den Kombinationen mit verbaler Verknüpfung semantische Überlegungen bei der Wahl eines geeigneten Verbs eine Rolle spielen. *Wallpaper* beispielsweise lässt sich gleichermaßen plausibel auf ‚the paper is on the wall' oder ‚the paper is designed to be on the wall' zurückführen, *police car* auf ‚the car belongs to the police', ‚the car is driven by the police' oder ‚the car is designed to be used by the police'.

Weiterführende Literatur: Zur Wortbildung in der frühen Transformationsgrammatik: Kastovsky (1982: 216–246), Bauer (1983: 140–201), Aronoff (2000). Zur Frage der Verben in zugrunde liegenden Sätzen: Kastovsky (1982: 198–209), Bauer (1983: 159–163), Hansen et al. (1990: 46–49).

Semantische Struktur

Die zuletzt erwähnte Problematik führt uns zur Analyse der semantischen Struktur komplexer Lexeme, die auf den Ergebnissen der morphologischen und syntaktischen Analyseschritte beruht. Zwei Ziele kennzeichnen diese Ebene: die Feststellung semantischer Beziehungen zwischen den Konstituenten und die Ermittlung zusätzlicher semantischer Komponenten, die in der morphologischen und syntaktischen Struktur nicht erscheinen.

Die Beschreibung der semantischen Struktur eines komplexen Lexems wird üblicherweise mit Hilfe eines Relativsatzes ausgedrückt. *Day-dreamer* beispielsweise würde dementsprechend paraphrasiert als ‚someone who often dreams during the day', *wallpaper* als ‚paper which is attached to the wall for ornamental purposes'. Naturgemäß treten hier bei verblosen komplexen Lexemen dieselben Bestimmungsprobleme auf wie bei der Analyse des zugrunde liegenden Satzes, da bei ihnen ein Verb eingefügt werden muss.

Als Beispiel für die systematische Beschreibung semantischer Relationen kann ein Auszug aus den semantischen Strukturen dienen, die Marchand (1969: 73) aus seinen Belegen des Wortbildungsmusters V + N extrahiert hat:

(5.3)

whetstone	‚B denoting a material instrument designed for the action denoted by A'
bakehouse	‚B denoting a place designed for the action denoted by A'
washday	‚B denoting a point or period in time designed for the action denoted by A'

crybaby   ‚B denoting a person expected to perform the activity denoted by A'
drawbridge ‚B denoting a thing designed to be the goal of the action denoted by A'

Bezeichnenderweise bietet Marchand solche Listen nur für komplexe Lexeme mit verbalem Element an; bei Mustern ohne verbale Verknüpfung fehlen sie vermutlich wegen der Unbestimmtheit der semantischen Relationen.

Zusätzlich zur semantischen Beziehung zwischen den Konstituenten muss die semantische Analyse Bedeutungskomponenten ermitteln, die Ergebnisse von Lexikalisierungsprozessen sind und deshalb in der morphologischen und syntaktischen Analyse nicht auftauchen. In den beiden Paraphrasen ‚someone who often dreams during the day' für *day-dreamer* und ‚paper which is attached to the wall for ornamental purposes' für *wallpaper* sind hier die Elemente *often* und *for ornamental purposes* relevant. Im Strukturalismus werden solche Bedeutungsaspekte mit so genannten *semantischen Merkmalen* (*semantic features*) wie [HABITUAL] für ‚gewohnheitsmäßig, ständig' und [PURPOSE] für ‚Zweck' erfasst (Lipka 1981: 128, Kastovsky 1982: 195–198). Da neben diesen beiden Merkmalen systematisch nur noch das Merkmal [PROFESSIONAL] für berufsbezeichnende Nominalisierungen wie *baker* oder *reader* (‚Dozent') auftritt (Hansen et al. 1990: 38), ist die Anwendbarkeit solcher Merkmale trotz ihres Vorkommens in einer großen Zahl komplexer Lexeme begrenzt. Alle weiteren semantischen Spezifika von Wortbildungen müssen quasi ad hoc je nach vorliegendem Lexem beschrieben werden. Für die Methodik ihrer Ermittlung gibt es über die gängigen Verfahren der semantischen Analyse aller Wörter, also auch der Simplizia, hinaus wenig Ratschläge in der Literatur. Beim Einsatz einer strukturalistischen Semantiktheorie würde man versuchen, sie durch einen Vergleich von Lexemen zu identifizieren, die zueinander in Opposition stehen. Legt man ein kognitiv-linguistisches Bedeutungsverständnis zugrunde, so wird man zusätzliche Bedeutungskomponenten mit Attributen beschreiben. Diese sollten idealerweise durch Informantenbefragungen gewonnen werden (vgl. Ungerer und Schmid 1998), was aber aufgrund des hohen Aufwands in der Regel nicht praktikabel ist. Es muss also etwas desillusioniert festgehalten werden, dass eine semantische Analyse von komplexen Lexemen, die über die morphologischen und syntaktischen Aspekte hinausgeht, weitgehend auf der Intuition der einzelnen Linguisten beruht. In keinem Fall sollte die semantische Beschreibung mit einer Bedeutungsbeschreibung verwechselt werden, wie man sie von einem Lexikon erwarten würde, weil sich Letztere in der Regel überhaupt nicht an den formalen Bestandteilen, sondern nur an den inhaltlichen orientiert. Insofern können Lexikondefinitionen aber bei der Ermittlung zusätzlicher Bedeutungskomponenten besonders hilfreich sein.

5.3.2 Soziopragmatische Perspektive

Eine weitere entscheidende Hilfestellung für die sehr wesentliche semantische Analyse bietet die soziopragmatische Perspektive auf die Sprachverwendung. Damit ist zunächst gemeint, dass die kommunikativen Umstände der Verwendung eines komplexen Lexems in Betracht gezogen werden, also etwa die Komponenten der Kommunikationssituation: Sprecher/Schreiber und Hörer/Leser, situativer und sprachlicher Kontext, Medium (geschrieben oder gesprochen), Textsorte (Brief, Leitartikel, Krimi, Science-Fiction-Roman), Art der Interaktion (Vorstellungsgespräch, Podiumsdiskussion, Partygespräch), die Rolle der Sprache in der Situation (Sprachspiel, Metasprache) und andere. Auch Wissen über die kulturellen Gegebenheiten kann eine Rolle spielen. Und schließlich muss eine soziopragmatische Analyse auch zum Ziel haben, Aufschluss über den Grad der Institutionalisierung eines komplexen Lexems zu geben, wobei die Zuordnung zu bestimmten Dialekten, Soziolekten, Registern (Sportsprache, Werbesprache etc.) und Fachsprachen (Rechtssprache, Medizinsprache etc.) relevant sein kann.

So natürlich und geradezu unvermeidlich eine Berücksichtigung all dieser Faktoren unvoreingenommenen Lesern erscheinen mag, ist sie durchaus nicht selbstverständlich, weil – wie in Abschnitt 1.3 erläutert – Morphologie und Wortbildung lange Zeit durch strukturalistische und generativistische Konzeptionen von Sprache geprägt war, die pragmatische Aspekte bewusst aus der Sprachbetrachtung ausblendeten. Frühe Appelle, die Pragmatik in die Wortbildung zu integrieren, stammen von Downing (1977), Bauer (1979), Clark und Clark (1979) und Lipka (1981).

Für das Verständnis und die Interpretation des Lexems *day dreaming* in (5.1) ist z. B. sicherlich als relevant anzusehen, dass es Teil des Titels eines Buches von Freud mit einer tiefenpsychologischen Thematik ist. Dieses Lexem dürfte weniger institutionalisiert sein als das etwas gebräuchlichere *day dreamer*. Bei *song writing* ist bemerkenswert, dass es im aktuellen sprachlichen Verwendungskontext eines Gesprächs über Musikauftritte (vgl. Beispiel 5.2, S. 98) in Opposition zu *singing* und *playing* gebraucht wird. Bei diesem Lexem ist von einem relativ geringen Institutionalisierungs- und Lexikalisierungsgrad auszugehen. Für die in Kapitel 4 diskutierten Formulierungen *treetop-hugging flight* und *press-ganging* ist der Umstand von Bedeutung, dass sie in einem Pressetext verwendet werden und Ziele wie Kürze und Originalität des Ausdrucks verfolgen.

Aus der soziopragmatischen Perspektive sind auch Fragen zur Funktion einer aktuellen Verwendung eines komplexen Lexems zu beantworten (Lipka 1983: 928; 1987; 2000: 7 ff.), da sich die Pragmatik unter anderem das Studium von Funktionen der Sprachverwendung auf die Fahnen geschrieben hat. Eine bereits erwähnte grundsätzliche funktionale Unterscheidung ist die zwischen komplexen Lexemen mit lexikalischer und solchen mit syntaktischer Funktion, die natürlich auch im Rahmen einer strukturellen Betrachtung eine Rolle spielt.

Während Lexeme mit lexikalischer Funktion typischerweise das Ziel der Benennung verfolgen, dienen Lexeme mit syntaktischer Funktion der Verkürzung. Erstere sind Bestandteile des Lexikons, Letztere gehören in die Grammatik (Hansen 1999: 85). Als Beispiele für komplexe Lexeme mit syntaktischer Funktion wurden im Zusammenhang mit der Etablierung bereits *50-minute* und *American-supplied* aus dem Text (4.1) besprochen (s. S. 75).

Komplexe Lexeme mit syntaktischer Funktion dienen darüber hinaus häufig der textuellen Wiederaufnahme von bereits Gesagtem, weshalb ihnen eine Pronominalisierungsfunktion zugeschrieben wird (Kastovsky 1986: 595 ff., Lipka 1987: 63 f.). Sie sind demgemäß sowohl im Rahmen der traditionellen satzgrammatischen wie auch der so genannten ‚transphrastischen', d. h textgrammatischen, Betrachtung relevant. Als sekundärer Effekt entsteht durch die textuelle Wiederaufnahme – die Verwendung von *song writing* in Beispiel (5.2) (s. S. 98) illustriert dies – auch ein Beitrag zur Textkohärenz.

Lexeme mit lexikalischer Benennungsfunktion dienen insofern natürlich auch der Verkürzung, als sie informationsverdichtend sind: Ein hohes Maß an semantischem Gehalt wird durch relativ wenig sprachliches Material kodiert, was insbesondere dann bemerkenswert ist, wenn komplexe Lexeme hochgradig lexikalisiert sind. Dies kann das bereits erwähnte Lexem *boatpeople* veranschaulichen, das die komplexe Bedeutung ‚people who escape from bad conditions in their country in small boats' (LDOCE4) mit nur zwei Morphemen ausdrückt. Umgekehrt können Wortbildungsprodukte, insbesondere ungewöhnliche Ad-hoc-Bildungen, auch in der Werbung oder in Überschriften von Pressetexten dazu verwendet werden, die Aufmerksamkeit des Lesers auf den jeweiligen Text zu lenken (Lipka 2000: 7). Auf der Titelseite der *Newsweek* vom 5. Juli 2004 wird beispielsweise der in den Irak abgesandte General David Petraeus mit dem nicht institutionalisierten Kopulativkompositum (s. S. 126 ff.) *warrior-scholar* bezeichnet, um die außergewöhnliche Mischung seiner Fähigkeiten hervorzuheben.

In gesprochener Sprache, die sich auf Informationen aus dem situationalen Kontext stützen und beziehen kann, können komplexe Lexeme auch eine Zeigefunktion haben, die in einem weiteren Sinn als *deiktisch* (*deictic*) bezeichnet werden kann. Downing (1977) erwähnt in diesem Zusammenhang das Beispiel *apple juice seat*, das in einer spezifischen Äußerungssituation dazu verwendet wurde, denjenigen Platz am Tisch zu identifizieren, an dem ein Glas mit Apfelsaft stand. Situationsbedingt können sogar etablierte lexikalisierte Lexeme in Zeigesituationen mit einer anderen Bedeutung bzw. anderen Referenten verwendet werden. Das Kompositum *wine glass* z. B., das eigentlich Gläser eines bestimmten Typs (mit Stil, aus relativ dünnem Glas und mit charakteristischen Formen) bezeichnet, kann in einer Tischsituation auch für ein ganz anderes Glas verwendet werden, das gerade Wein enthält (*Can you pass me my wine glass?*). Im zweiten Fall dient es der deiktischen Funktion, da es – unter anderem markiert durch den possessiven Begleiter *my* – auf einen in der Situation vorhandenen Gegenstand Bezug nimmt.

Prägungen und Verwendungen von komplexen Lexemen können auch interpersonale, soziale und expressive Funktionen zugesprochen werden. So kann der Gebrauch komplexer Lexeme, die nur in Teilen der Sprachgemeinschaft institutionalisiert sind (Fachsprachen oder Fachjargons) Gruppenzugehörigkeit und Identität signalisieren, wenn sie unter Insidern verwendet werden, aber gegenüber Outsidern auch als Ausgrenzungsmechanismen fungieren. Man denke nur an die vielen internationalen Kürzungen und Initialwörter im Computer- und Telekommunikationsjargon wie *ISDN* (*integrated services digital network*), *DSL* (*digital subscriber line*) oder *POP* (*post office protocol*), die für Nichtspezialisten kaum oder nicht erschließbar sind. Dies betrifft aber nicht nur die Frage, ob man ein bestimmtes komplexes Lexem angemessen einsetzen oder wenigstens verstehen kann, sondern auch den auffällig geballten Gebrauch einzelner Mittel der Wortbildung. Förmliche ‚akademische‘ Fachtexte mit abstraktem Inhalt z. B. zeichnen sich typischerweise durch eine überdurchschnittlich hohe Zahl an Suffigierungen, insbesondere Nominalisierungen, aus. Sprecher, die sich eines solchen Stils außerhalb der angemessenen Textsorten bedienen, können (bewusst oder unbeabsichtigt) abgehoben und oberlehrerhaft wirken. Eine expressive Funktion haben z. B. nicht nur die nichtmorphematischen Verfahren der Kürzung und Wortmischung, sondern auch viele Suffigierungen, z. B. solche, die auf *-ie* enden (*aerobie*, *archie*, *foodie*, *fundie*, *techie*; vgl. Schneider 2003).

5.3.3 Kognitive Perspektive

Eine kognitive Perspektive auf die Wortbildung wird schon seit einiger Zeit gefordert (Lipka 1994: 13 f.). Ihre Ziele und konkrete Ausgestaltung sind bis jetzt aber noch weitgehend offen geblieben. Erste Ansätze zum Bereich der Wortbildung aus der Kognitiven Linguistik liegen zwar vor (vgl. den Überblick in Ungerer (im Druck)), eine Beschreibungssystematik steht aber noch aus. Diese kann natürlich im Rahmen dieses Buches, das Morphologie und Wortbildung insgesamt abdecken will, nicht geliefert werden. Jedoch soll hier eine systematische Grundlage für die psycholinguistisch-kognitive Betrachtung der Wortbildung als Ganzes sowie einzelner Wortbildungsmuster entwickelt werden. Im Zentrum des Interesses stehen die Fragen nach dem kognitiven Prozess der Konzeptbildung (s. Kap. 4), den kognitiven Funktionen von Wortbildung und Wortbildungsmustern sowie die Mechanismen der Profilierung von Konzepten in komplexen Lexemen. Da in den Kapiteln zu den einzelnen Wortbildungsmustern diese Fragen jeweils ausführlich thematisiert werden, geht es hier nur darum, die Basis für die spätere Anwendung zu erarbeiten.

Konzeptbildung

So wie sich die semantische Analyse mit Effekten der Lexikalisierung und die pragmatische mit Graden der Institutionalisierung auseinanderzusetzen hat, gilt es aus der kognitiven Sicht, Angaben zur Konzeptbildung zu machen, d. h. zum erreichten Grad der Hypostasierung des einem komplexen Lexem zugrunde liegenden Begriffs. Hierzu ist in Kapitel 4 schon einiges gesagt worden, so dass ich mich hier auf das Wesentliche beschränken kann. Fragen, die in diesem Zusammenhang beantwortet werden müssen, sind: Nehmen die Sprecher einer Sprache die semantische und formale Beziehung zu den Konstituenten (noch) wahr, oder hat sich der Begriff bereits völlig eigenständig hypostasiert? Sind Elemente zur konzeptuellen Struktur hinzugekommen, die nicht in den Strukturen der Konstituenten angelegt sind? Sind kognitive Übertragungsprozesse wie Metapher und Metonymie zu beobachten, die den Zusammenhang zwischen dem neuen Begriff und den Konstituenten überlagern (vgl. Lipka 1994: 6–13)? Bei den traditionell so genannten *exozentrischen* oder *Bahuvrihi-Komposita* (s. S. 125) z. B. sind oft Metonymien am Werk, die dazu führen, dass Sprechern die eigentliche Bedeutung erst im Rahmen eines Aha-Erlebnisses aufgeht. So wird im alltäglichen Sprachgebrauch nur wenigen Sprechern bewusst werden, dass für das Wort *paperback* namensstiftend ist, dass das Buch einen papierenen Rücken hat. Diese Eigenschaft steht als Teil-Ganz-Beziehung metonymisch für das ganze Buch. Fragen dieses Typs können empirisch mit der bereits erwähnten Methode des *attribute listing* mit Informanten zumindest teilweise beantwortet werden (Ungerer und Schmid 1998; s. S. 82 f.).

Kognitive Funktionen

Eine kognitive Betrachtung hat sich auch mit den kognitiven Funktionen der verschiedenen Wortbildungsmuster auseinander zu setzen. Mit dem Begriff der *kognitiven Funktion* wird darauf abgehoben, dass sprachlichen Strukturen Zwecke zugeschrieben werden können, die über das eigentlich Sprachliche hinaus in den Bereich allgemeinerer kognitiver Prozesse reichen, wie Kategorisierung und Konzeptbildung, Wahrnehmung, Aufmerksamkeitslenkung, Erinnerung und Problemlösen. Hintergrund für diese Vorstellung ist die von der Kognitiven Linguistik vertretene Annahme, dass Sprache eng mit diesen kognitiven Fähigkeiten interagiert und auf ähnlichen Prinzipien wie diese beruht bzw. sich ihrer bedient. Bei wichtigen, insbesondere natürlich bei universalen sprachlichen Strukturen, lohnt es sich, nach solchen kognitiven Funktionen zu forschen. Der Nachweis ihrer Existenz wird durch systematische Sprachbeobachtung und -interpretation erbracht und nicht zuletzt durch die quantitative Auswertung sprachlicher Phänomene gestützt. Häufig auftretenden sprachlichen Erscheinungen wird dabei eher eine kognitive Funktion zugeschrieben als seltenen, da ihre Frequenz als Anzeichen für ihren Nutzen gedeutet wird.

Der Wortbildung insgesamt kommen in erster Linie kognitive Funktionen im Bereich der Konzeptbildung zu, aber auch die Wahrnehmungslenkung spielt – wie weiter unten bei der Diskussion der Profilierung gezeigt wird – eine wichtige Rolle. Was die einzelnen Muster angeht, so sind Konzept verknüpfende Muster (Komposition und Wortmischung) vom Konzept modifizierenden Muster der Präfigierung zu trennen. Letzterem kommt, wie in Abschnitt 7.3 erläutert werden wird, die kognitive Grundfunktion zu, einen Kontrast auszudrücken. Suffigierung, Konversion und Rückableitung lassen sich unter der gemeinsamen Funktion der konzeptuellen Rekonzeptualisierung und *Reprofilierung* zusammenfassen, wobei sie aber ganz verschieden verfahren und jeweils auf unterschiedliche Bereiche spezialisiert sind. In den einzelnen Kapiteln zu den morphematischen Wortbildungsmustern wird sich jeweils ein Abschnitt mit den spezifischen kognitiven Funktionen befassen.

Profilierung

Die weiteren Ermittlungen aus der kognitiven Perspektive lassen sich unter dem Stichwort der *Profilierung* (*profiling*) zusammenfassen. Mit diesem Begriff wird in der Kognitiven Linguistik die Idee bezeichnet, dass die Strukturen sprachlicher Konstruktionen Aufschluss darüber geben, wie Sprecher eine Situation im Hinblick auf die Prominenz der beteiligten Akteure konzeptualisieren. Nicht zuletzt die Reihenfolge der Konstituenten einer Konstruktion ist hierfür maßgeblich. Es ist kein Zufall, dass in Sätzen, die konkrete menschliche Handlungen beschreiben (z. B. *John hit Jim*), die Subjektsposition typischerweise mit dem handelnden Menschen besetzt ist, denn von diesem geht die Energie aus, die die Handlung verursacht, und deshalb spielt er oder sie eine besondere Rolle. Man kann sich diese Profilierungsprozesse vorstellen, als würden mit sprachlichen Mitteln Scheinwerfer auf verschiedene Schauspieler auf einer Bühne gerichtet oder in einem Film entsprechende Nahaufnahmen und Kameraschwenks durchgeführt.

Das kognitionspsychologische Grundprinzip des Profilierens ist das Prinzip von Figur und Grund, das beispielsweise in der Wahrnehmung beobachtet werden kann, wenn wir einen Gegenstand oder eine Person vor einem bestimmten Hintergrund betrachten oder einem Soloinstrument als Figur vor dem (Hinter-) Grund der Begleitung zuhören. Da die Kognitive Linguistik davon ausgeht, dass sich grundlegende kognitive Fähigkeiten wie Wahrnehmung und Aufmerksamkeitslenkung auch in sprachlichen Strukturen manifestieren und widerspiegeln, haben ihre Vertreter dieses Prinzip auf die Analyse sprachlicher Strukturen übertragen.

Auf den speziellen Fall der Wortbildung angewendet lassen sich drei Stufen der Profilierung unterscheiden, die hier als *Konzeptprofilierung, interne Figur-Grund-Profilierung* und *Konzepttypprofilierung* bezeichnet werden.

Konzeptprofilierung (*conceptual profiling*): Hinter diesem Profilierungstyp steht die Vorstellung, dass Konzepte schon allein dadurch hervorgehoben werden, dass sie explizit durch Morpheme kodiert werden. Die Morpheme, aus denen ein komplexes Lexem besteht, werden als profilierte Figur verstanden. Als Grund fungiert die Vorstellung einer Situation oder eines Sachverhalts, die vom Sprecher ausgedrückt bzw. vom Hörer aktiviert werden soll. Diese Vorstellung bezeichne ich als *Szene* (*scene*) und definiere diesen Begriff als mentale Repräsentation einer konkreten Situation oder eines abstrakten Sachverhalts. Termini, die in der Literatur mit ähnlicher, aber in Nuancen unterschiedlicher Bedeutung verwendet werden, sind *frame, schema* und *scenario*.

Auf einem hohen Abstraktionsniveau lassen sich Szenen mit Hilfe der so genannten *semantischen Rollen* (*semantic roles*) ihrer Komponenten und den Relationen zwischen ihnen beschreiben:

- AGENT: Wer führt eine Handlung aus?
- INSTRUMENT: Womit wird eine Handlung vom AGENT durchgeführt?
- EXPERIENCER: Wer ist mit einem mentalen Prozess beschäftigt?
- EXPERIENCED: Was ist der Gegenstand eines mentalen Prozesses?
- PATIENS: Mit wem oder was geschieht etwas?
- OBJECT: Wer oder was ist in einer anderen Form daran beteiligt?
- LOCATION: Wo findet ein Ereignis oder eine Handlung statt?
- TIME: Wann findet ein Ereignis oder eine Handlung statt?

Ursprünglich gehen diese Rollen auf die Kasusgrammatik von Fillmore (1968) zurück, die noch als Syntaxmodell konzipiert war. Wie sich aber auch in den späteren Arbeiten Fillmores (1977, 1985) mehr und mehr herauskristallisierte, sind diese Rollen nicht syntaktischer und auch nicht im engeren Sinn semantischer Natur, sondern kognitiver (vgl. Langacker 1991: 284 ff.). Sie stellen gewissermaßen Extrakte grundlegender menschlicher Erfahrungen dar (s. S 93), die aus der Beobachtung und dem Handeln in der Welt gewonnen werden. Insofern sind sie gleichzeitig Ergebnisse früherer kognitiver Prozesse und Hilfsmittel bei der kognitiven und sprachlichen Bewältigung neuer Situationen.

Wie bereits erwähnt, haben Szenen die wichtige Funktion des Grunds bei der Konzeptprofilierung. Das Nomen *day-dream* z. B. profiliert in der Tagtraum-Szene die Rollen TIME (*day*) und EXPERIENCED (*dream*), die Rolle des EXPERIENCER, also der tagträumenden Person, bleibt indessen ausgeblendet. *Daydreamer* dagegen profiliert TIME und EXPERIENCER und rückt somit die Rolle EXPERIENCED in den Hintergrund. Andere mögliche Aspekte der Tagtraum-Szene, etwa die Tatsache, dass während des Träumens nicht geschlafen wird und die Augen offen sind, werden von den hier zur Diskussion stehenden komplexen Lexemen nicht profiliert, da sie nicht kodiert werden. Diese Aspekte wären in den potenziellen, aber nicht gebräuchlichen komplexen Lexemen *sleepless drea-ming* und *open-eye dreaming* profiliert. Die beiden konkurrierenden Lexeme *cell phone* (von *cellular phone*) und *mobile phone* profilieren unterschiedliche As-pekte des mobilen Telefonierens. *Cell phone* hebt den technischen Aspekt her-vor, dass bei der Mobilfunkübertragung das zu erreichende Gebiet in Sektionen oder *Zellen* aufgeteilt wird (OED, s. v. *cellular*), *mobile phone* den eher prakti-schen Aspekt der Möglichkeit, sich während des Telefonierens frei zu bewegen. Ein schönes deutsches Beispiel für die Profilierung vorhandener, aber üblicher-weise nicht profilierter Aspekte einer Szene ist das Wort *Blasharmonika*, das mein Sohn ad hoc prägte, als ihm *Mundharmonika* gerade nicht einfiel. Während *Mundharmonika* aus der Szene des Mundharmonika-Spielens den Ort des In-struments profiliert, wird bei *Blasharmonika* – prinzipiell genauso plausibel, aber eben nicht institutionalisiert – die Tätigkeit des Hineinblasens hervorgehoben.

Interne Figur-Grund-Profilierung: Die zweite Form der Profilierung betrifft die Anordnung der Morpheme eines komplexen Lexems. Ein Vorläufer für die-sen Profilierungstyp in der strukturalistischen Wortbildungstheorie ist in dem Konzept der *Topikalisierung* (*topicalisation*) zu sehen (Kastovsky 1982: 192). Ich werde deshalb bei der Erklärung der internen Figur-Grund-Profilierung von diesem Konzept ausgehen.

Schon von Marchand selbst wird darauf hingewiesen, dass ein Unterschied zwischen *modifier* und *head* im Hinblick auf die kommunikative Gliederung der vom komplexen Lexem vermittelten Information existiert (Marchand 1969: 32 f.; s. auch Kastovsky 1982: 192, Lipka 2002: 105 f.). Pate für diese Überlegungen steht erneut die Struktur voller Sätze, hier aber nicht die syntaktische Struktur, sondern die Struktur der Informationsverteilung. Seit der so genannten Prager Schule ist bekannt, dass Sätze im Normalfall von bekannter Information, dem so genannten *Thema* (*theme*), zu neuer Information, dem *Rhema* (*rheme*), hinführen. Die Antwort *He ate the whole cake* auf die Frage *What did John do?* greift die bekannte Information (*John*) mit dem Pronomen *he* auf und fügt dann die neue Information *ate the whole cake* hinzu. Eine analoge Struktur wird auch Wort-bildungssyntagmen zugeschrieben, wobei das *head* die Rolle der ‚bekannten‘, oder besser als bekannt dargestellten Information des Themas, und der *modifier* die Rolle des Rhemas übernimmt. Diese Verteilung wird als *Topikalisierung* in-nerhalb eines komplexen Lexems bezeichnet.

Man kann diese Einsicht auf das Konzept der Profilierung übertragen, wobei nicht so sehr der relative Status des Informationsgehaltes, sondern der Grad des Aufmerksamkeitspotenzials der beiden Morpheme berücksichtigt wird. Der Transfer auf die kognitive Sichtweise reflektiert die Erkenntnis, dass die Auf-merksamkeitslenkung kein genuin sprachliches Phänomen, sondern eine Ausprä-gung eines generelleren kognitiven Prinzips ist, das auch in anderen kognitiven

Bereichen wie Wahrnehmen und Erinnern am Werk ist. Aus dieser Sicht ist der *modifier* als prominente Figur und das *head* als Grund zu begreifen. Das *head* stellt die konzeptuelle Beziehung zur zugrunde liegenden Szene her. Bei dem Kompositum *day-dream* z. B. wird das Konzept DAY vor dem Hintergrund der Erwartungen, die mit DREAM verbunden sind, profiliert. Das buchstäblich Bemerkenswerte ist also, dass der ‚Traum' am helllichten Tag geträumt wird. In *mobile phone* und *cell phone* aktiviert die Konstituente *phone* als *head* die Szene des Telefonierens, die Bestandteile *mobile* und *cell* profilieren die bereits erwähnten Aspekte. Die unterschiedliche Prominenz der beiden Konstituenten spiegelt sich auch im typischen Betonungsmuster von Komposita wider, die in der Regel den Hauptton auf dem *modifier* tragen (s. S. 121 und 133). Eine ähnliche Übereinstimmung zwischen phonologischer und kognitiver Prominenz lässt sich bekanntlich in Sätzen feststellen, wo der Hauptton im Normalfall mit der neuen Information zusammenfällt (vgl. Quirk et al. 1985: 1361–1364).

Konzepttypprofilierung: Die dritte Form der Profilierung betrifft das Wesen desjenigen Konzepts, das durch das *head* ausgedrückt wird und damit auch das ganze komplexe Lexem bestimmt. Maßgeblich hierfür ist aus Gründen, die im Folgenden erläutert werden, die Wortklasse des *head*.

In der so genannten Kognitiven Grammatik werden Wortklassen als Ergebnisse unterschiedlicher Profilierungsprozesse kognitiver Einheiten begriffen (Langacker 1987b). Nehmen wir als Beispiel die Vorstellung eines in den Bahnhof einfahrenden Zuges. In der sprachlichen Kodierung kann diese Szene auf unterschiedliche Weise profiliert werden: Das Verb *arrive* (*the train is arriving*) profiliert den zeitlichen Ablauf des Vorgangs und die Veränderungen, die von einem Augenblick zum nächsten eintreten; man sieht den Zug wie in einem Film vor dem geistigen Auge einfahren. Das suffigierte Nomen *arrival* (*the train's arrival*) hingegen nimmt den Vorgang als *eine* konzeptuelle Einheit in den Blick und profiliert diese, wie Langacker (1987a: 248) sagt, als *Ding*. Der Vorgang wirkt wie in einem Foto eingefroren und erhält dadurch eine Zeitlosigkeit, die eigentlich eher kennzeichnend für Gegenstände als für Vorgänge ist, da sich Letztere ja immer über einen Zeitraum hinweg abspielen.

Gemäß Langacker legen Verben eine zeitbezogene sequenzielle Wahrnehmung nahe und profilieren Veränderungen und Beziehungen zwischen Elementen. Verben kodieren entsprechend typischerweise Handlungs-, Ereignisoder Vorgangskonzepte. Nomina spiegeln dagegen zeitunabhängig die summarische Wahrnehmung wider und profilieren kognitive Einheiten entweder als Dinge oder Regionen.

Die Wortart komplexer Lexeme wird durch das *head* bestimmt, und entsprechend auch der Konzepttyp. Hierbei geht es nicht nur um die großen Klassen wie Nomen, Verb und Adjektiv, sondern ebenso um Unterklassen wie belebte, konkrete oder abstrakte Nomina, die kognitive Einheiten als Personen- bzw. Lebewesenkonzept, Gegenstandskonzept oder abstraktes Konzept profilieren. Am auffälligsten ist die Konzepttypprofilierung naturgemäß bei der Suffigierung, da diese ja in der Regel einen Wortklassenwechsel mit sich bringt. Wie in Abschnitt 8.2 genauer gezeigt werden wird, können Suffixe beispielsweise eine Reprofilierung eines Vorgangskonzepts als abstraktes Konzept (z. B. *starve – starvation* ‚the act/state of starving/being starved‘), eines Vorgangskonzepts als Modalitätskonzept (*detect – detectable* ‚sth that can/is likely to be detected‘) oder eines Gegenstandskonzepts als Quantitätskonzept (*tear – tearful* ‚sth that is full of tears/that causes many tears‘) bewirken.

Weiterführende Literatur: Zur Kognitiven Grammatik: Langacker (im Druck). Zur Konzeption der Wortklassen in der Kognitiven Grammatik: Langacker (1987b), Ungerer und Schmid (1996: 191–194).

5.3.4 Zusammenfassung

Die folgende Checkliste gibt eine Zusammenfassung der Fragen und Methoden der Wortbildungsanalyse:

1. Stukturelle Perspektive
- Morphologische Form: In welche Morpheme bzw. morphemähnlichen Bestandteile lässt sich das Lexem zerlegen und welche Morphemtypen bzw. Wortklassen repräsentieren diese?
- Morphologische Struktur: Was ist die *modifier-head*-Struktur des Lexems?
- Zugrunde liegender Satz: Auf welchen Satz lässt sich das Lexem zurückführen und welche seiner Konstituenten werden in das komplexe Lexem übernommen?
- Semantische Struktur: Was ist die semantische Beziehung zwischen den Konstituenten des Lexems und wie hoch ist der Grad der Lexikalisierung? Das heißt: Beinhaltet das Lexem zusätzliche semantische Komponenten, die nicht von der morphologischen und syntaktischen Struktur ableitbar sind?

2. Soziopragmatische Perspektive
- Was sind die kommunikativen, soziolinguistischen und kulturellen Umstände der Verwendung des Lexems?
- Wie verbreitet ist das Lexem, wie hoch ist der Grad der Institutionalisierung?
- Welche Funktionen erfüllt das Lexem in seiner aktuellen Verwendung?

3. Kognitive Perspektive
- Wie weit ist die Konzeptbildung fortgeschritten?
- Welche kognitiven Funktionen erfüllt das Lexem bzw. das Muster?

- Konzeptprofilierung: Welche Aspekte der zugrunde liegenden Szene werden durch die Morpheme des komplexen Lexems profiliert?
- Interne Figur-Grund-Profilierung: Wie ist die Anordnung der Konzepte? Was wird als Figur, was als Grund profiliert?
- Konzepttypprofilierung: Welche Art der Konzeptualisierung wird durch das *head* des Lexems profiliert?

6. Produktivität

Nicht alle Lexeme, die mit den in Kapitel 5 skizzierten Fragen strukturell analysierbar sind, können als Muster für Neubildungen dienen, denn Wortbildungsmuster können – genau wie Wörter – veralten und außer Gebrauch geraten. Lexeme wie z. B. *growth, health, truth, warmth* lassen zwar ohne Zweifel ein Muster erkennen; es ist aber bekannt, dass schon seit langer Zeit keine neuen Lexeme mehr nach diesem Modell gebildet werden. Man spricht deshalb davon, dass dieses Muster nicht mehr *produktiv* (*productive*) sei. Mit Fragen, die mit der Produktivität von Wortbildungsmustern in Zusammenhang stehen, werde ich mich in diesem Kapitel auseinander setzen.

6.1 Zur Produktivität von Wortbildungsmustern und -elementen

In der folgenden Liste sind alle Suffigierungen mit dem Suffix *-ment* aus dem ca. 41.000 Wörter umfassenden Korpus zusammengestellt, auf das sich dieses Buch stützt (s. Abschnitt 1.4; Suffigierungen auf *-ment*, an die noch weitere Morpheme angefügt sind, wie z. B. *anti-establishment* oder *wish-fulfilment*, sind nicht enthalten):

(6.1)

accompaniment	*displacement*	*management*
advancement	*embarrassment*	*pavement*
agreement	*employment*	*replacement*
appointment	*engagement*	*resettlement*
assessment	*entailment*	*retirement*
attachment	*entertainment*	*retrenchment*
bereavement	*equipment*	*settlement*
commencement	*excitement*	*statement*
deployment	*government*	*treatment*
development	*impeachment*	
disappointment	*investment*	

All diese Nomina klingen mehr oder weniger vertraut und erscheinen auf den ersten Blick institutionalisiert zu sein. Dies lässt sich durch eine Kontrolle in einem aktuellen Lernerwörterbuch, dem LDOCE4, bestätigen, in dem alle Lexeme in (6.1) – außer dem fachsprachlichen *entailment* – mit Einträgen bedacht oder zumindest als institutionalisierte Suffigierungen bei den Einträgen der entsprechenden Verben erwähnt sind. Wie unschwer auszumachen ist, sind die Lexeme in (6.1) alle nach demselben Wortbildungsmodell V + -*ment* gebildet worden, was den Schluss nahe legt, dass kompetente Sprecher des Englischen in der Lage sein müssten, bei Bedarf auf der Basis dieses Modells neue Lexeme desselben Typs zu kreieren, und dies auch gelegentlich tun. Tatsächlich scheint dies aber nicht der Fall zu sein. Schon Bauer (1983: 55) beobachtet aufgrund einer Auswertung eines bekannten Neologismenwörterbuches der 70er Jahre des letzten Jahrhunderts, des *Dictionary of new English* (DNE) von Barnhart, Steinmetz und Barnhart (1973), dass im erfassten Zeitraum lediglich ein einziger ziemlich zweifelhafter neuer Beleg für dieses Muster, und zwar das Lexem *Englishment*, existiert. Er folgert aus dieser Beobachtung, dass das Suffix -*ment* tot oder zumindest im Aussterben begriffen, also nicht mehr *produktiv* sei. Damit ist gemeint, dass das Suffix -*ment* bzw. das Wortbildungsmodell V + -*ment* nicht mehr systematisch zur Bildung neuer Wörter herangezogen wird. Unterstützung findet Bauers Behauptung auch in neueren Neologismenwörterbüchern, z. B. im *Oxford dictionary of new words* (ODNW), in dem sich kein einziges Lexem findet, das nach dem Modell gebildet ist.

Nehmen wir als Gegenbeispiel das Suffix -*able*, dem Bauer (1988: 60) für die Ableitung von Adjektiven von transitiven Verben eine extrem hohe Produktivität zuschreibt. Wie lässt sich diese Behauptung überprüfen? Zunächst einmal bietet sich wieder der Blick ins Neologismenwörterbuch an. Und in der Tat registriert das ODNW zwei Adjektive aus der Computersprache, die in den frühen 90er Jahren des letzten Jahrhunderts nach dem Wortbildungsmodell V + -*able* neu geprägt wurden: *bootable* (‚of a computer: capable of being started up by loading its operating system into its working memory; of a disk: containing the software necessary to carry out this process‘) und *scrollable* (‚relating to text or images on a computer screen which can be moved to bring other parts of them into view‘).

Eine zweite Art der Überprüfung bezieht abermals Korpora mit ein. Denn sollte das Modell V + -*able* im Gegensatz zu V + -*ment* in der Tat heute produktiv sein, dann wäre zu erwarten, dass neue Bildungen nach diesem Modell in aktuellen Korpora anzutreffen sind. Wie aber lassen sich solche ‚neuen‘ Bildungen auffinden, und wie lässt sich nachweisen, dass sie wirklich neu sind? Eine vielversprechende Lösung für dieses Problem ist von korpuslinguistisch orientierten Wortbildungsforschern wie Baayen, Dalton-Puffer und Plag vorgeschlagen worden (Baayen und Lieber 1991, Dalton-Puffer und Plag 2000, Plag 1999: 23–35, Plag, Dalton-Puffer und Baayen 1999). Sie beruht auf der plausiblen Annahme, dass neue Wörter selbst in großen Korpora nicht mehrfach belegt sind, sondern nur einmal auftauchen, gerade weil sie nicht institutionalisiert und verbreitet sind. Solche Einzelbelege werden traditionell als *Hapax Legomena* (von Griechisch ‚einmal Gesagtes‘) bezeichnet. Nun müssen und können aber nicht alle Hapax Legomena in einem Korpus neue Wörter sein, denn die Erfahrung zeigt, dass in großen Korpora etwa die Hälfte aller *types* nur mit einem *token* belegt ist.

Es handelt sich also in der Regel nicht um neue, sondern schlicht um sehr selten gebrauchte Wörter. Der Nachweis, dass ein verdächtiges Hapax Legomenon in der Tat eine neue Bildung ist und nicht nur eine Rarität, muss durch einen Gegencheck erbracht werden. Drei Quellen bieten sich für diese Probe an: erstens ein möglichst umfangreiches und aktuelles Lexikon, idealerweise also die zweite Auflage oder noch besser die Onlineversion des OED. Ist ein Kandidat zwar im Korpus enthalten, im OED aber nicht registriert, so kann davon ausgegangen werden, dass es sich um eine neue oder zumindest sehr rezente Bildung handelt. Zweitens könnte theoretisch auf die Gegenprobe durch das Lexikon verzichtet werden, wenn das verwendete Korpus so umfangreich ist, dass man erwarten kann, dass alle bereits institutionalisierten Lexeme mehrfach auftreten. Trotz seines beträchtlichen Umfangs von 100 Millionen Wörtern ist aber selbst das *British National Corpus* davon noch weit entfernt, so dass die Gegenprobe im OED nach wie vor sinnvoll erscheint. Drittens kann man die gängigen Suchmaschinen im Internet nutzen, um zu überprüfen, ob ein Hapax Legomenon in diesem größten elektronischen ‚Korpus' schon Verwendung gefunden hat oder nicht.

Was nun das Suffix *-able* angeht, so lassen sich schon in den vergleichsweise wenigen Wörtern des BUMC zwei nach dem Modell V + *-able* gebildete Lexeme finden, die nur einmal vorkommen und weder im LDOCE4 noch im OED verzeichnet sind.

(6.2)   The censorious ego uses these narrative paths, based on association, to bestow acceptable formulation on the basically unknowable and *unformulable* latent dream thoughts. (ICE-GB: W2a-002)

(6.3)   Frankenstein's monster is capable of behaviour that is autonomous and not always predictable or *imitatable* by the builder or by the experts on the design-standards committee of his professional association. (ICE-GB: W2a-035)

Mit 106 bzw. 387 Treffern bei einer Suche mit Google ist auch die Vorkommenshäufigkeit im Internet für einzelne Lexeme vergleichsweise unergiebig (Suche am 28.3.2004). Zum Vergleich: Das ebenfalls exotisch anmutende Lexem *unknowable* in (6.2), das schon von Chaucer, also im 14. Jahrhundert, verwendet wurde (OED, s. v. *unknowable*), kommt laut Google auf ca. 140.000 Seiten vor. Bei den Wörtern *unformulable* und *imitatable* dürfte es sich also zumindest um sehr junge Bildungen nach dem Modell V + *-able* handeln. Diese Befunde illustrieren, dass der kombinierte Einsatz von Korpora, dem OED und dem Internet eine adäquat erscheinende Methode zur Überprüfung der aktuellen Produktivität von Wortbildungsmustern und -elementen bietet. Vergleicht man die Anzahl bereits institutionalisierter Lexeme, die nach einem bestimmten Modell gebildet sind, mit der Anzahl der Hapax Legomena, so lassen sich sogar Aussagen über das Ausmaß der Produktivität machen oder die Produktivität konkurrierender Modelle vergleichen (Plag 1999: Kap. 5–8, Bauer 2001: 143 ff.).

Eine Einschränkung gilt es aber dabei immer im Hinterkopf zu behalten: Da selbst sehr umfangreiche Lexika wie das OED nur mehr oder weniger institutionalisierte Lexeme mit Benennungsfunktion registrieren wollen und können, ist es möglich, dass komplexe Lexeme, die nur einmal in einem Korpus vorkommen, deshalb nicht eingetragen sind, weil sie vorwiegend syntaktische oder deiktische Funktion haben (s. S. 102). Damit ist vor allem bei Wortbildungsmodellen zu rechnen, deren Produkte häufiger syntaktisch als lexikalisch motiviert sind. Das von Lenker (2002) untersuchte, gegenwärtig moderne Modell N + -*wise* (*jobwise*, *costwise*) z. B. dient vor allem der Bildung von Satzadverbialen, die die Funktion haben, den Inhalt des Satzes in einen bestimmten Kontext zu stellen oder von einer bestimmten Perspektive zu beleuchten. Die von Lenker beobachtete Häufigkeit von Hapax Legomena könnte also darauf zurückzuführen sein, dass die Lexeme, die nach diesem Muster gebildet werden, jeweils kontextabhängig syntaktischen Zwecken dienen und nicht der Benennung eines wiederkehrenden Sachverhalts.

Aus soziopragmatischer Sicht ist darüber hinaus zu betonen, dass die Produktivität einzelner Präfigierungs-, Suffigierungs- und Kompositionsmodelle in beträchtlichem Maße von Medium und Register abhängig ist. Plag, Dalton-Puffer und Baayen (1999) zeigen z. B., dass im gesprochenen Medium die Suffixe -*able* und -*ish* produktiver sind als die Suffixe -*ness* und -*ize*, die ihrerseits aber im geschriebenen Medium häufiger zu Neuprägungen verwendet werden. Baayen (1994) vertritt sogar den plausiblen Standpunkt, dass Texte auf der Basis der Produktivität bestimmter Derivationsaffixe klassifiziert werden können. Einen zweiten wesentlichen Faktor für das Ausmaß der Produktivität von Mustern und Modellen stellen die lebensweltlichen Domänen dar, in denen Prägungen entstehen. Hier kann eine Auswertung des ODNW aufschlussreiche Informationen bieten, weil die Einträge dort im Hinblick auf die Themenbereiche gekennzeichnet sind, aus denen die neuen Lexeme stammen. Während die Komposition in allen Themengebieten ähnlich produktiv ist, fallen bei der Suffigierung die Bereiche Computer mit den Suffixen -*able*, -*ability* und -*er*, Politik mit den Suffixen -*ite*, -*ism* und -*ity* und Menschen und Gesellschaft mit den Suffixen -*er*, -*ing* und -*ism* als besonders ergiebig auf. Besonders produktive Präfixe und *combining forms* finden sich in den Bereichen Computer (*cyber-*, *inter-*, *super-*), Umwelt (*bio-*, *super-*), Gesundheit und Fitness (*pre-*, *semi-*, *super-*) und Naturwissenschaft und Technologie (*bio-*, *chemo-*, *super-*, *trans-*). Erwartungsgemäß sind Kürzungen und Wortmischungen vor allem in den Domänen Kunst und Musik sowie Popkultur, Computer und Lifestyle und Freizeit produktiv, während Initialwörter in den Bereichen Computer, Wirtschaft, Wissenschaft und Gesundheit die besten Nährböden finden.

Die bisher angestellten Überlegungen haben gezeigt, dass Produktivität kein komplementäres Phänomen ist (produktiv oder nicht produktiv), sondern ein skalares. Produktivität muss als Kontinuum von nicht (mehr) produktiv zu hochgradig produktiv betrachtet werden, wobei das obere Ende der Skala nicht definierbar ist. Theoretisch wäre maximale Produktivität dann für ein Modell anzusetzen, wenn alle denkbaren Realisierungen des Modells zumindest potenziell akzeptable Lexeme wären. Dies ist aber bei keinem Modell der Fall, da alle so genannten Produktivitätsbeschränkungen unterliegen, die die Prägung einzelner Lexeme verhindern. Mit diesen Restriktionen werden wir uns im nächsten Abschnitt beschäftigen, eingangs aber noch kurz das bereits mehrfach bemühte Konzept des potenziellen komplexen Lexems erläutern.

6.2   Potenzielle komplexe Lexeme und Produktivitätsbeschränkungen

Potenzielle oder *mögliche komplexe Lexeme* (*potential lexemes*) sind solche Lexeme, die unter regulärer Anwendung eines produktiven Wortbildungsmodells gebildet werden können. Als Beispiele seien hier die Wörter *lexicologize* und dt. *lexikologisieren* mit der Bedeutung ‚in eine lexikologische Perspektive bringen' (z. B. *Er muss immer alles lexikologisieren*) erfunden. Im Gegensatz dazu sind die deverbalen Adjektive **beable* oder **resemblable* zwar *denkbare* Lexeme, aber keine *potenziellen*, weil sie die Regel verletzen, dass das Modell V + *-able* nur bei transitiven Verben als Basis anwendbar ist. (Eine interessante Ausnahme ist *liveable* ‚bewohnbar'.)

Etablierte komplexe Lexeme sind in den allermeisten Fällen realisierte potenzielle Lexeme. Ausnahmen sind idiosynkratische tatsächliche Lexeme, die niemals potenzielle Lexeme waren, weil sie Wortbildungsregeln verletzen (z. B. *knowledgable*; Plag 2003: 47) und Wortschöpfungen wie *Kodak* oder *Teflon* (s. S. 71), die weder auf vorhandenes morphologisches Material zurückgreifen noch regelmäßige Wortbildungsmodelle anwenden; auch Letztere sind zwar tatsächliche Wörter, waren aber nie zuvor potenzielle Wörter. Deshalb werden sie nicht als Ergebnisse von Produktivität, sondern von sprachlicher *Kreativität* (*creativity*) angesehen (vgl. z. B. Bauer 1983: 63 f., Lipka 2002: 108).

Der Kreis der potenziellen komplexen Lexeme einer Sprache wird durch eine Reihe von Faktoren begrenzt, die als *Produktivitätsbeschränkungen* (*restrictions on productivity*) bezeichnet werden. Es lassen sich drei Typen von Produktivitätsbeschränkungen voneinander unterscheiden, die im Anschluss gemäß der folgenden Übersicht vom Allgemeinen zum Besonderen besprochen werden:

1. Pragmatische und kognitive Produktivitätsbeschränkungen
* Existenz von Referenten
* Ausschluss der Benennung von Selbstverständlichem
* Benennbarkeit

2. Allgemeine strukturelle Produktivitätsbeschränkungen
- Blockierung durch Synonym (inkl. Konkurrenz von Wortbildungsmodellen) und Blockierung durch Homonym
- Etymologische Beschränkungen
- Haplologie

3. Wortbildungsmodellspezifische Produktivitätsbeschränkungen
- phonologische Beschränkungen
- morphologische Beschränkungen
- semantische Beschränkungen

6.2.1 Pragmatische und kognitive Produktivitätsbeschränkungen

Im Bereich der pragmatischen und kognitiven Produktivitätsbeschränkungen werden in der einschlägigen Literatur im Kern drei Typen postuliert: Erstens wird behauptet, es müsse für eine Bildung ein sinnvoller Referent in der realen oder einer möglichen Welt existieren, was z. B. die Prägung von dt. *Sektwärmer* oder *Teppichöffner* höchst unwahrscheinlich mache (vgl. z. B. Kastovsky 1982: 159). Zweitens sei die Bildung von komplexen Lexemen zur Benennung von Selbstverständlichem höchst eingeschränkt (*eyed man, motorized car*). Und drittens müssten komplexe Lexeme etwas bezeichnen, was benennbar sei. Laut Rose (1973, zitiert nach Bauer 1983: 86) sei es z. B. unwahrscheinlich, dass jemals Bedarf für ein denominales Verb mit der Bedeutung „grasp NOUN in the left hand and shake vigorously while standing on the right foot in a 2½ gallon galvanized pail of corn-meal-mush" entstehen könnte. Alle drei Typen von Beschränkungen sind m. E. wenig hilfreich, nicht so sehr, weil sie geradezu trivial anmuten, sondern weil sie unsystematisch sind und deshalb nur ad hoc als Erklärung dienen können, warum ein produktives Wortbildungsmodell in einem Einzelfall eine Lücke aufweist. Hinzu kommt, dass – wie auch Kastovsky bemerkt (1982: 160) – mit wenig Einfallsreichtum Kontexte konstruiert werden können, etwa in Science-Fiction-Romanen oder Witzen, in denen ein Bedarf für von diesen Beschränkungen ausgeschlossene Wörter entstehen könnte. Es handelt sich hier also weniger um echte Beschränkungen als um grundlegende Prinzipien, die von Sprechern einer Sprache bei der Wortbildung normalerweise beachtet werden.

6.2.2 Allgemeine strukturelle Produktivitätsbeschränkungen

Dasselbe gilt für eine der beiden wichtigsten allgemeinen strukturellen Beschränkungen, die *Blockierung* (*blocking*). Damit ist gemeint, dass ein potenzielles komplexes Lexem deshalb nicht gebildet wird, weil ein tatsächliches (einfaches oder komplexes) Lexem existiert, das entweder den intendierten Referenten bezeichnet oder dieselbe Form hat, aber mit einer anderen Bedeutung institutionalisiert ist. Der erste Fall, die Blockierung durch ein konkurrierendes Synonym, verhindert z. B. Bildungen wie *stealer* (wegen der Existenz von *thief*), *studier* (*student*) und *raper* (*rapist*; vgl. Bauer 1988: 66). Eine Sonderform der Blockierung durch ein Synonym ist die Konkurrenz zwischen zwei Wortbildungsmustern, beispielsweise zwischen den Suffigierungen auf -*ize* und -*ify*, mit denen sich Plag (1999: Kap. 6 und 7) beschäftigt. Der zweite Fall, die Blockierung durch ein konkurrierendes Homonym, lässt sich mit dt. *Bauer* in der Bedeutung ‚jemand, der (beruflich) baut' (blockiert durch *Bauer* ‚Landwirt') oder engl. *liver* ‚someone who lives' (blockiert durch *liver* ‚organ') illustrieren. Interessant ist, dass dt. *Bauer* in der erwähnten Bedeutung aber in synthetischen Komposita wie *Häuslebauer* doch auftreten kann.

Die zweite allgemeine strukturelle Beschränkung, die hier thematisiert werden soll, hat systematischeren Charakter. Sie betrifft die Kombinationsmöglichkeiten von Basen und Affixen germanischen und romanischen, d. h. lateinischen bzw. französischen Ursprungs. Eine relativ aktuelle Version der zugrunde liegenden Regel wird von Plag (1999: 58) vorgeschlagen: „Bases and affixes may combine only if their etymological features are compatible". Dies bedeutet aber nicht einfach, dass germanische und romanische Elemente nicht verknüpft werden können. Was z. B. die Suffixe angeht, so gibt es laut Plag drei verschiedene Typen: Suffixe lateinischen Ursprungs, die fast ausschließlich nur an Basen romanischer Herkunft herantreten (-*ive*, Adjektiv bildendes -*al*, -*ity*, -*cy* und -*ize*); Suffixe, die sowohl an germanische als auch an romanische Stämme angefügt werden können und mit der Ausnahme von -*ment* und -*able* alle germanischen Ursprungs sind (z. B. -*ful*, -*less*, -*ness*); und schließlich mit -*en* ein einziges germanisches Suffix, das nur an germanische Basen herantritt. Komplexe Lexeme, die so wie die Suffigierungen des zweiten Typs germanisches und romanisches morphologisches Material vermischen (z. B. *readable* (Germ. + Lat.), *doubtless* (Lat. + Germ.) oder *gentleman* (Frz. + Germ.)), werden traditionell als *Hybridbildungen* (*hybrid combinations*) bezeichnet.

Von den weiteren allgemeinen strukturellen Produktionsbeschränkungen, deren Relevanz eher theorieabhängig ist (vgl. Plag 1999: 45–61), soll hier nur noch die *Haplologie* (*haplology*) oder *Gleichklangsvermeidung* erwähnt werden. Damit wird die Vermeidung von Bildungen bezeichnet, die zur Wiederholung identischer oder sehr ähnlicher Lautfolgen führen würden. Es kommt z. B. sehr selten vor, dass von Adjektiven wie *elderly*, *miserly* oder *worldly*, die selbst schon auf -*ly* enden, abgeleitete Adverbien nach dem Modell Adj + -*ly* gebildet werden (Bauer 1983: 89). Ausnahmen sind *friendlily* und *sillily*. David Lodge spielt in seinem Roman *Therapy* mit dieser Produktivitätsbeschränkung:

Gingerly I got to my feet. (Should that be 'gingerlyly'? No, I've just looked it up, adjective and adverb both have the same form.)

Im Deutschen lässt sich das Ergebnis der Gleichklangsvermeidung an Wörtern wie *Zauberin* (statt **Zauberin*) ablesen.

6.2.3 Wortbildungsmodellspezifische Produktivitätsbeschränkungen

Insbesondere im Bereich der Phonologie lassen sich allgemeine Produktivitätsrestriktionen nur schwer von solchen trennen, die nur einzelne Wortbildungsmodelle betreffen. So ist z. B. kontrovers, ob Formen wie **fishish* oder **bitchish* wegen der Gefahr des Gleichklangs verhindert werden, oder ob es zum Wesen des Wortbildungsmodells N + *-ish* gehört, dass die Basis nicht auf /ʃ/ oder /tʃ/ auslauten darf (Ausnahme: *churchish*). Relativ klar auf der Seite der modellspezifischen Restriktionen anzusiedeln ist die Beobachtung, dass Verben auf *-en* nicht von Basen abgeleitet werden, die vokalisch auslauten (**dryen, *slowen*; Kastovsky 1982: 161). Ebenso modellspezifisch ist, dass das ansonsten produktive Suffix *-ful* nicht an Nomina angefügt werden kann, die auf einen labiodentalen Reibelaut auslauten: **loveful, *griefful, *leafful* im Gegensatz zu *loveless, griefless, leafless* (Gussmann und Szymanek 2000: 433). Nur Verben, die auf der letzten Silbe betont werden, erlauben eine Suffigierung mit *-al*, vgl. *refuse – refusal, consider – *consideral* (Bauer 1994: 3356).

Eine modellspezifische morphologische Restriktion wird – neben anderen – von Aronoff (1976: 53 f.) beschrieben. Er zeigt, dass das Adjektiv bildende Suffix *-al* nur dann an Nomina auf *-ment* angefügt werden kann, wenn *-ment* selbst kein Suffix, sondern Teil eines Monems ist. Diese Beschränkung erklärt, dass *ornamental* zulässig, **employmental* dagegen inakzeptabel ist. Eine Ausnahme ist das Adjektiv *developmental*. Andere Fälle modellspezifischer morphologischer Restriktionen betreffen das nominalisierende Modell Adj + *-ity* und das Adjektiv bildende Modell N + *-ful*. Ersteres ist nicht auf Basen anwendbar, die auf *-ory* enden (**satisfactority*) und letzteres funktioniert nicht mit abgeleiteten Substantiven als Basen (Kastovsky 1982: 161, Plag 1999: 42 und Kap. 4). Dass mit *meaningful* und *truthful* auch für diese Beschränkungen Ausnahmen vorliegen, bestätigt den mittlerweile sicher schon beim Leser entstandenen Eindruck, dass die wenigsten Produktivitätsbeschränkungen wirklich den Charakter von unumstößlichen Regeln haben.

Wortbildungsmodelle können auch semantischen Beschränkungen unterworfen sein. Dass Adjektive auf *-able* nur von transitiven Verben gebildet werden, wurde zwar bereits gesagt, ist aber so nicht völlig korrekt. Denn wahrscheinlich ist nicht die traditionell als syntaktisch angesehene Eigenschaft der Transitivität entscheidend, sondern eine fundamentalere semantische Qualität dieser Verben, deren exakte Beschreibung allerdings noch aussteht (Plag 1999: 42). Semantische Beschränkungen sind auch nicht immer eindeutig von pragmatischen zu trennen. So lässt sich darüber streiten, welcher Natur die Beschränkung ist, dass reversative Präfigierungen mit *un-* wie in *undress, unfold* oder *unscrew* nur mit Verbbasen funktionieren, die einen umkehrbaren Prozess bezeichnen. Letztlich hängt die Entscheidung darüber, ob z. B. **unswim* oder **unkill* aus semantischen oder pragmatischen Gründen inakzeptabel sind, davon ab, wie man diese beiden Betrachtungsebenen voneinander abgrenzt (Rainer 2000: 881 f.).

6.3 Zusammenfassung und soziopragmatischer Ausblick

Zusammenfassend lässt sich feststellen, dass die Gründe für Lücken in prinzipiell produktiven Wortbildungsmodellen trotz der jahrzehntelangen Tradition ihrer Erforschung nicht definitiv geklärt sind. Die Tatsache, dass die meisten Produktivitätsbeschränkungen Ausnahmen haben, zeigt wie flexibel und entsprechend schwer fassbar das Englische in dieser Hinsicht zu sein scheint.

Dieser Befund lässt sich am besten aus der soziopragmatischen Perspektive heraus erklären: Ganz offenkundig ist es nicht der Fall, dass alle Sprecher sich immer an die ‚Regeln' der Wortbildung und die Produktivitätsbeschränkungen halten. Schon Plank (1981: 181 f.) und Clark (1981) haben darauf hingewiesen, dass z. B. die Blockierung bei akuten Wortfindungsproblemen und in der Sprache von Kindern häufig außer Kraft gesetzt wird (s. auch Plag 1999: 52, 2003: 65). Dasselbe lässt sich bei bewussten Verletzungen von Produktivitätsbeschränkungen in der Werbe- oder Pressesprache zum Zwecke der Erregung von Aufmerksamkeit beobachten. Auch die Existenz ‚idiosynkratischer' Bildungen wie des erwähnten Adjektivs *knowledgable* zeigt, dass Sprecher sich über die ‚Regeln' der Wortbildung hinwegsetzen. Die meisten irregulären Bildungen bleiben aber insofern idiosynkratisch, als sie keine Verbreitung finden und sich nicht etablieren können. Es sind also letztendlich nicht die einzelnen Sprecher, die sich immer an Regeln und Beschränkungen halten, sondern die Sprachgemeinschaft wird als Kollektiv sanktionierend wirksam. Dies wiederum legt den Schluss nahe, dass einzelne Sprecher ihr morphologisches Wissen eben doch nicht in Form der von der generativen Wortbildung so geschätzten Regeln im Kopf haben, sondern als Ausgangspunkt für neue Bildungen eher Muster und Modelle verwenden, die variabel sind und Ausnahmen zulassen. Dies stützt eher die Ansicht Tourniers (s. S. 92), dass Wortbildungsmuster variable Blaupausen darstellen, mit denen Sprecher auch kreativ oder sogar eigenwillig umgehen können.

Da adäquate Regeln für die Beschreibung von Restriktionen von der Beobachtung authentischer Sprache abgeleitet sein sollten, ist zu wünschen, dass die bisherigen Ansätze zum Einsatz der Korpusmethode in diesem Bereich weiter vorangetrieben werden. Eine weitere Hoffnung, die man in die Korpusmethode setzen kann, ist dass die Register- und Themenabhängigkeit von Produktivität und Produktivitätsbeschränkungen noch stärker ins Bewusstsein der Forscher gerückt wird (vgl. Baayen 1994).

Weiterführende Literatur: Kastovsky (1986), Baayen (1994), Baayen und Lieber (1991), Bauer (1994), (1998a: 414–420), (2001), Adams (2001: 146–153), Plag (2003: 44 ff.).

7. Komposition

Beginnend mit diesem Kapitel werde ich mich im Folgenden jeweils detaillierter mit den einzelnen Wortbildungsmustern des Englischen beschäftigen. Je nach Muster werden dabei verschiedene der in 5.3 erläuterten Perspektiven im Vordergrund stehen.

Das vorliegende Kapitel zur Komposition nimmt typische Fälle von Komposita und ihre Charakteristika als Ausgangspunkt für die Beschreibung der ganzen Palette semantischer und morphologischer Strukturen (7.1). In Abschnitt 7.2 wird anhand der Abgrenzung von Komposita zu syntaktischen Gruppen einerseits (7.2.1) und zu anderen Wortbildungsmustern andererseits (7.2.2) die Problematik von Übergangsphänomenen behandelt. Abschnitt 7.3 stellt die Ergebnisse einer Korpusstudie zur Verwendung von Komposita im BUMC aus struktureller und soziopragmatischer Sicht vor. Darauf aufbauend beschäftigt sich Abschnitt 7.4 mit den kognitiven Funktionen der Komposition.

7.1 Morphologische und semantische Strukturen von Komposita

7.1.1 Typische Komposita

Typische Komposita – Beispiele aus dem Korpus sind Lexeme wie *barman*, *bedroom*, *building-block*, *dancehall*, *dustpan*, *fingertip*, *highlight*, *stronghold* und *timetable* – lassen sich aufbauend auf Olsen (2000: 898) aus verschiedenen linguistischen Perspektiven charakterisieren:

1. Strukturelle Perspektive
- *Derivationsmorphologie*: Sie setzen sich aus zwei Konstituenten zusammen, die jeweils ein freies lexikalisches Morphem darstellen (*barman*) oder ein freies lexikalisches Morphem enthalten (*building-block*).
- *Flexionsmorphologie*: Sie tragen keinerlei Flexionsmorpheme am *modifier* (**fingerstip*).
- *Phonologie*: Sie werden als eine intonatorische Einheit mit dem Hauptton auf der betonten Silbe des *modifier* und einem Nebenton auf dem *head* ausgesprochen ('bar₁man, 'building-₁block).
- *Semantische Struktur*: Ihr *modifier* spezifiziert das *head* (‚a barman is a man who works in a bar', ‚a building-block is a block used for building'). Ihre Bedeutung ist nicht erschöpfend von der Bedeutung der Konstituenten ableitbar;

d. h. sie sind semantisch lexikalisiert (*barman* ‚a man who serves drinks in a bar‘, *building-block* ‚the pieces and parts of something‘). Die Lexikalisierung, insbesondere die formale, darf aber noch nicht soweit vorangeschritten sein, dass das Lexem seine formale *und* inhaltliche Transparenz verliert und völlig verdunkelt ist (s. S. 80).

2. Soziopragmatische Perspektive
- Sie sind institutionalisiert und erfüllen eine Benennungsfunktion und nicht nur eine syntaktische oder deiktische Funktion (wie *American-supplied*, s. S. 102).

3. Kognitive Perspektive
- Sie stehen für einen eigenständigen hypostasierten Begriff, der im mentalen Lexikon gespeichert ist.

Es ist zwar verführerisch, auch noch das orthografische Kriterium der Zusammenschreibung bzw. Schreibung mit Bindestrich hinzuzunehmen. Da aber im Englischen bei manchen Modellen, die anderweitig prototypische Komposita hervorbringen, z. B. [V + ing] + N (*nursing home*), Getrenntschreibung die Regel ist, soll dieser Gesichtspunkt zunächst außer Acht gelassen werden (s. S. 132 f.).
   Alle typischen Komposita sind Nomina und Adjektive. Typische verbale Komposita im Sinne der oben genannten Kriterien gibt es im Englischen aus Gründen, die weiter unten besprochen werden (s. S. 137), nicht. Bei typischen Komposita lassen sich die folgenden morphologischen Strukturen unterscheiden (die Beispiele stammen aus dem BUMC und sind in der dort verwendeten Schreibweise angegeben):

Nominale Komposita:
- N + N: *backbone, barman, nutshell, pony tail, seat-belt, timetable, wallpaper*
- Adj + N: *greenhouse, high-chair, smalltalk, stronghold*
- [V + ing] + N: *dancing girl, building-block, dressing gown, racing car*
- V + N: *cease-fire, copyright, showroom, stopgap*
- N + [V + ing]: *credit rating*

Adjektivische Komposita:
- N + Adj: *accident prone, carefree*
- N + [V + ing]: *awe-inspiring, eye-catching, time consuming*
- Adj + [V + ing]: *good-looking, hard-drinking*[11]

---

[11] Streng genommen bilden die beiden Muster N + [V + ing] und Adj + [V + ing] keine typischen Komposita, weil die jeweils zweiten Konstituenten in der Regel keine etablierten Lexeme sind. Es handelt sich also eigentlich um so genannte synthetische Komposita, die weiter unten (s. S. 135 f.) als Übergangsfall zur Suffigierung behan-

Weitere Muster, nach denen typische adjektivische Komposita gebildet werden, sind N + [V + ed] und Adj + [V + ed], aber von beiden existieren im BUMC nur Belege mit untypischem Betonungsmuster und syntaktischer Funktion wie *paper covered* und *American-supplied*.

Wie oben vermerkt, zeichnen sich prototypische Komposita im Hinblick auf ihre semantische Struktur dadurch aus, dass der *modifier* in semantischer Hinsicht die Bedeutung des *head* modifiziert oder spezifiziert. Das gesamte Kompositum lässt sich dementsprechend als Hyponym des *head* begreifen: Ein *barman* ist eine Art von *man*, ein *greenhouse* eine Art von *house*. Komposita mit dieser semantischen Grundstruktur werden als *Determinativkomposita* (*determinative compounds*) oder als *endozentrische Komposita* (*endocentric compounds*) bezeichnet, wobei die beiden Termini unterschiedliche Aspekte hervorheben: Der Begriff *Determinativkompositum* rückt die Art der Beziehung zwischen *modifier* und *head* in den Vordergrund, *endozentrisches Kompositum* fokussiert dagegen die Tatsache, dass das *head* semantisch und grammatikalisch für das ganze Kompositum maßgeblich ist. Dies ist bei *exozentrischen Komposita* (*exocentric compounds*) wie *paperback* (s. Abschnitt 7.1.2) nicht der Fall.

Was die spezifischen semantischen Strukturen der einzelnen Wortbildungsmodelle angeht, die typische Komposita hervorbringen, so ist die Bandbreite der Bedeutungsrelationen zwischen den Elementen für eine ausführliche Diskussion auch nur der wichtigsten Typen viel zu groß. Für das relativ eingeschränkte Modell V + N (*dancehall*) wurde ein Einblick in häufige Typen bereits auf Seite 99 gegeben. Gerade die verblosen Modelle, insbesondere N + N, sind für ihr äußerst breites Spektrum semantischer Relationen bekannt. Dies deutet z. B. Jespersens Dictum zu diesem Typ an: „The number of possible logical relations between the two elements is endless" (1942: 143). Eine Reihe von Linguisten hat aber gerade dies als Herausforderung aufgefasst und die internen semantischen Beziehungen von N+N-Komposita erforscht, so z. B. Adams (1973: 64 ff.) und besonders Warren (1978), die aus der Auswertung des amerikanischen Brown-Korpus das umfassendste System möglicher Relationen gewonnen hat. Ryder (1994: Kap. 2) gibt einen schönen Überblick über die Forschungslage und versucht, vor dem Hintergrund einer kognitiv-linguistischen Theorie durch Tests mentale Prozesse bei der Interpretation unbekannter N+N-Komposita offen zu legen. Hier sollen exemplarisch einige semantische Relationen des Modells N + N mit Beispielen aus dem BUMC aufgelistet werden:

---

delt werden. Die zweiten Konstituenten sind aber mit den Verlaufsformen der Verben auf -*ing* identisch und so wird weniger als bei anderen synthetischen Komposita wie *horse breaker* bewusst, dass die Konstituenten allein als Wörter nicht existieren. Daher werden diese Muster hier bei den typischen Komposita eingereiht.

H denoting a person working in Mod	*barman, housewife*
H denoting a person belonging to group Mod	*policeman, police officer*
H denoting a container designed to contain/host/receive Mod	*art gallery, bedroom, courthouse, cupboard, dustpan, keyboard, notebook, picture book, timetable, waterbed, witness-stand*
H denoting a part of Mod	*backbone, bedhead, bed clothes, nutshell, pony tail, seat belt, weekend*
H denoting an object designed to be put at location Mod	*pocket money, wallpaper*
H denoting persons or objects located at Mod	*boatpeople, chairman, headline*
H denoting the source of Mod	*bullshit, candlelight, coal field*

Vager, und deshalb auch heikler zu spezifizieren, sind semantische Relationen bei abstrakten N+N-Komposita wie *oil crisis* (‚crisis caused by a shortage of oil‘, ‚crisis caused by rising prices of oil‘) oder *willpower* (‚power of a person's will‘). Generell zeigt sich auch in Warrens detaillierter Klassifizierung, dass die Zuordnung einzelner N+N-Komposita zu Gruppen semantischer Relationen häufig willkürlich anmutet und entsprechend angreifbar ist. Besonders mehrdeutig sind natürlich auch Ad-hoc-Bildungen nach dem Modell N + N, da sie aufgrund des fehlenden Verbs wenig Information zu ihrer internen semantischen Struktur geben. Umgekehrt macht aber in der Regel der Kontext klar, was gemeint ist (vgl. Downing 1977, Adams 2001: 86-88, Ryder 1994: 196).

Beispiele wie *backbone, nutshell* und *pony tail* geben Anlass hervorzuheben, dass Determinativkomposita metaphorische Komponenten enthalten oder in einer wörtlichen und einer metaphorischen Bedeutung lexikalisiert sein können. In diesen Fällen weist natürlich nur die wörtliche, nicht aber die übertragene Bedeutung die Hyponymiebeziehung zum *head* auf. Einige Korpusbelege in ihrem jeweiligen Kontext sollen dies hier illustrieren. Ein Überblick über die metaphorischen Komposita im BUMC wird in Abschnitt 7.3 gegeben (s. S. 141):

(7.1) Under local anaesthetic, a small needle is inserted between two vertebrae in the lower part of the back and a small quantity of the fluid that surrounds the spinal chord (the nervous tissue contained inside the *backbone*) is drawn off. (ICE-GB: W2b-023)

(7.2) Ernst Gelmer […] sees this technology as used in education to be the *backbone* of capitalist society. (ICE-GB: W1a-012)

(7.3)   In a *nutshell*, it's probably uncomfortable. (ICE-GB: W1b-001)

(7.4)   You know, uhm, the little girl who had the striped T-shirt on and the long *pony tail* looked vaguely Latin American. (ICE-GB: S1a-058)

(7.5)   This letter is hand-written, in a style suited for the occasion, on expensive paper with a fine pen, and yet it's still probably *bullshit*!! (ICE-GB: W1b-008)

Das Kompositum *backbone* ist in der wörtlichen Bedeutung *spine* (vgl. 7.1) genauso lexikalisiert wie im übertragenen Sinn ,the most important part of something' (7.2). Das Lexem *nutshell* ist aus kontrastiver und funktionaler Sicht bemerkenswert: Im Deutschen ist das formal äquivalente Kompositum *Nussschale* in seiner wörtlichen wie auch in der übertragenen Bedeutung ,kleines Boot oder Schiff' lexikalisiert. Im Englischen existiert ebenfalls eine lexikalisierte übertragene Bedeutung, die aber praktisch nur in der Redewendung *to put it in a nutshell* ,kurz gesagt' oder der verkürzten Form *in a nutshell* vorkommt, die auch in (7.3) vorliegt. Bei *pony tail* (7.4) ist lediglich die metaphorische Bedeutung als institutionalisiert anzusehen. Ähnlich ist auch bei *bullshit* (7.5) die potenzielle wörtliche Bedeutung, die laut OED nie existierte, von der übertragenen Bedeutung ,nonsense' so überlagert, dass sie faktisch blockiert ist. Nur mit humoristischen Intentionen würde man das Kompositum verwenden, um damit wirklich Rinderexkremente zu bezeichnen.

Weiterführende Literatur: Zu N+N-Komposita: Warren (1978), Ryder (1994), Novak (1996).

7.1.2   Abweichende semantische Struktur:
Exozentrische und kopulative Komposita

Die grundlegendste Abweichung von den Charakteristika typischer Komposita betrifft ihre semantische Grundstruktur. Zwei Typen von Komposita, die nicht die determinative Beziehung zwischen *modifier* und *head* aufweisen, lassen sich unterscheiden: exozentrische Komposita und kopulative Komposita.

Exozentrische Komposita

Wie bereits angedeutet, zeichnen sich *exozentrische Komposita* dadurch aus, dass sie semantisch nicht dem *head* untergeordnet werden können: Ein *paperback* ist weder eine Art von *back* noch ein *paper*, sondern ein Buch. Häufig genannte andere Beispiele für solche Komposita sind *paleface* (,Bleichgesicht'), *highbrow* (,Intellektueller'), *hunchback* (,Buckliger'), *redskin* (,Rothaut'), *egghead* (,Eierkopf, Intellektueller'), *skinhead*, *redbreast* (,Rotkehlchen') und *greenback* (Dollarschein). Die Beispiele zeigen, dass exozentrische Komposita am häufigsten

Menschen denotieren. Sie profilieren auffällige Eigenschaften, die metonymisch, d. h. im Wesentlichen stellvertretend für die ganze Person hervorgehoben werden. Dieser Wortbildungstyp existiert schon so lange, dass bereits in den altindischen Grammatiken zum Sanskrit ein Beispielwort zu einem Fachbegriff umfunktioniert wurde: *Bahuvrihi* heißt wörtlich übersetzt ‚viel Reis‘, bezeichnet aber jemanden, der viel Reis hat, also einen reichen Menschen. Da die Beziehung zwischen den profilierten Eigenschaften und dem Bezeichneten sehr häufig die des ‚Habens‘ ist, also eine besitzanzeigende Beziehung, wird neben *Bahuvrihi-Kompositum* auch der Begriff *Possessivkompositum* (*possessive compound*) verwendet. Streng genommen sind die Begriffe *Bahuvrihi-Kompositum* und *exozentrisches Kompositum* nicht synonym, denn neben den typischen Bahuvrihi-Komposita existiert noch die zweite Unterform der exozentrischen Komposita des Typs *pickpocket* (‚Taschendieb‘). Hier werden nicht auffällige Eigenschaften des Referenten profiliert, sondern kennzeichnende Handlungsweisen, die im zugrunde liegenden Satz als Verb und Objekt erscheinen würden: ‚someone picks someone’s pocket‘. Beide Formen exozentrischer Komposita lassen sich auf eine metonymische Beziehung zurückführen, die zwischen Teilen, Wesensmerkmalen bzw. Handlungsweisen, die explizit ausgedrückt und dadurch profiliert werden, und den Referenzpersonen oder seltener -lebewesen oder -objekten besteht (s. zur Metonymie auch S. 195 ff.).

Einen interessanten Beleg für die Neubildung eines Bahuvrihi-Kompositums bietet eine Verwendung des Lexems *heart-throb*, die als semantische Ad-hoc-Bildung interpretiert werden kann. Dieses komplexe Lexem ist bereits als Bahuvrihi lexikalisiert und institutionalisiert, und zwar gemäß LDOCE4 in der Bedeutung ‚a famous actor, singer etc who is very attractive to women‘ und laut Quirk et al. (1985: 1576) als „someone who causes the heart to throb in a person of the opposite sex; *ie* ‘a sexually attractive person‘ “. Die Verwendung im Korpus legt aber eine andere Bedeutung mit dem semantischen Kern ‚Text, dessen Lektüre das Herz zum Schlagen bringt‘ nahe:

(7.6)   I spent a couple of nights in the undergrund at the height of the Blitz, and wrote what we called a *heart-throb* about the courage and cheerfulness universally displayed. (ICE-GB: W2f-014)

Kopulativkomposita

Auch für den zweiten Kompositionstyp mit einer von Determinativkomposita abweichenden semantischen Grundstruktur existierte bereits in der altindischen Grammatik eine Bezeichnung: *Dvandva-Kompositum* (*dvandva compound*). Komposita dieses Typs, die auch als *Kopulativkomposita* (*copulative compounds*) bezeichnet werden, sind dadurch gekennzeichnet, dass zwei Konzepte mehr oder weniger gleichrangig miteinander verknüpft werden. Die Nomina *actor-director*, *actor-manager*, *fighter-bomber*, *study-bedroom*, und die Adjektive *bitter-sweet*, *deaf-mute*, *phonetic-semantic* und viele koordinierte Nationalitätsbezeichnungen wie *Japanese-American* oder *Swedish-Brazilian* illustrieren diesen Typ, der nicht sehr häufig belegt ist. Trotzdem ist die Reihenfolge der beiden Konstituenten zumindest aus Sicht der internen Informationsverteilung nicht völlig unerheblich, denn die zweite Konstituente wird eher als gegeben dargestellt, die erste als bemerkenswert. Ein *study-bedroom* ist ein Schlafzimmer, das die Besonderheit aufweist, dass dort auch gearbeitet wird.

Ein schönes Beispiel aus dem BUMC ist das dreigliedrige Kompositum *owner occupier patient*, dessen Status als Kompositum im gegebenen Kontext daran erkennbar ist, dass nur das letzte Nomen die Pluralmarkierung trägt:

(7.7) This is, therefore, the most expensive form of institutional provision by the state and one in which *owner occupier patients* are not under any pressure to use their home equity assets to meet their health care costs. (ICE-GB W2a-013)

Ein ebenfalls dreigliedriges Dvandva-Kompositum mit einer Verkürzung nach dem Muster von *combining forms* (s. S. 130) im ersten Element ist die Bildung *tragi-comedy-farce* (ICE-GB: W1b-010). Das einzige weitere potenzielle Beispiel im BUMC, *actor/journalist*, stammt aus demselben Text, einem persönlichen Brief mit nicht zu übersehender sprachlicher Frische und Kreativität. Ob es sich bei dieser Bildung wirklich um ein Dvandva-Kompositum handelt, ist zweifelhaft, weil die von der Autorin gewählte Schreibung mit Schrägstrich auch die Interpretation offen lässt, dass sie sich nicht sicher ist, welchen Beruf der Bezeichnete nun wirklich hat:

(7.8) I've been asked out by this *actor/journalist* tonight that I went to see last week and I'm really not interested. (ICE-GB: W1b-010)

Alle drei Beispiele untermauern die Behauptung von Hansen et al. (1990: 52), die Kopulativkomposita nach dem Modell N + N seien in der Regel Augenblicksbildungen. Aktuelle Belege aus der Zeitschrift *Newsweek* stützen dies ebenfalls: Einmal wird der frühere amerikanische General und demokratische Präsidentschaftskandidat Wesley Clark als *soldier-scholar* bezeichnet (Ausgabe vom 29. September 2003), auf der Titelseite der Ausgabe vom 5. Juli 2004 figuriert General David Petraeus als *warrior-scholar* (s. S. 102).

Als Spiegel ihrer besonderen semantischen Struktur weisen Dvandva-Komposita auch andere Betonungsmuster als Determinativkomposita auf. Letztere tragen ja in erster Linie deshalb ihren Hauptton auf dem *modifier*, weil dieser die hervorgehobene Information enthält. Bei Dvandva-Komposita wird die semantische Gleichwertigkeit häufig phonologisch durch die gleich starke Betonung der beiden Konstituenten (*level stress*) signalisiert (z. B. ˈactor-ˈmanager;

Hansen et al. 1990: 51). Dass die Betonung generell ein wichtiges Kriterium für die Identifikation von Komposita sein kann, wird sich an späterer Stelle noch zeigen (s. S. 134).

7.1.3 Abweichende morphologische Struktur: Genitivkomposita, Partikelkomposita und neoklassische Komposita

Neben semantischen Abweichungen von typischen Komposita sind auch morphologische zu beobachten, die sich in drei unterschiedliche Klassen einteilen lassen: Genitivkomposita, Partikelkomposita und neoklassische Komposita. Weitere kompositionsähnliche Wortbildungsverfahren, die Merkmale anderer Wortbildungsmuster teilen, werden in Abschnitt 7.2 behandelt.

Genitivkomposita

Genitivkomposita (*driver's seat*) stellen eine Abweichung von typischen Komposita im Hinblick auf das morphologische Kriterium dar, da die erste Konstituente hier flektiert ist. Obgleich eine ganze Reihe von Typen existiert, bei denen der *modifier* im Genitiv erscheint, enthält das BUMC keinen Beleg für dieses Modell. Zu den häufiger anzutreffenden Beispielen gehören *ladies' room, servant's quarter, driver's license* (vorwiegend AmE, im BrE *driving licence*), *beginner's luck, master's degree* (vgl. Marchand 1969: 65–69). In Grammatiken wird diese Verwendung des Genitivs als *descriptive genitive* bezeichnet (z. B. in Quirk et al. 1985: 322, 327 f.).

Partikelkomposita

Typische Komposita bestehen aus lexikalischen Morphemen. Morphologisch komplexe Lexeme, die Komposita ähneln, können sich auch aus grammatikalischen Morphemen zusammensetzen. Konjunktionen wie *however* und *although*, Präpositionen wie *into, throughout* und *without* und Pronomina wie *anything* oder *something*, bei denen die zusammengesetzte Form Mitglied einer geschlossenen grammatikalischen Wortklasse ist, spricht man normalerweise den Status von Komposita völlig ab, da sie keine lexikalische Funktion haben. Wenn Präpositionen bzw. formgleiche Partikel als zweite Konstituenten zusammen mit lexikalischen Morphemen auftreten, ist der Fall nicht so klar. Lexeme wie z. B. *breakdown, handout, setback* oder *takeoff* sind nämlich Nomina, obwohl ihre ersten Konstituenten Verben und die zweiten Partikel sind. Dies zeigt, dass ihre morphologische Struktur komplexer ist, als es die morphologische Form auf den ersten Blick vermuten lässt. Bildungen dieses Typs werden in der Literatur unterschiedlich bewertet: Adams (1973: 124) z. B. sieht sie nicht als Komposita an, sondern als Nominalisierungen von *phrasal verbs* (*break down, hand out* etc.). Bauer und Huddleston (2002: 1646 ff.) gehen einen anderen Weg. Sie lockern den Grundsatz, dass die rechte Konstituente stets das *head* des Kompositums darstellt und unterscheiden zwischen nomenzentrierten und verbzentrierten Nomenkomposita. Lexeme wie *take-away* und *breakthrough* werden demgemäß als verbzentrierte Nomenkomposita mit einer Präposition als zweiter Konstituente analysiert (Bauer und Huddleston 2002: 1654 f.). Die Entstehung des Nomens aus der morphologischen Struktur V + Präp müssen sie aber letztendlich doch wieder mit dem Verweis auf einen der Konversion ähnlichen Prozess erklären.[12]

Freie grammatikalische Morpheme können jedoch auch als erste Konstituenten in Kombinationen mit lexikalischen Morphemen auftreten und sich somit an der Bildung von nominalen, adjektivischen und auch verbalen Komposita beteiligen. Auch hier sind am häufigsten Komposita mit Partikeln als erste Konstituenten anzutreffen. Im ICE-GB sind die folgenden Modelle belegt:[13]

Nominal:	Part + N: *afternoon, bypass, inmate, outhouse, overcoat, overtime, underground, underperformance*
Verbal:	Part (*out, over* oder *under*) + V: *outrun, overcrowd, overlook, overcome, undergo, underlie, underline, undermine*
Adjektivisch:	Part + [V + ing]: *ongoing, outlying, overarching, overpowering*
	Part + [V + ed$_2$]: *inbuilt, underdeveloped*

Viele der verbalen und adjektivischen Partikelkomposita lassen sich direkt auf *phrasal verbs* zurückführen. Im Gegensatz zur selbstständigen Verwendung als Partikel oder Präpositionen, wo sie lokative Bedeutungen tragen, erscheinen die Partikel in komplexen Verben meist in übertragener Bedeutung (Kastovsky 1982: 180). Insbesondere *out, over* und *under* fallen hier mit den Bedeutungen ‚surpassing‘ (*out*), ‚excessive‘ (*over*) und ‚too little‘ (*under*) auf (vgl. Quirk et al. 1985: 1542), die sie semantisch Grad anzeigenden Präfixen sehr nahe bringen (s. S. 159). Auch phonologisch sind z. B. Verben wie *overcrowd* Präfigierungen ähnlicher als typischen Komposita, denn sie tragen den Hauptton auf der zweiten Konstituente. Es ist mithin nicht verwunderlich, dass Bildungen dieses Typs von

---

[12] „The process of forming the noun bears some resemblance to conversion – it differs from it, however, because the verb and preposition in clausal construction are separate words, so that the effect of combining them into a noun is to form a compound" (Bauer und Huddleston 2002: 1654).

[13] Neben den genannten existiert eine Reihe weiterer Modelle mit Partikeln (vgl. z. B. *upbringing, outbreak, bystander* bei Hansen et al. 1990: 58). Diese bringen aber Bildungen mit ambiger morphologischer Struktur hervor, die zu den so genannten synthetischen Komposita gehören und weiter unten besprochen werden (s. S. 135 ff.).

manchen Autoren – unter anderem auch von Quirk et al. (1985: 1542) – als Präfigierungen angesehen werden.

Weiterführende Literatur: Adams (2001: 71–77).

Neoklassische Komposita

Eine ziemlich heikle Aufgabe für die morphologische Beschreibung des Englischen stellen Lexeme wie *biography* und *biochemical, demographic* und *photographic* sowie *histological, technological* und *theological* dar. Aus semantischer
Sicht ist festzustellen, dass es auch Menschen ohne Vorbildung in den klassischen Sprachen ziemlich leicht fällt, durch Bedeutungsvergleiche morphologisch
ähnlicher Lexeme den identifizierbaren Teilen vieler dieser Bildungen zumindest
vage Bedeutungen zuzuordnen: *Bio-* hat mit Leben zu tun, *-graphy* und *-graphic*
mit Zeichnen oder Schreiben, *hist-* mit Gewebe, *techno-* mit Technik, *theo-* mit
Gott, und *-ology* und *-ologic(al)* sind vertraut als Endungen, die wissenschaftliche Disziplinen bezeichnen. Es gehört also nicht viel dazu, z. B. *biography* zwar
vage und unwissenschaftlich, aber doch recht treffend als ‚Schreiben eines Le-
bens' zu interpretieren.

Wie bereits in Abschnitt 2.3 (s. S. 42) erläutert, werden morphologische
Bausteine dieses Typs als *combining forms* bezeichnet, wobei man Bauer (1983:
213) folgend zwischen *initial combining forms* (ICFs) und *final combining forms*
(FCFs) unterscheiden kann (s. auch Bauer und Huddleston 2002: 1661 f.). Da
combining forms historisch gesehen freie oder gebundene Wurzeln im Lateinischen oder Griechischen sind, die entlehnt wurden und immer noch zur Bildung
neuer Lexeme verwendet werden, bezeichnet man die komplexen Lexeme, die
aus ihnen zusammengesetzt sind, als *neoklassische Komposita* (*neoclassical
compounds*; vgl. Adams 1973: 128–134, Bauer 1983: 213–216). Es existieren
allerdings auch Ansätze, in denen der Begriff der *combining form* auf nicht klassische Wortbausteine ausgedehnt wird, die von bestehenden Wörtern abgespalten
und zur Bildung anderer Wörter verwendet wurden, obwohl sie keine Morpheme
sind (Warren 1990). Dieser Prozess wird als *Sekretion* (*secretion*) bezeichnet.
Darunter fallen z. B. Formen wie *-gate* in *Iraqgate* (von *Watergate*, zur Bezeichnung vertuschter Skandale), *-mare* in *nukemare* (von *nightmare*, zur Bezeichnung von Horrorvorstellungen) oder *-speak* in *computerspeak* (von George
Orwells Prägung *newspeak*, zur Bezeichnung von Fachsprachen). Diese Elemente werden hier nicht als an der Bildung von Komposita beteiligt angesehen, sondern als suffixähnliche Elemente (s. S. 170).

Im BUMC sind die folgenden neoklassischen Komposita belegt:

(7.9) *archaeological, axoplasmic, biochemical, biography, daguerrotype, democrat, demographic, diameter, endoneurial, extra-extroverted, fibroblastic, histological, histologically, homogeneous, homogenizing, homosexual, melodramatic, microscopic, neuromuscular, perineurium, phagocytose, photographic, physiological, politico-military, pornographic, psychological, retrograde, technological, telephoned, telephoning, theological*

Schon dieser kleine Auszug aus dem enormen Inventar dieses Wortbildungsmodells zeigt verschiedene wichtige Aspekte auf: Es ist zunächst auffällig, dass die meisten der ICFs mit einem <o>, seltener mit einem anderen Vokal enden: *Archeo-, axo-, bio-, demo-, endo-, extro-, fibro-, homo-, neuro-* etc. sind sehr typische Fälle. Die Gründe für die Existenz dieser relativ einheitlichen Endung, die übrigens auch zur Veränderung der *combining form -logy* zu *-ology* geführt hat, liegen in der Morphologie des Altgriechischen (OED, s. v. *-logy*). Des Weiteren illustrieren Beispiele wie *fibroblastic* und *politico-military*, dass aus freien lexikalischen Morphemen (*fiber, political*) ICFs gebildet werden können, indem sie so umgeformt werden, dass sie auf <o> enden. Das Lexem *daguerrotype*, das eine nach ihrem Erfinder Jacques Daguerre benannte Form der Photographie bezeichnet, belegt, dass auch Eigennamen durch Anfügen von <o> zu *combining forms* werden können. Das Adjektiv *politico-military* lässt sich als neoklassisches Dvandva-Kompositum identifizieren.

Bereits die wenigen Beispiele in (7.9) demonstrieren den fachsprachlichen Charakter vieler Bildungen, der sich auch in der Anhäufung der Belege in den fachwissenschaftlichen Texten im Korpus niederschlägt. Während einige der Lexeme durchaus im *common core* des englischen Lexikons institutionalisiert sind – *archaeological, biography, democrat, homogeneous, homosexual, melodramatic, microscopic, photographic, pornographic, psychological, technological* und *telephone* sind die besten Kandidaten –, ist die überwiegende Zahl neoklassischer Komposita in ihrer Verbreitung auf Fachsprachen beschränkt. Dies bestätigt sich auch in dem Befund, dass die wissenschaftlichen Fachtexte im BUMC mit Abstand den höchsten Anteil an *combining forms* enthalten.

Weiterführende Literatur: Zu neoklassischen Komposita und *combining forms*: Warren (1990), Bauer (1998a), Adams (2001: 110–120), Bauer und Huddleston (2002: 1661–1666), Plag (2003: 155–159).

7.2 Übergangsphänomene und Abgrenzungsprobleme

Schon bei den bisher behandelten Klassen von Komposita wurde teilweise deutlich, dass die Übergänge von relativ klaren Vertretern dieses Wortbildungsmusters zu anderen Typen von Bildungen fließend sind. Für die linguistische Analyse und Beschreibung hat dies zur Folge, dass Schwierigkeiten bei der Klassifizierung entstehen. Das Wortbildungsmuster Komposition ist in zwei Richtungen besonders von Abgrenzungsproblemen betroffen: einerseits bei der Unterscheidung zwischen Komposita und syntaktischen Gruppen und Phraseologismen, und andererseits bei der Abgrenzung zu anderen Wortbildungsmodellen, die oberflächlich ähnliche Bildungen hervorbringen. Ziel dieses Abschnitts ist es, Entscheidungshilfen für Abgrenzungsprobleme dieser beiden Typen zu geben. Es soll an dieser Stelle aber hervorgehoben werden, dass diese Klassifizierungsschwierigkeiten nicht ein Symptom für die Mängel der eingesetzten Kategorien sind, sondern sich unausweichlich aus der Tatsache ergeben, dass sich lebendige sprachliche Phänomene nun einmal selten in eindeutig definier- und klar trennbare Kategorien pressen lassen.

7.2.1 Abgrenzung zu syntaktischen Gruppen und Phraseologismen

Während das Adjektiv *high* in *high jump* (‚Hochsprung') als Konstituente eines Kompositums gilt, ist es in dem Satz *This was a high jump* als prämodifizierender Teil einer Nominalphrase anzusehen. Das Kompositum ist Teil des Lexikons des Englischen, die Nominalphrase wird während der Sprachproduktion mit den Mitteln der Grammatik zusammengefügt. In der Nominalphrase ist das Adjektiv jederzeit gegen viele andere austauschbar, z. B. *(This was) a low jump*, *a beautiful jump* etc.; beim Kompositum geht dies nicht. Komposita sind also von formal ähnlichen Phrasen zu unterscheiden, aber die Abgrenzung ist alles andere als einfach. Grund dafür ist in erster Linie, dass einige Wortbildungsmodelle strukturell mit Nominalphrasen identisch sind. Dies gilt besonders für die Modelle Adj + N (*green house*), [V + ing] + N (*dancing girl*) und N + N (*credit card*), die zwar einerseits typische Komposita produzieren können, aber andererseits formal Nominalphrasen gleichen, die durch Adjektive oder Nomina prämodifiziert sind. In der einschlägigen Literatur gelten z. B. *stock market* und *labour market* als Komposita, *antique market*, *black market* und *world market* indessen nicht. Unterscheidungen dieser Art wirken auf den ersten Blick geradezu willkürlich. Es gilt deshalb hier zu klären, welche Kriterien zur Abgrenzung herangezogen werden können und ob diese eine eindeutige Differenzierung ermöglichen.

Das nahe liegende Kriterium der Orthografie ist, wie bereits bemerkt, äußerst unzuverlässig. Obgleich Bindestrich- und Zusammenschreibung als sichtbare Symptome fortschreitender Etablierung angesehen werden können (Quirk et al.

1985: 1537, 1569), wird in der Praxis auch bei Modellen wie Adj + N und N + N die Orthografie im Englischen zu uneinheitlich gehandhabt, um als Entscheidungskriterium für den Status von Komposita fungieren zu können (Hansen et al. 1990: 51). Selbst in den begrenzten Daten des BUMC sind Varianten in der Schreibweise zu beobachten, so bei *girlfriend – girl-friend, screenplay – screen play* und *wartime – war-time.* Trotzdem ist die Schreibung nicht irrelevant, weil sie zwar nicht notwendiges, aber häufig hinreichendes Kennzeichen eines Kompositums ist. Damit ist gemeint, dass im Englischen Bildungen, die konsistent zusammengeschrieben werden, auch entsprechend verlässlich als Komposita klassifiziert werden dürfen. Der Umkehrschluss, dass getrennt geschriebene Zusammensetzungen keine Komposita sind, stimmt freilich nicht.

Aus kognitiver Sicht gilt, dass Komposita neue konzeptuelle Gestalten darstellen, die im mentalen Lexikon ganzheitlich gespeichert sind, wohingegen syntaktische Gruppen im aktuellen Sprachgebrauch jeweils nach Bedarf aus einzelnen Konzepten zusammengefügt werden. Zwar ist dieses Kriterium theoretisch zweifellos das wichtigste, in der Praxis ist es allerdings außerordentlich schwer zu operationalisieren, nicht zuletzt weil es konkurrierende sprachliche Einheiten gibt, die ebenfalls aus mehreren Wörtern bestehen und als Gestalten gespeichert sind: Phraseologismen. Nicht nur klassische Idiome wie *bite the dust* (‚sterben‘) oder *eat humble pie* (‚klein beigeben‘) sind ziemlich sicher als Einheiten im mentalen Lexikon gespeichert, sondern auch *phrasal verbs* wie *get up, walk out* und viele andere.

Strukturell-semantisch betrachtet wurden zumindest typische Komposita dadurch charakterisiert, dass ihre Bedeutung nicht erschöpfend aus den Bedeutungen der einzelnen Konstituenten ableitbar sein darf (s. S. 121). Typische Komposita sind also lexikalisiert. Unglücklicherweise gehört aber gerade die semantische Nichtrückführbarkeit, die *Idiomatizität* (*idiomaticity*), auch zu den charakteristischen und definierenden Merkmalen von Idiomen (vgl. Carter 1987: 58 ff., Gläser 1986: 54), so dass sich dieses Kriterium für die Abgrenzung von Komposita und Phraseologismen ebenfalls als untauglich erweist. Immerhin kann das semantische Kriterium für die Abgrenzung zu syntaktischen Gruppen maßgeblich sein. Das Kompositum *dancing-girl* (‚Tänzerin‘) z. B. lässt sich von der parallelen Wortgruppe *a dancing girl* (‚ein tanzendes Mädchen‘) durch das hinzugekommene Merkmal ‚beruflich‘ unterscheiden (Hansen et al. 1990: 50).

Ein nützliches syntaktisches Kriterium kann der Ersetzungstest durch *one* sein (Quirk et al. 1985: 1332): Während sich das *head* in syntaktischen Gruppen durch diese Proform substituieren lässt (*She wants an oak table but I'd prefer a teak one*), ist dies bei Komposita nicht möglich. Der Satz **That's not an oak tree but an elm one* ist grammatikalisch nicht korrekt. Die ersten Konstituenten von syntaktischen Gruppen sind im Gegensatz zu denen von Komposita morphologisch veränderbar und modifizierbar: *A greener house* und *a very green house* können nur syntaktische Gruppen sein, aber nicht Komposita mit der Bedeutung

‚Treibhaus'. Schließlich lassen sich nur bei syntaktischen Gruppen Elemente zwischen *modifier* und *head* schieben, bei Komposita aber nicht (z. B. *a dancing and singing girl*). Wie bei vielen anderen Fällen ist bei *dancing girl* das phonologische Kriterium anwendbar. Als Spiegel der semantischen und kognitiven Einheitsbildung haben typische Komposita eine sog. *unit intonation* mit einem Hauptton auf der ersten Konstituente und einem abgeschwächten Nebenton auf der zweiten, während bei syntaktischen Gruppen die einzelnen Elemente – mit durch den Sprechrhythmus bedingten Variationen – ihre volle Betonung erhalten (Kastovsky 1982: 177). Das Kompositum 'dancing-ˌgirl lässt sich durch die für typische Komposita charakteristische Betonungsverteilung ' · ˌ · von der syntaktischen Gruppe 'dancing 'girl trennen. Freilich ist aber auch das phonologische Kriterium kein Allheilmittel. So wurde schon darauf hingewiesen, dass weniger typische Komposita wie Dvandva-Komposita den *level stress* ' · ' · aufweisen (s. S. 127). Dasselbe gilt auch für viele adjektivische Determinativkomposita (z. B. 'red-'hot; Hansen et al. 1990: 51) und selbst anerkannte N+N-Komposita. Bauer (1998b: 70–72) zeigt, dass die Betonung von N+N-Komposita weder unter befragten Muttersprachlern noch in der lexikographischen Praxis einheitlich gehandhabt wird.

Erschwerend kommt für die Analyse insbesondere von N+N-Komposita noch hinzu, dass laut Bauer keine Konvergenz zwischen den verschiedenen Kriterien zu beobachten ist (Bauer 1998b: 78–81). In der Praxis bleibt die Abgrenzung von Komposita und syntaktischen Gruppen also weiterhin eine Herausforderung für die Wortbildungsforschung, und dies wird sich auch in der Korpusstudie in Abschnitt 7.3 zeigen. Aus theoretischer Sicht scheint klar, dass wir es mit einem Kontinuum zu tun haben, das von eindeutigen Komposita bis zu eindeutigen syntaktischen Gruppen reicht.

Ein besonderer, quasi isolierbarer Typ von Komposita im Übergangsbereich zu Phrasen sind so genannte *Phrasenkomposita* (*phrase compounds* oder *compound phrases*) wie *ground-to-air (missile)* und *pen-and-paper (theories)*. Kennzeichnend für diese Bildungen ist, dass sie ganze oder leicht verkürzte syntaktische Phrasen beinhalten. Weitere Beispiele für diesen Bildungstyp aus dem BUMC neben den beiden genannten sind:

(7.10) *dusk-to-dawn (curfew)*
   one-to-one (system)
   law and order (minister)
   pen-and-paper (theories)
   hundred-and-fifty pound (job)
   not-necessarily-intuitive (transformations)
   all-out (strike)
   look-alike (sculpture)
   free-and-easiness

Aus soziopragmatischer Sicht ist festzustellen, dass nur eine relativ begrenzte Zahl institutionalisierter Lexeme dieses Typs existiert. Zu den am häufigsten verwendeten etablierten Bildungen gehören die Verwandtschaftsbezeichnungen auf *-in-law* (*father-in-law*, *daughter-in-law* etc.), Pflanzennamen wie *forget-me-not* und *love-in-the-mist*, einzelne koordinierte Fügungen wie *bread-and-butter*, *pepper-and-salt*, *milk-and-water*, *deaf-and-dumb*, *rough-and-ready* und Präpositionalphrasen wie *man-in-the-street*, *stock-in-trade* und die exozentrische Bildung *good-for-nothing* (vgl. Marchand 1969: 122 ff.). Dies darf aber nicht darüber hinwegtäuschen, dass dieser Typ der lexikalischen Kombination sich gerade in letzter Zeit in spontaner mündlicher Konversation und nicht zuletzt in den Medien, auch den Printmedien, größter Beliebtheit erfreut und von zunehmender Produktivität gekennzeichnet ist. Gerade die mehrmals in (7.10) illustrierte Möglichkeit, Phrasenkomposita als Prämodifikatoren in Nominalphrasen einzusetzen, wird anscheinend zunehmend gerne ausgenützt. Die Vorteile dieser Bildungen für die genannten Register liegen auf der Hand, erlauben sie es doch, in höchst komprimierter Form ein Maximum an semantischer Spezifität zu kodieren, die optimal an den aktuellen Kontext angepasst ist. Die Tatsache, dass der Charakter der Augenblicksbildung bei Phrasenkomposita augenfällig ist, wird – wie übrigens auch bei *nonce-formations* nach dem Muster der neoklassischen Komposita (vgl. Adams 1973: 123) – zur Kennzeichnung eines humorvollen oder ironischen Tons eingesetzt.

Weiterführende Literatur: Zur Unterscheidung zwischen Komposita und syntaktischen Phrasen: Bauer (1998b), Bauer und Huddleston (2002: 144 ff.), Plag (2003: 137 ff., 159 ff.).

7.2.2 Übergangsphänomene zu anderen Wortbildungsmustern: Synthetische Komposita und verbale Komposita

Synthetische Komposita

Synthetische Komposita (*synthetic compounds*) wurden weiter oben schon mehrfach erwähnt, unter anderem im Zusammenhang mit Problemen bei der Bestimmung der morphologischen Struktur gewisser mehrgliedriger komplexer Lexeme, die weder eindeutig als Kompositum noch als Suffigierung analysiert werden können (s. S. 97). Betroffen von diesen Analyseproblemen sind Nomina mit den morphologischen Formen N + V + *er/ing/Ø* (*breadwinner*, *shareholding*, *bloodshed*) und Adjektive mit den Formen N/Adj + V + *ing/ed* (*time consuming*, *good-looking*, *sheep-shaped*, *hand-picked*; alle Beispiele aus dem BUMC). Untersuchen wir zur Illustration der Problematik die Bildungen *hairdrier*, *breadwinner* und *horse breaker* aus dem BUMC im Hinblick auf ihre morphologische und semantische Struktur. Lässt man die Konversion des Adjektivs *dry* zum Verb *to dry* außer Acht, so lassen sich alle drei Lexeme in dieselbe morphologische Form N + V + *er* segmentieren. Für *hairdrier* bietet sich die morphologische Grundstruktur eines N+N-Kompositums mit einem komplexen *head* (N + [V + *er*]) an, also *hair* + [*dry* + *er*]. Die dazu passende semantische Struktur lässt sich mit dem Satz ‚a hairdrier is a drier that dries hair' paraphrasieren. *Breadwinner* lässt sich zwar im Hinblick auf seine morphologische Struktur noch analog zu *hairdrier* behandeln (vgl. *bread* + [*win* + *er*]), weil das Lexem *winner* existiert. Die entsprechende semantische Struktur ‚a breadwinner is a winner who wins bread' ist aber selbst dann nicht plausibel, wenn man die metaphorische Version des Relativsatzes ‚who earns money for the family' einsetzt, denn schließlich ist ein *breadwinner* kein *winner*. Bei *horse breaker* schließlich funktioniert die Analyse von *hairdrier* auf keiner der beiden Ebenen: Horse + [*break* + *er*] und ‚a horse breaker is a breaker who breaks horses' sind gleichermaßen abwegig, aus dem einfachen Grund, dass es das potenzielle Nomen **breaker* nicht gibt. Eine Analyse als Kompositum scheidet hier also definitiv aus.

Welche Alternativen stehen dann zur Verfügung? Aus semantischer Sicht bietet sich die Suffigierung als zweite Option an: So wie *writer* als ‚someone who writes (professionally)' und *driver* als ‚someone who drives (professionally)' paraphrasiert werden kann, könnten auch die drei komplexen Beispiele als ‚someone who breaks horses', ‚someone who wins bread' und ‚an instrument that dries hair' analysiert werden. Diese Paraphrasen bereiten aber bei der entsprechenden morphologischen Struktur Schwierigkeiten, denn die müsste [N + V] + *er* lauten, also z. B. [*bread* + *win*] + *er*. Eine morphologische Struktur dieses Typs setzt aber voraus, dass die komplexen Verben, die als Basen der Ableitungen fungieren würden, existieren, was jedoch nicht der Fall ist. **To hairdry*, **to breadwin* und **to horsebreak* sind keine tatsächlichen Verben des Englischen. Die Analyse als Suffigierung scheidet also ebenfalls aus.

Solange eine Nominalisierung der verbalen Konstituente existiert, wie bei *drier*, ist die Lage nicht so ernst, da man ein Kompositum ansetzen kann. *Breadwinner* ist schon problematisch, weil bei einer Analyse als Kompositum die semantische und die morphologische Ebene inkompatible Ergebnisse liefern. Hier haben wir es mit einem so genannten *bracketing paradox* zwischen semantischer und morphologischer Analyse zu tun (Carstairs-McCarthy 2002: 80). Das Lexem *horse breaker* schließlich lässt sich in die vorhandenen Kategorien Komposition und Suffigierung aber schlichtweg nicht einordnen. Gerade hierfür bietet sich die Sonderkategorie der synthetischen Komposita an. Aus konzeptueller Sicht scheint im Gegensatz zur morphologischen und semantischen Analyse kein Zweifel daran zu bestehen, dass synthetische Komposita genauso verarbeitet werden wie formal vergleichbare nichtsynthetische. Unbefangenen Sprechern des Englischen dürfte wohl nur selten auffallen, dass Lexeme wie *law-breaker* oder *watchmaker* sich nicht analog zu *ship owner* oder *busdriver* in zwei tatsächliche Lexeme zerlegen lassen, weil **breaker* und **maker* zumindest im Allgemeinwortschatz nicht existieren.[14] Wie schon zuvor bemerkt (s. S. 122, Fn. 11) dürfte dies ganz besonders für die auf *ing-* und *ed-*Formen endenden Adjektivkomposita (*awe-inspiring*, *good-looking*, *hand-picked*) gelten, da hier die Formen wegen ihrer grammatikalischen Verwendungsmöglichkeiten zumindest vertraut klingen, obwohl sie keine etablierten Lexeme sind.

Weiterführende Literatur: Marchand (1969: 15 f.), Kastovsky (1982: 179), Hansen et al. (1990: 49).

Verbale Komposita

Eine der Hauptursachen für die Schwierigkeiten bei der Analyse von synthetischen Komposita liegt darin, dass das Englische keine oder nur sehr wenige echte verbale Komposita kennt. Gäbe es Komposita vom Typ **to horsebreak* oder **to breadwin*, dann hätte man keine Probleme damit, die Bildungen *horse breaker* und *breadwinner* als regelrechte Suffigierungen zu bezeichnen. Tatsächlich sind aber verbale Komposita außerhalb der Partikelkomposita (*overlook*, *underline*, s. S. 129) wirklich eine Rarität. Marchand geht sogar so weit, kategorisch festzustellen: „Verbal composition does not exist in Present-day English" (1969: 100). Verbalkomposition habe es auch generell im Altenglischen und im Germanischen nicht gegeben, so Marchand weiter. Auch in den meisten anderen Sprachen der Welt ist das Phänomen offenbar eher selten (Gerdts 1998: 99). Marchand bezeichnet verbale Komposita (mit Ausnahme der verbalen Partikelverben) deshalb als *pseudo compounds* (Pseudokomposita). Adams (1973: 108 f.) nennt zwar Beispiele aus den Waschinstruktionen für Kleidungsstücke wie *to hand wash*, *cold rinse*, *short spin* und *warm iron* sowie Einzelformen wie *to consumertest* und *to chain-smoke*. Sie plädiert sogar unter Berufung auf Pennanen (1966) dafür, Verbalkomposition nun endlich als neues Wortbildungsmodell anzuerkennen. Trotzdem lässt Adams (2001: 100–109) auch in ihrem viel später erschienenen Buch keinen Zweifel daran, dass die überwiegende Mehrheit von Verben, die oberflächlich wie Verbalkomposita aussehen, nicht durch Komposition zustande gekommen sind, sondern entweder durch Konversion von nominalen Komposita oder durch Rückableitung von nominalen oder adjektivischen Komposita (s. Kap. 10 und 12.1).

Im BUMC sind folgende Beispiele für denominale Ableitungen zu finden: die Konversionen *to blackmail*, *to bankroll*, *to codename*, *to mastermind* und das in Kapitel 4 bereits erwähnte *to press-gang*, sowie die Rückableitungen *to ghost-*

---

[14] Dies schließt natürlich keineswegs aus, dass Formen wie *breaker* oder *maker* in spezifischen Registern wie der Werbe- oder Mediensprache gerade wegen ihrer Unkonventionalität als rhetorisches Mittel zur Erhöhung der Aufmerksamkeit verwendet werden.

write (von *ghost-writer*) und *to sunbathe* (von *sunbathing*). Andere gängige Lexeme sind *to baby-sit, to gatecrash, to tape-record, to handcuff, to wisecrack, to brainwash, to sightsee, to air-condition* (vgl. Adams 1973: 107 ff., Hansen et al. 1990: 137).

7.3 Korpusstudie II: Komposita

In diesem Abschnitt soll anhand der Daten aus dem BUMC die Verwendung von Komposita beschrieben werden. Generell werden hier nur Komposita mit zwei freien Morphemen berücksichtigt. Komposita mit mehr als zwei freien Morphemen werden in Abschnitt 11.2 zu mehrgliedrigen Komposita behandelt.

Aufgrund der geschilderten Übergangsphänomene und insbesondere der Abgrenzungsprobleme zu syntaktischen Phrasen lohnt es sich, bei dieser Untersuchung zweigleisig zu verfahren. Zum einen können alle Kombinationen von Lexemen in Betracht gezogen werden, die sich morphologisch wie etablierte Komposita zusammensetzen – unabhängig von der jeweiligen Funktion im Kontext, vom Betonungsmuster und dem jeweiligen Etablierungs-, Lexikalisierungs- und Hypostasierungsgrad, von Funktion und konzeptuellem Status. Zum anderen scheint es geraten, die Analyse auf typische Komposita im Sinne von Abschnitt 7.1.1 zu beschränken, um deren Verwendungsprofil im Korpus gesondert herauszuarbeiten. Die zweigleisige Betrachtung verspricht auch Aufschluss über die Anwendbarkeit der in 7.2.1 diskutierten Kriterien zur Abgrenzung zwischen Komposita und syntaktischen Gruppen.

Da die in 7.1.1 genannten Merkmale typischer Komposita eher theoretischer Natur sind, müssen sie erst in die Praxis umgesetzt werden. Sie werden operationalisiert, indem nur Komposita herangezogen werden, die im *Oxford advanced learner's dictionary of current English*, 5. Aufl. (OALD5), sowohl eingetragen als auch mit dem für Determinativkomposita typischen Hauptton auf der linken Konstituente angegeben sind. Von dieser – theoretisch natürlich angreifbaren – Maßnahme kann man sich insofern die Beschränkung auf typische Komposita erhoffen, als in Lernerwörterbücher Komposita in erster Linie dann eingetragen werden, wenn sie lexikalisiert und damit semantisch nicht einfach von ihren Bestandteilen ableitbar sind (Adams 2001: 14), und/oder wenn sie das für Komposita typische Betonungsmuster haben, und/oder wenn sie von den Lexikographen als weitgehend etabliert angesehen werden. Zusätzlich dürfte die Verwendungshäufigkeit noch eine Rolle spielen.

Das größere Datenset aller Komposita und kompositumähnlicher Kombinationen enthält über die typischen Komposita hinaus noch:

- Kombinationen, die vorwiegend syntaktische oder deiktische Funktion haben, nur für einen bestimmten Kontext zusammengefügt wurden und damit weder als eigenständige Konzepte hypostasiert noch im Wörterbuch eingetragen werden können,

- Kombinationen, die zwar voll etabliert, aber weitgehend transparent sind und vermutlich deshalb nicht ins OALD5 Eingang gefunden haben (z. B. *city centre, computer program, pay rise*),

- Kombinationen, die den phrasentypischen Haupton auf der zweiten Konstituente tragen (*ground floor, head teacher, home town, interest rate, world war*),

- und Kombinationen, die fachsprachlichen Charakter haben und deshalb keinen Platz in einem allgemeinsprachlichen Wörterbuch eingeräumt bekommen (z. B. *axon death, cell body, effector site, end-organ*).

Der terminologischen Einfachheit und Übersichtlichkeit halber werden im Folgenden alle fraglichen Kombinationen unabhängig von ihrem theoretischen Status als *Komposita* bezeichnet.

7.3.1 Strukturelle Perspektive

Die im BUMC belegten morphologischen Muster von Komposita sind in Tabelle 7.1 aufgelistet, unterschieden nach typischen und anderen mit den jeweiligen Häufigkeiten von *types* und *tokens* und beliebig ausgewählten Belegen. Die Tabelle zeigt, dass nominale Komposita sehr viel häufiger Verwendung finden als adjektivische: 528 Verwendungen von Nomenkomposita stehen 42 Adjektiven gegenüber. Man kann also feststellen, dass sich die Komposition in diesem Korpus im Wesentlichen als Nomen bildendes Verfahren darstellt. Dass sich dies bei größeren Datenmengen grundlegend ändern würde, halte ich trotz des kleinen Samples für unwahrscheinlich.

Tab. 7.1: Häufigkeit von Komposita im BUMC mit ausgewählten Belegen

Muster	Typische Komposita		Alle Belege	
	tokens	*types*	*tokens*	*types*
Nomina				
N+N	118	76	405	309
	air raid, beauty parlour, bedhead, boatpeople, breast stroke, coursework, land mine, prayer rug, role model, speed-boat, water bed		*air transport, bed frame, bus service, childhood games, curtain fabric, fringe show, link belt, muscle atrophy, tax form*	
Adj+N	18	12	71	50
	blackmail, Foreign Office, greenhouse, high level, high-chair, large-scale, long-stay, nervous system, right-hand, small-talk, stronghold		*antique market, Catholic Church, civil war, high treason, Paediatric Unit, sulphuric acid, Supreme Commander*	

	10	6	34	23
[V+ing]+N	*building-block, dressing gown, housing association, learning difficulties, nursing home, racing car*		*bridging inference, farming implements, housing authorities, investigating magistrates*	
V+N	6	4	6	4
	cease-fire, copyright, showroom, stopgap			
N+[V+ing]	1	1	12	12
	credit rating		*consumer spending, street fighting, theorem-proving*	
Adjektive				
N+[V+ing]	3	3	5	5
	awe-inspiring, eye-catching, time-consuming		*girl-bedding, information-carrying*	
Adj+[V+ing]	2	2	4	4
	good-looking, hard-drinking		*dumpy-looking, ever-shrinking*	
N+Adj	2	2	2	2
	accident-prone, carefree			
N+[V+ed]	0	0	19	19
			government-appointed, hand-picked, institution based	
Adv+[V+ed]	0	0	6	6
			closely-guarded, oddly-poised, sharply-defined, well-equipped	
Adj+[V+ed]	0	0	6	6
			American-supplied, dark-haired, long-forgotten, white-rendered	

Erwartungsgemäß ist das Muster N + N mit großem Abstand am häufigsten belegt. Zu zahlenmäßig nennenswertem Auftreten bringen es daneben nur die beiden nominalen Muster Adj + N (*greenhouse*) und [V + ing] + N (*building-block*). Selbst bei diesen drei Mustern sind aber nur jeweils zwischen einem Drittel und einem Viertel der Belege mit dem kompositionstypischen Betonungsmuster im OALD5 verzeichnet. Dies bedeutet, dass der weitaus überwiegende Teil des Materials aus Kombinationen besteht, die aus den verschiedenen oben genannten Gründen nicht als typische und institutionalisierte Komposita gelten können, wobei quantitativ neben fachsprachlichen Kombinationen die Bildungen mit kontext-bezogener syntaktischer Verwendung am meisten ins Gewicht fallen. Wie die Zahlen und Beispiele zeigen, sind Bildungen mit syntaktischer Funktion besonders häufig bei den Mustern N + [V + ing] (*model-making*), Adv + [V + ed] (*oddly-poised*), N + [V + ed] (*government-appointed*) und Adj + [V + ed] (*American-supplied*). Hierfür dürfte die Nähe zu den grammatisch gebildeten Formen des Gerunds (*-ing*) und der Partizipialformen auf *-ed* verantwortlich sein. Umgekehrt ist bei den Mustern V + N (*ceasefire*) und N + Adj (*accident prone*) zu beobachten, dass hier jeweils nur Belege enthalten sind, die als typische Komposita gelten können. Syntaktisch motivierte Bildungen nach diesen Mustern liegen also zumindest im untersuchten Material nicht vor, was dafür spricht, dass ihre Produktivität verloren gegangen ist bzw. geht.

Was die semantischen Strukturen der Komposita im BUMC angeht, wurde bereits erwähnt, dass mit *paperback* und *heart-throb* nur zwei Belege für Bahuvrihi-Komposita vorliegen, die auf einer metonymischen Übertragung beruhen. Komposita mit metaphorischen Komponenten sind häufiger. Hierbei ist zu unterscheiden zwischen solchen, die als Ganze eine figurative Bedeutung tragen (können), und denjenigen, bei denen nur eine Konstituente metaphorisch ist. Eine Zusammenstellung gibt Tabelle 7.2:

Tab. 7.2: Metaphorische Komposita im BUMC

Kompositum	Metaphorische Konstituente(n)	Metaphorische Bedeutung (adaptiert aus OALD5)
backbone	ganzes Kompositum	*the most important part of a system, an organization etc.*
blackmail	ganzes Kompositum	*the crime of demanding money from a person by threatening to tell sb else a secret about them*
bullshit	ganzes Kompositum	*nonsense*
cold war	ganzes Kompositum	*a very unfriendly situation between two countries who are not actually fighting each other, usually used about the situation between the US and the Soviet Union after the Second World War*
honeymoon	ganzes Kompositum	*a holiday/vacation taken by a couple who have just got married*
stopgap	ganzes Kompositum	*something that you use or do for a short time while you are looking for something better*
time bomb	ganzes Kompositum	*a situation that is likely to cause serious problems in the future*
bridging inference	Mod	*inference that fills a gap between two pieces of information*
headmaster	Mod	*a teacher who is in charge of a school, especially a private school*
headteacher	Mod	*a teacher who is in charge of a school*
heartland	Mod	*the central part of a country or area*
pony-tail	Mod	*a bunch of hair tied at the back of the head so that it hangs like a horse's tail*

small-talk	Mod	*polite conversation about ordinary or unimportant subjects, especially at social occasions*
bedhead	H	*the part of the bed which is at the end, behind the person sleeping in it*
night owl	H	*a person who enjoys staying up late at night*

Die metaphorische Motivation der meisten dieser Komposita dürfte transparent sein. Dass z. B. der Kopf in *headmaster* und *headteacher* für den Teil einer Organisation steht, der die Kontrolle und Verantwortung hat, leuchtet unmittelbar ein. *Blackmail* geht auf eine alte Bedeutung des Wortes *mail*, ‚rent, tribute', zurück (OED), so dass historisch betrachtet eigentlich nur der *modifier* metaphorisch gebraucht ist. Zu *honeymoon* sagt das OED mit ironischem Unterton, die Bedeutung beruhe auf einem Vergleich zwischen einer Liebesbeziehung und dem wechselnden Mond „which is no sooner full than it begins to wane". Samuel Johnson dagegen verstand die Konstituente *moon* wörtlich und bezog *honeymoon* auf den ersten, ‚honigsüßen' Monat nach der Hochzeit.

7.3.2 Soziopragmatische Perspektive

Aus der soziopragmatischen Perspektive ist neben dem Grad der Etablierung und der Funktion, über die schon einiges gesagt wurde, insbesondere die Verteilung der Komposita auf die fünf Register des BUMC interessant. Diese Auswertung findet sich in Tabelle 7.3, wobei zusätzlich zur Gesamtbetrachtung aller Komposita die Verteilung des häufigsten Typs der N+N-Komposita gesondert aufgeführt ist.

Tab. 7.3: Häufigkeit von Komposita im BUMC nach Register

	Gespräch	Brief	Fiktion	Reportage	Fachtext
Typische Komposita					
Alle Muster	16,88 %	13,13 %	28,75 %	25,00 %	16,25 %
N + N	16,95 %	16,10 %	33,05 %	27,12 %	6,78 %
Alle Belege					
Alle Muster	9,84 %	11,78 %	14,59 %	34,62 %	29,17 %
N + N	10,37 %	11,85 %	15,31 %	31,11 %	31,36 %

Die Tabelle zeigt, dass Komposita in den verschiedenen Registern unterschiedlich häufig eingesetzt werden. Grundsätzlich kommen sie im Gespräch und persönlichen Brief seltener vor als in den formaleren bzw. abstrakteren Registern. Die genaue Verteilung hängt aber davon ab, ob man sich auf typische Komposita beschränkt oder alle fraglichen Kombinationen in Betracht zieht. Hierbei ist eine Zweiteilung der Register zu beobachten. Bei den weniger förmlichen Registern Gespräch, Brief und Fiktion ist der Anteil typischer Komposita jeweils höher als der aller Belege. Bei den Presse- und Fachtexten ist dies umgekehrt.

Im Einzelnen tragen die Fachtexte einen relativ kleinen Anteil zum Aufkommen der typischen Komposita bei, wohingegen bei der Zählung aller Belege ein viel größerer Anteil auf die Fachtexte entfällt, insbesondere bei N + N. Dies liegt daran, dass die Komposition grundsätzlich schon ein Muster mit hoher Relevanz für Fachtexte ist, andererseits aber die fachspezifischen Komposita bei den typischen Komposita nicht gezählt wurden, weil sie nicht ausreichend institutionalisiert sind. Umgekehrt leisten die narrativen Texte der Kategorie Fiktion zwar den größten Beitrag zu den etablierten Komposita, aber einen vergleichsweise geringen zu den anderen. Die auch der Verkürzung dienenden syntaktisch motivierten Komposita finden dagegen häufiger in Pressetexten und auch im wissenschaftlichen Fachtext Anwendung.

7.4   Kognitive Funktionen von Komposita

Komposita bestehen aus mindestens zwei freien lexikalischen Morphemen bzw. Lexemen. Geht man von der plausiblen Annahme aus, dass Lexeme für relativ autonome konzeptuelle Einheiten stehen, so lässt sich daraus bereits die wichtigste kognitive Funktion des Wortbildungsmusters Komposition ableiten: die Konzept verknüpfende Funktion. Ein Kompositum wie *barman* z. B. verknüpft die Konzepte MAN und BAR, so dass ein neues Konzept mit dem Inhalt ,a man who serves drinks in a bar' (LDOCE4) entsteht. Während die Beobachtung der Konzeptverknüpfung an sich einen Anflug von Trivialität hat, kommt dem zweiten Teil des letzten Satzes eine ganz entscheidende Bedeutung zu: Soweit es sich nicht um eine syntaktisch motivierte Bildung handelt, steht das durch die Verknüpfung entstandene neue Lexem für ein eigenständiges Konzept, das in seiner konzeptuellen Struktur nicht einfach der Kombination seiner Teile entspricht. Komposita sind nicht nur einfach lexikalisiert, sondern sie scheinen geradezu die Funktion zu haben, als neues Konzept hypostasiert zu werden (vgl. Ungerer 2002: 557 ff.). Im Gegensatz zu syntaktischen Gruppen (s. S. 132) sind Komposita morphologische und konzeptuelle Einheiten, die als Ganze im mentalen Lexikon gespeichert und bei der Sprachverarbeitung abgerufen und verwendet werden. Interessanterweise stellt schon Koziol (1937: 46 f.) in seinem *Handbuch* fest, dass das Entscheidende an einem Kompositum die psychologische Einheit einer Kombination sei. Aufgrund der schwierigen Operationalisierbarkeit wird dieses Kriterium nicht zuletzt auch von Marchand (1969: 20) rigoros vom Tisch gefegt, kommt aber im Zuge der Kognitivierung der Sprachbetrachtung jetzt wieder zu neuen Ehren.

Nicht nur wegen der Verknüpfung zweier oder mehrerer Konzepte in einem Lexem, sondern auch wegen der hinzukommenden semantischen Spezifikationen haben Komposita einen informationsverdichtenden Effekt – der Aspekt des Bedienens ist z. B. weder in *man* noch in *bar* angelegt. Ein hohes Maß spezifischer Information wird mit relativ wenig morphologischem Material kodiert. Wie in 5.3.3 bereits bemerkt, lässt sich die informationsverdichtende Wirkung gleichermaßen bei Komposita mit syntaktischer Funktion und solchen mit lexikalischer Funktion ausnützen. Für Komposita mit syntaktischer Funktion ist aber kennzeichnend, dass sie nur für ein temporär und kontextabhängig konstruiertes ‚Einweg'-Konzept stehen, das nicht zur Wiederverwendung im mentalen Lexikon gespeichert wird. Die große Zahl von Komposita im BUMC, die zumindest gemäß der Operationalisierung mit dem OALD5 nicht voll im Allgemeinwortschatz etabliert sind, deutet darauf hin, dass Sprecher diese Einwegkonzepte für außerordentlich nützlich halten.

Gewissermaßen die Kehrseite der informationsverdichtenden Funktion ist die Profilierungsfunktion. Gerade weil wenig morphologisches Material viel Information kodiert, bringen Komposita eine selektive Hervorhebung (*Profilierung*) einzelner Aspekte der konzeptualisierten Szene mit sich. Dass ein Barkeeper zwar Getränke in Gläser füllt und mixt, aber keine Speisen zubereitet, dass er eher hinter der Bar steht als davor, und dass er in der Regel auch für das Kassieren von an der Theke konsumierten Getränken zuständig ist – all diese Aspekte der Szene werden durch das Kompositum *barman* in den Hintergrund gerückt.

In diesem Zusammenhang ist auch der Befund der Korpusstudie relevant, dass Komposita mit der Struktur N + N mit großem Abstand am häufigsten verwendet werden. Bei diesen Nomina wird aufgrund des fehlenden Verbs die semantische Beziehung zwischen den beiden Konstituenten nicht profiliert, d. h. sie bleibt unspezifiziert. Bei N+N-Komposita, die man zum ersten Mal antrifft, wird die Beziehung unter Berücksichtigung des Kontexts und der Erfahrung aus dem Umgang mit bekannten Komposita erschlossen (vgl. Ryder 1994). Die hohe Frequenz des Musters, insbesondere auch bei nicht etablierten Komposita, spricht allerdings dafür, dass diese Minderspezifikation kein Mangel, sondern eher ein Vorteil ist. Offenbar bietet die konzeptuelle Offenheit des Musters N + N einen guten Kompromiss zwischen der Verdichtung von Information einerseits und der Spezifizität der Kodierung auf der anderen Seite. Die potenzielle Vagheit und Mehrdeutigkeit wird mit Blick auf den geringen Produktionsaufwand in Kauf genommen.

7.5   Zusammenfassung

Zunächst möchte ich aus der strukturellen Perspektive das Spektrum der Formen und Bedeutungen inventarisieren. Im Hinblick auf ihre interne semantische Struktur lassen sich drei Grundtypen von Komposita unterscheiden: Determinativkomposita, exozentrische bzw. Bahuvrihi-Komposita und Kopulativ- bzw. Dvandva-Komposita.

- Determinativkomposita haben eine echte *modifier-head*-Struktur, d. h. die erste Konstituente spezifiziert die zweite Komponente, und das Kompositum ist ein Hyponym des *head*, soweit keine Bedeutungsübertragung im Spiel ist.
- Exozentrische Komposita bezeichnen meist Personen, seltener auch Objekte oder Pflanzen, indem stellvertretend auffällige oder typische Eigenschaften profiliert werden. Die Beziehung zwischen den Eigenschaften und dem Referenten lässt sich als Metonymie auffassen.
- Kopulativkomposita verbinden zwei Lexeme auf gleicher Ebene. Ihre Konstituenten wären deshalb prinzipiell austauschbar, aber sie sind häufig in einer bestimmten Reihenfolge institutionalisiert.

Was die morphologischen Strukturen von Komposita angeht, so ist zuerst hervorzuheben, dass echte verbale Komposita mit Ausnahme von Partikelkomposita (z. B. *underline*) äußerst selten sind. Die meisten oberflächlich als verbale Komposita erscheinenden Lexeme werden durch Konversion oder Rückableitung von adjektivischen oder nominalen Komposita gebildet (*to baby-sit*).

Die wichtigsten Modelle nominaler Komposita sind (nach ihrer Vorkommenshäufigkeit angeordnet):

- N + N (*barman*)
- Adj + N (*high-chair*)
- [V + ing] + N (*building-block*)
- V + N (*copyright*)
- N + [V + ing] (*street fighting*)

Von den adjektivischen Modellen treten am häufigsten auf:

- N + [V + ing] (*eye-catching*)
- Adj + [V + ing] (*good-looking*)
- N + [V + ed] (*earmarked*)
- Adj + [V + ed] (*dark-haired*)

Eine Reihe dieser Muster – insbesondere N + V + *ing* und N/Adj + V + *ing/ed* – bildet synthetische Komposita, die im Übergangsbereich zwischen typischen

Komposita und Suffigierungen anzusiedeln sind, weil sich ihre morphologischen Strukturen weder als Komposita noch als Suffigierungen segmentieren lassen. Bahuvrihi-Komposita werden in der Regel nach den Mustern Adj + N (*redskin*) und N + N (*egghead*) gebildet, und Dvandva-Komposita nach den Mustern N + N (*actor-manager*) und Adj + Adj (*bitter-sweet*).

Als Sonderformen der Komposition bzw. Übergangsphänomene zu benachbarten Wortbildungsmustern wurden behandelt:

- Nominale, adjektivische und verbale Komposita mit Partikel als erster Komponente, die streng genommen grammatikalische und nicht lexikalische Morpheme sind (*afternoon, overlook, inbuilt*).
- Neoklassische Komposita, die sich aus einer oder zwei *combining forms* zusammensetzen, und damit nicht aus freien Morphemen, sondern morphemähnlichen Komponenten bestehen (*archeological, biochemical*).
- Phrasenkomposita, die zwar aus freien lexikalischen Morphemen bestehen, aber häufig auch grammatikalische Morpheme beinhalten und nur in begrenztem Maß nach Wortbildungsmodellen gebildet werden (*dusk-to-dawn curfew*).

Phonologische Aspekte der Komposition wurden im Zusammenhang mit der Unterscheidung zwischen Determinativ- und Kopulativkomposita sowie auch zur Abgrenzung der Komposita von syntaktischen Gruppen und Phraseologismen berücksichtigt. Typische Determinativkomposita werden als eine Betonungseinheit mit einem Hauptton auf dem *modifier* und einem Nebenton auf dem *head* ausgesprochen ('*dust* ˌ*pan*, '*racing* ˌ*car*). Die Korpusstudie hat aber gezeigt, dass nur knapp ein Drittel der Komposita im BUMC diesem Muster folgt. Kopulativkomposita weisen in der Regel *level stress* ('*bitter*-'*sweet*) auf, und syntaktische Gruppen und Phraseologismen tragen ebenfalls Haupttöne auf allen lexikalischen Konstituenten (*a* '*black* '*board* vs. '*black*ˌ*board*, ‚Tafel').

Aus der kognitiven Perspektive lassen sich der Komposition zusammenfassend die Funktionen der Konzeptverknüpfung, Konzeptbildung, Informationsverdichtung und Profilierung zuschreiben. Typische Komposita zeichnen sich dadurch aus, dass sie als eigenständige Konzepte hypostasiert und im mentalen Lexikon gespeichert sind.

Die soziopragmatische Sicht ergibt, dass hinsichtlich ihres Etablierungsgrads ein breites Spektrum von Komposita bzw. kompositumähnlichen Bildungen existiert, das von verdunkelten Komposita (s. S. 80) bis zu syntaktischen Phrasen reicht, die nach dem Muster von Komposita aufgebaut sind. Vorlieben für bestimmte Muster sind in unterschiedlichen Registern beobachtet worden, z. B. für Phrasenkomposita in der Pressesprache und für nicht etablierte N+N-Komposita in den Fachtexten. Generell zeichnen sich die informelleren Register der spontanen Konversation, des persönlichen Briefs und der fiktionalen Texte dadurch aus, dass der relative Anteil typischer und etablierter Komposita größer ist als der aller Belege.

Weiterführende Literatur: Zur Komposition: Olsen (2000). Zu Abgrenzungsproblemen zwischen Komposition und Ableitung: ten Hacken (2000).

8. Präfigierung

8.1 Typische Präfigierungen, Abweichungen und Übergangsphänomene

8.1.1 Typische Präfigierungen

Typische Präfigierungen sind Kombinationen aus freien lexikalischen Morphemen (*Basen*) und vorangestellten gebundenen lexikalischen Morphemen (*Präfixen*), die reihenbildend an definierbaren Typen von Basen wirksam sind. Wie bei Komposita ist auch bei Präfigierungen die typische semantische Relation zwischen dem Präfix und der Basis die der Determination und Modifikation. Die Wortart des *head* bestimmt bei allen typischen Präfigierungen auch die Wortart des komplexen Lexems. Präfigierungen sind also in der Regel Wortklassen erhaltende Wortbildungsverfahren (für Abweichungen von dieser Regel s. Abschnitt 8.1.3).

Das Betonungsmuster von Präfigierungen kann je nach lautlicher und syntaktischer Umgebung und Sprechrhythmus variieren und sogar von einzelnen Präfixen abhängen. Bei typischen Präfigierungen ist meist eine Doppelbetonung zu beobachten, wobei der Hauptton auf der betonten Silbe der Basis liegt und das Präfix einen Nebenton trägt. Abweichungen von dieser Tendenz werden unten bei den jeweiligen Präfixen besprochen.

In semantischer Hinsicht lassen sich durch einen Vergleich mit selbstständigen Lexemen, die ähnliche Bedeutungen wie Präfixe ausdrücken, drei Typen von Präfixen unterscheiden (Marchand 1969: 134, Hansen et al. 1990: 67): 1. Präfixe mit adjektivischer Wirkung kommen mit nominalen Basen vor und sind im Hinblick auf ihren Bedeutungsgehalt mit prämodifizierenden Adjektiven in Nominalphrasen vergleichbar: *Ex-minister* z. B. entspricht *former minister*. 2. Präfixe mit adverbialer Wirkung treten an adjektivische oder verbale Basen heran (*rebuild* ‚build again‘, *unable* ‚not able‘). 3. Präfixe können semantisch Präpositionen mit lokativer oder temporaler Bedeutung entsprechen: *extracellular* ‚outside the cell‘, *pre-existing* ‚existing before a certain time‘. Der dritte Typ von Präfixen ist häufig an der Bildung von nicht typischen synthetischen und Pseudopräfigierungen beteiligt, die im nächsten Abschnitt eingehender besprochen werden.

Im Gegensatz zu Komposita, wo für typische Vertreter ein mittlerer Lexikalisierungsgrad angesetzt wurde, sind typische Präfigierungen wenig lexikalisiert, da semantische und formale, insbesondere phonologische Lexikalisierungsprozesse schneller zum Verlust der Transparenz führen. Aus historischer Sicht ist anzumerken, dass formal noch analysierbare, aber schon deutlich lexikalisierte

Bildungen häufig schon als komplexe Lexeme aus dem Lateinischen oder Französischen entlehnt wurden. Bei der Erläuterung einzelner Modelle der Präfigierung in 8.1.3 und 8.2 wird auf die Grade der Lexikalisierung wieder Bezug genommen werden.

8.1.2 Synthetische Präfigierungen und Pseudopräfigierungen

In Analogie zur Komposition lassen sich zwei Klassen von nicht typischen Präfigierungen isolieren, die im Hinblick auf ihre morphologische Struktur auffällig sind.

Synthetische Präfigierungen zeichnen sich dadurch aus, dass sie morphologisch nicht unmittelbar als Präfigierungen analysierbar sind, da ihre Basen keine existierenden Lexeme des Englischen sind. Aus demselben Grund scheidet auch die Analyse als Suffigierung aus. Daraus resultiert, dass keine zufrieden stellende binäre morphologische Analyse möglich ist. Das Adjektiv *undoubted* und das abgeleitete Adverb *undoubtedly* z. B. lassen sich weder als Präfigierungen auf die Basis **doubted* noch als Suffigierungen auf die Basis **to undoubt* zurückführen. Wie bei den synthetischen Komposita muss hier ein potenzielles, aber nicht tatsächlich existierendes Lexem als an der Bildung beteiligtes Element postuliert werden. Die größere Plausibilität der semantischen Analyse von *undoubted* als Präfigierung ‚not doubted‘ spricht eindeutig für die Behandlung als Sonderform der Präfigierung – ganz zu schweigen davon, dass das Verb **to undoubt* aufgrund semantischer Restriktionen nicht einmal als potenzielles englisches Lexem im Sinne der Diskussion in Abschnitt 6.2 gelten kann, da sich das Verb *doubt* als nichtkonklusives Verb nicht als Basis für das Verb bildende Präfix *un-* eignet.

Von den synthetischen Präfigierungen abzugrenzen sind so genannte *Pseudopräfigierungen* (*pseudo-prefixations*). Als ein Beispiel hierfür kann das deonymische, d. h. von einem Namen abgeleitete, Adjektiv *post-Freudian* in der Nominalphrase *the post-Freudian reader* (ICE-GB W2a-002) dienen. Aus rein morphologischer Sicht ist hier gegen die Segmentierung *post* + [*Freud* + *ian*] nichts einzuwenden, da das Adjektiv *Freudian* existiert. Problematisch ist aber, dass diese morphologische Analyse nicht mit der semantischen in Einklang zu bringen ist, denn das Präfix, das temporale präpositionale Wirkung hat, bezieht sich nicht auf die ganze Basis *Freudian*, sondern lediglich auf das Substantiv *Freud*. *Post-Freudian* bedeutet ‚existing after Freud‘ und nicht ‚after Freudian‘. Wie bei synthetischen Komposita ist hier also eine Unvereinbarkeit zwischen den jeweils plausibelsten semantischen und morphologischen Analysen festzustellen. Bildungen dieses Typs, die in einer Reihe formaler Varianten auftreten, werden im Folgenden als Präfigierungen behandelt, weil sie bei Abwägung der verschiedenen Aspekte diesem Muster doch am nächsten stehen. Bei der Diskussion einzelner Präfixe im nächsten Abschnitt und in 8.2 wird jeweils auf synthetische und Pseudopräfigierungen hingewiesen.

8.1.3 Wortklassen verändernde Präfixe

Es gibt eine kleine Anzahl von Präfixen, bei deren Auftreten die Wortart der Basis nicht stabil bleibt: *a-* (*asleep*), *be-* (*beloved*), *en-* (*encourage*), und bestimmte Modelle von *de-* (*declassified*), *dis-* (*displace*) und *un-* (*unsaddle*). Der Sachverhalt muss zunächst einmal so umständlich wie im letzten Satz formuliert werden, da er theoretisch in unterschiedlicher Weise eingeordnet werden kann. Quirk et al. bezeichnen die Präfixe *a-*, *be-* und *en-* als „conversion prefixes" (1985: 1546) und weisen darauf hin, dass sie insofern Suffixen ähneln, als sie einen Wortklassenwechsel bewirken. Adams (2001: 22 ff.) behandelt die Präfixe *de-*, *dis-* und „native *un-*", offenbar ohne sich in Rechtfertigungszwang zu sehen, zusammen mit denominalen Verben, die mit Suffixen wie *-ize*, *-ify* und *-ate* gebildet werden. Bauer (1983) unterscheidet schlicht zwischen „class-changing" und „class-maintaining prefixes", kommentiert aber den grundlegenden funktionalen Unterschied nicht weiter. Demgegenüber richten Marchand (1969: 134 f.) und Hansen et al. (1990: 70) ihr Augenmerk auf den Wortklassenwechsel und argumentieren, dass dieser nicht durch das Präfix, sondern durch ein Nullmorphem ausgelöst werde. Im BUMC sind die folgenden Modelle Wortklassen verändernder Präfixe belegt:

a- (/ə/): Dieses Präfix, das aus einer altenglischen Präposition hervorgegangen ist, muss vom homographen, aber nicht homophonen Präfix *a-* (/eɪ/ oder /æ/) wie in *amoral* unterschieden werden. Es bildet Adjektive und Adverbien aus Basen, die häufig als Nomina und Verben auftreten, sowie Adverbien aus adjektivischen Basen. Beispiele des ersten Typs sind *ahead*, *alight*, *alike*, *alive*, *ashamed*, *aside*, *asleep*, *awake*, Beispiele des zweiten *aloud* und *around*. Laut Bauer war das Präfix zumindest Anfang der 80er Jahre des letzten Jahrhunderts noch in begrenztem Umfang produktiv (1983: 217).

be-: Dieses Präfix bildet Verben aus verbalen, adjektivischen und nominalen Basen. Die wenigen Beispiele aus dem BUMC sind *beloved*, *bespectacled* und *bestow*, wobei Letzteres zwar noch analysierbar, aber hochgradig lexikalisiert ist. Die beiden anderen Beispiele illustrieren den häufigsten Typ von Bildungen mit *be-*, nämlich denominale Adjektive auf *-ed*. Viele Verben nach diesem Modell kommen nur in dieser Partizipialform vor. Sowohl institutionalisierte als auch Neubildungen nach diesem kaum noch produktiven Modell haben laut Quirk et al. (1985: 1546) einen abwertenden oder ironischen Unterton.

***de-*, *dis-* und *un-* (mit privativer oder ablativer Bedeutung):** Diese drei Präfixe kommen in verschiedenen Funktionen vor und wirken nicht in allen Verwendungen Wortklassen verändernd. Wir werden ihnen also in Abschnitt 8.2 noch einmal begegnen. Die hier relevanten Wortklassen verändernden Verwendungen der drei Präfixe lassen sich semantisch recht gut eingrenzen, denn sie realisieren entweder privative oder ablative Bedeutungen. *Privativ* bedeutet „to remove the base noun's referent from something", *ablativ* „to remove an entity from the base noun's referent" (Adams 2001: 23).

Beispiele für privative Verben im BUMC sind *descale*, *deform*, *discourage* (‚to remove N from something'); das einzige ablative Verb ist *displace* (‚to remove something from N'). Darüber hinaus ist noch die privative synthetische Präfigierung *dishearten* (‚to take away someone's heart/courage') belegt. Bildungen dieses Typs mit *un-* liegen im BUMC nicht vor; Adams nennt die Beispiele *uncork*, *unmask*, *unburden* (privativ) und *uncage*, *unearth*, *unhinge* (ablativ). Das genannte Verb *descale* (‚entkalken') ist insofern interessant, als auch die vom Nomen per Konversion abgeleitete, nicht präfigierte Form des Verbs (*to scale* ‚(einen Fisch) abschuppen') eine privative Bedeutung hat.

***en-*:** Dieses Präfix bildet Verben aus verbalen, adjektivischen und nominalen Basen. Es tritt in den formalen Varianten *en-* und *em-* (vor bilabial anlautenden Basen, d. h. /b/ oder /p/; s. S. 155 zur Allomorphie von *in-* zu mehr Details bezüglich der formalen Variation). Denominale Belege im BUMC sind: *embed* und *engorge* mit der lokativen Bedeutung ‚put something in N', und *empower*, *encourage* und *entitled* mit der Bedeutung ‚provide someone or something with N'. Deadjektivische Belege mit der Bedeutung ‚make something Adj' sind *enable* und *enlarge*. *Enclose* ist der einzige deverbale Beleg mit intensivierender Bedeutung. Zu *engorge* ist anzumerken, dass es bereits als Präfigierung entlehnt wurde. Es ist aber noch transparenter als die ebenfalls präfigiert entlehnten Lexeme *embrace* und *enchanted*, die zwar analysierbar aber verdunkelt sind.

8.1.4 Präfixe und verwandte Elemente

Wie nicht anders zu erwarten, ist auch die Kategorie ‚Präfix' nicht wasserdicht definierbar. Unklare Grenzen und damit Abgrenzungsprobleme bei der Beschreibung treten vor allem im Hinblick auf die Partikel in Partikelkomposita und *initial combining forms* (ICFs) in neoklassischen Komposita auf. Obgleich die Partikel *out*, *over* und *under* in Komposita semantische bzw. grammatikalische Funktionen erfüllen, die denen von Präfixen sehr ähnlich sind, ist letztendlich die morphologische Autonomie dieser Elemente als freie Morpheme dafür maßgeblich, dass die entsprechenden Bildungen in die Kategorie der Komposita eingeordnet wurden.

Schwieriger ist die Abgrenzung zwischen manchen *initial combining forms* und Präfixen, weil beide *per definitionem* gebundene Elemente sind. Wie schmal und durchlässig die Linie zwischen diesen beiden Kategorien ist, zeigen schon die vielen Beispiele divergenter Klassifizierungen in der Literatur. Die Form *hyper-* z. B. wird von Bauer (1983: 215) als *combining form* klassifiziert, weil sie zusammen mit *final combining forms* auftreten kann (vgl. *hypertrophy*); *super-* dagegen ist trotz der Synonymie zu *hyper-* laut Bauer als Präfix zu betrachten, weil es eben gerade nicht mit *final combining forms*, sondern nur mit freien lexikalischen Morphemen vorkommt. Hansen et al. (1990) andererseits listen sowohl *hyper-* als auch *super-* unter den Präfixen auf, obwohl sie unter einer eigenen Rubrik „Bildungen mit präfixartigen Wortbildungselementen" (1990: 86 ff.) *combining forms* bzw. „Präfixoide" wie *mini-* behandeln. Letzteres wird umgekehrt von Bauer als Präfix eingestuft.

Welche Kriterien können als Entscheidungshilfen bei konkreten Abgrenzungsproblemen helfen? Besonders wichtig, weil vergleichsweise objektiv, sind sicher distributionelle Überlegungen hinsichtlich der Freiheit und Kombinierbarkeit fraglicher Elemente, wie sie von Bauer im Fall von *super-* und *hyper-* angestellt werden. Auch bei *para-* ist das schlagende Argument für eine Behandlung als *combining form* die Tatsache, dass es nicht nur mit freien Morphemen wie in dem Beleg *paramilitary* im BUMC, sondern auch mit *final combining forms* (wie in *paragraph*) angetroffen werden kann. Berücksichtigt werden muss auch, dass die Ansprüche an Präfixe im Hinblick auf ihre Produktivität sowie Anwendbarkeit und Reihenbildung bei vergleichbaren Basen höher sind als die an *combining forms*, welche bei der Bildung von Lexemen weniger regelartig und vorhersehbar funktionieren. *Potenzielle Lexeme* im Sinne von Abschnitt 6.2 sind zwar natürlich mit Präfixen, kaum aber mit *combining forms* vorstellbar. Demgegenüber sind semantische Kriterien wie Spezifität der Bedeutung und Komplexität des zugrunde liegenden Konzepts sowie sprachgeschichtliche Kriterien wie der grammatikalische Status eines Elements in der Gebersprache vergleichsweise unzuverlässig.

Eine ultimative Entscheidung lassen aber auch diese Kriterien nicht zu – und zwar deshalb, weil es sich schlichtweg um Grenzphänomene handelt. Nur am Rande sei erwähnt, dass die Postulierung einer eigenen Zwischenkategorie von *Halbpräfixen* oder *Präfixoiden* wie bei Hansen et al. (1990: 86) die eigentlichen Kategorisierungsprobleme nur verfeinert, aber letztlich nicht löst. Bezeichnenderweise wird auch in der zweiten Auflage der bekanntesten Abhandlung zur deutschen Wortbildungslehre von Fleischer und Barz (1995) die früher einmal eingeführte Zwischenkategorie *Affixoid* wieder aufgegeben und durch eine exakte Beschreibung von Kernbereich und Peripherie der Kategorie *Affix* ersetzt (Fleischer und Barz 1995: 27–29).

8.2   Korpusstudie III: Überblick über Muster der Präfigierung

Nach der Klärung der wichtigsten Grundprobleme können wir uns jetzt der Beschreibung der im BUMC erhobenen Daten zuwenden. Dabei werden jeweils einzelne Muster zum Anlass genommen, weitere grundsätzliche Aspekte wie beispielsweise die Allomorphie von Präfixen, die Bedeutung der Betonung und Grade der Lexikalisierung von Präfigierungen zu thematisieren. Ansonsten werden sich die Bemerkungen zu den einzelnen Modellen auf das Wesentliche beschränken. Detailliertere Angaben sind in den differenzierten Darstellungen von Marchand (1969: Kap. III) und Hansen et al. (1990: Kap. 2.3.3) zu finden, denen im Folgenden auch die Angaben zu den semantischen Typen der Präfigierungen verpflichtet sind.

Insgesamt sind von den ca. 41.000 Wörtern des BUMC 291 Präfigierungen, wobei 231 verschiedene Typen vorkommen. Die Zahl von Lexemen, die nur einmal auftreten, ist also relativ hoch, was aber angesichts des sehr begrenzten Umfangs des Korpus nicht verwundern darf. Im Durchschnitt kommt damit in diesem Korpus etwa alle 125 Wörter eine Präfigierung vor.

Interessanter als die Gesamthäufigkeit von Präfigierungen ist für die soziopragmatische Perspektive ihre Verteilung auf die fünf verschiedenen Register. Diese ist in Tabelle 8.1 dargestellt, wobei jeweils die Gesamtzahl aller *tokens* bzw. *types* als Bezugsgröße dient:

Tab. 8.1:   Verteilung der Präfigierungen in den Registern des BUMC

	Gespräch	**Brief**	**Fiktion**	**Reportage**	**Fachtext**
tokens	4,81 %	9,28 %	19,24 %	23,37 %	43,30 %
types	6,06 %	10,39 %	23,81 %	21,65 %	38,10 %

Die Tabelle deutet eine klare Korrelation zwischen der Formalität der Register und dem typischen Grad der inhaltlichen Abstraktheit einerseits und der Vorkommenshäufigkeit von Präfigierungen andererseits an. Trotz des vergleichbaren Umfangs der fünf Teilkorpora (jeweils ca. 8000 Wörter) verdoppelt sich die Häufigkeit von Präfigierungen jeweils bei den persönlichen Briefen im Vergleich zum Gespräch – ein Unterschied auf der Dimension des Mediums und der Form, aber nicht des Inhalts – und bei den fiktiven Texten im Vergleich zum Brief. Mit Abstand am höchsten ist der Anteil an Präfigierungen in der förmlichsten und abstraktesten Textsorte des wissenschaftlichen Fachtexts. Hier ist durchschnittlich etwa jedes sechzigste Wort eine Präfigierung. Dies bestätigt deutlich die Einschätzung vieler Autoren, dass die Produkte bestimmter Modelle der Präfigierung besonders häufig in Fachsprachen verwendet werden (vgl. z. B. Adams 2001: 41).

Die folgende Darstellung der Korpusbefunde ist onomasiologisch nach den wichtigsten semantischen Gruppen von Präfixen gegliedert. Semantische und funktionale Ähnlichkeiten kommen so besser zur Geltung als in einer rein additiv organisierten Darstellung der Präfixe, beispielsweise in alphabetischer Reihenfolge. Beispiele für Präfigierungen, die als Basen von Ableitungen auftreten (z. B. *interactive* von *interact*), werden, soweit nicht anders vermerkt, jeweils in der nicht erweiterten Form zitiert, wenn diese existiert und es sich deshalb nicht um eine synthetische Präfigierung handelt.

8.2.1 Negative, reversative und privative Präfixe

Die Präfixe *de-*, *dis-*, *in-* und *un-* markieren verschiedene Varianten der Verneinung (*negativ*) oder Umkehrung (*reversativ*) des von der Basis Ausgedrückten bzw. die bereits skizzierte privative Bedeutung des Wegnehmens.

de-: Das Präfix *de-* bildet die schon erwähnten privativen und ablativen Verben und die hier relevanten reversativen deverbalen Verben. Die einzigen Belege für diesen Typ sind die beiden Nominalisierungen *depolarisation* und *denervation*.

dis-: Auch das Präfix *dis-* kommt neben den oben erläuterten Verwendungen in Adjektiven, Nomina und Verben mit negativer oder reversativer Bedeutung vor.

Belege mit negativer Bedeutung (‚not Adj‘, ‚lack/absence of N‘, ‚not V‘):

Adjektive:	*disabled, disquieting, dissatisfied*
Verben:	*dislike*
Nomina:	*disadvantage, disuse*

Belege mit reversativer Bedeutung (‚reverse the action of V/N‘):

Verben:	*disappear, disclaim, discover, disguise*
Nomina:	*disorganisation*

Ein weiteres analysierbares, aber hochgradig lexikalisiertes Lexem, das diesem Modell entspricht, ist *disappoint*. Auch *discover* und *disappear* sind lexikalisiert, dabei aber semantisch noch durchsichtiger als *disappoint*. Alle drei sind schon in präfigierter Form bzw. nach dem Vorbild eines französischen Wortes entlehnt worden. Da die Betonung des Präfixes *dis-* auch bei weniger lexikalisierten Bildungen nicht konsistent ist und von der Anzahl und Prominenz der folgenden Silben abhängt, kann sie hier (etwa im Vergleich zu *re-*, s. S. 158) nur begrenzt zur Bestimmung des Lexikalisierungsgrades dienen.

in-: Dieses Präfix kommt mit negierender Wirkung in Adjektiven und Substantiven vor. Die Belege im BUMC sind allesamt Adjektive oder deadjektivische Nominalisierungen oder Adverbien. Aufgrund seiner vielen formalen Varianten eignet es sich gut zur Illustration der Allomorphie von Präfixen.

Belege: *illegal, impassive, impatient, impersonal, implausible, impossible, inactive, inadequate, inappropriate, incomplete, incorrect, independent, indirect, indiscriminate, indistinguishable, inessential, infinite, infirm, inflexible, informal, irrational, irresponsible, irreversible.*

Wie die Belege zeigen, tritt das Präfix *in-* in den formalen Varianten *il- (illegal)*, *im- (impatient)*, *in- (inactive)* und *ir- (irreversible)* auf. Die Wahl des Allomorphs hängt vom Anlaut der Basis ab: *il-* erscheint vor /l/, *im-* vor den bilabialen Lauten /b/ und /p/, *ir-* vor /r/. Es handelt sich hier also um einen Fall von regressiver Assimilation (*regressive assimilation*), d. h. von rückwirkender Angleichung benachbarter Laute. Das Vorbild für dieses Phänomen lieferten Lehnwörter aus dem Lateinischen und Französischen, die schon in assimilierter Form übernommen wurden (Hansen et al. 1990: 71).

non-: Dieses auch in Augenblicksbildungen produktive Präfix drückt einen kontradiktorischen Kontrast aus; d. h. es bezeichnet nicht wie z. B. *in-* oder *un-* das Ende einer gradierbaren Skala (vgl. *rather impatient, very impatient*), sondern einen binären Gegensatz (**rather non-violent*, *very non-violent). Das Präfix ist mit Nomina, Adjektiven und Adverbien kombinierbar und wird in der Regel mit Bindestrich geschrieben.

Belege: *non-algorithmic, non-dream (images), non-violent.*

Auch das Nomen *nonsense* wurde ursprünglich nach diesem Modell gebildet. Seinen hohen Lexikalisierungsgrad beweisen die Schreibung ohne Bindestrich und der Haupton auf dem (ehemaligen) Präfix bei gleichzeitiger Reduzierung des Vokals des (ehemaligen) Stamms (vgl. OALD5: /ˈnɒnsns/ s. v. *nonsense*).

un-: Mit 80 *tokens* und 53 *types* in allen fünf Teilkorpora ist das Präfix *un-* mit Abstand das am häufigsten verwendete Präfix im BUMC. Es ist auch hochgradig produktiv. Im Gegensatz zu *in-* tritt *un-* nicht in verschiedenen formalen Varianten auf. Dies ist darauf zurückzuführen, dass es sich dabei um ein Präfix germanischen Ursprungs handelt, das keine assimilierten Vorbilder hat.

Die ablativen und privativen Verwendungen dieses Präfixes wurden wie bei *de-* und *dis-* schon behandelt (s. S. 151). Hinzu kommen Adjektive und Nomina mit negativer Bedeutung und Verben mit reversativer Bedeutung. Die einzigen beiden Belege von Nomina sind *unreality* und *unrest*. Alle anderen Nomina sind deverbale oder deadjektivische Nominalisierungen. Auch der Typ der reversativen Verben ist nur zweimal belegt, und zwar durch *undo* und *unscramble* (,dekodieren, einen Code knacken').

Adjektivische Belege: *unable, unacceptable, unaided, unappreciative, uncanny, uncertain, unchanged, uncomfortable, uncommon, uncompromising, unconscious, unconventional, undecided, undeserved, undisturbed, undoubtedly, unduly, undusted, unedifying, uneven, unfavourable, unforgiving, unformulable, unfortunate, unhappy, uninsulated, uninterested, unjust, unknowable, unknown, unlikely, unmade, unnecessary, unprecedented, unreasonable, unruly, unsafe, unsigned, unstable, unsubstantial, unsuspected, untidy, untroubled, unusual, unwarranted, unwashed, unwelcome.*

Eine Reihe der Belege sind synthetische Präfigierungen: *unchanged, undecided, undoubtedly, unformulable, unknowable, unknown, unmade.*

Ein weiteres Präfix dieses Typs, das nicht im BUMC belegt ist, ist das lateinische Präfix *a-* (/eɪ/ oder /æ/) wie in *amoral, asymmetric* oder *asexual.*

8.2.2 Lokative Präfixe

Mit den denominalen Verben *embed* und *engorge* wurden bereits Beispiele für Präfigierungen mit lokativer Bedeutung erwähnt, die allerdings zum Sonderbereich der Wortklassen verändernden Präfixe gehören. Wortklassen erhaltende Präfixe mit lokativer, d. h. räumlicher, Bedeutung sind *co-, extra-, inter-, intra-, sub-* und *trans-*. Die Präfixe dieses Typs haben in der Regel Bedeutungen, die denen lokativer Präpositionen vergleichbar sind.

***co-*:** Von Quirk et al. (1985: 1542) wird dieses Präfix nicht als lokatives, sondern als Grad anzeigendes Präfix mit der Bedeutung ,joint(ly)', ,on equal footing' behandelt. Da seine grundlegende Bedeutung häufig sehr gut mit den eher lokativen Konzepten ,joint' oder schlicht ,together' paraphrasiert werden kann, wird das Präfix hier unter den lokativen Präfixen eingereiht. Das Präfix tritt in Nomina, Verben und Adjektiven auf.

Belege: *co-accused, coexist, co-operate, co-ordinate, co-write.*

Die Verben *co-operate* und *co-ordinate* sind bereits präfigiert aus dem Lateinischen entlehnt und semantisch deutlicher lexikalisiert als die anderen Belege. Auch phonologisch heben sie sich von den anderen Belegen dadurch ab, dass das Präfix keinen Nebenton trägt.

***extra-*:** Die Bedeutung dieses Präfixes ist ,outside' bzw. ,beyond'. Es tritt häufig in denominalen Adjektiven auf, wobei sich das Präfix semantisch auf die nominale Basis bezieht. Einziger analysierbarer Beleg dieses Modells ist das pseudopräfigierte Adjektiv *extra-cellular* ,located outside the cell'. Daneben ist noch das hochgradig lexikalisierte Adjektiv *extraordinary* belegt, das schon im Lateinischen und Französischen existierte. Der zweite Vokal des Präfixes ist hier bereits mit dem Anlaut der Basis lautlich verschmolzen bzw. wird ausgelassen, vgl. /ɪkˈstrɔːdənərɪ/.

inter-: Dieses Präfix mit den Bedeutungen ,between', ,among', ,reciprocally' ist produktiv bei der Bildung von Nomina, Adjektiven und Verben. Es kann neben der lokativen auch eine temporale Bedeutung ausdrücken.

Belege: *interact, interchange, interface, international, interview.*

Nomina mit einsilbigen Basen, wie z. B. *interchange, interface* und *interview*, tragen den Hauptton auf dem Präfix.

intra-: Der einzige Beleg für dieses vergleichsweise selten anzutreffende Präfix im BUMC ist die Pseudopräfigierung *intracellular* ,located inside the cell'.

sub-: Wie *intra-* ist auch das Präfix *sub-* am ehesten in fachsprachlichen, insbesondere wissenschaftlichen Texten anzutreffen. Mit der Grundbedeutung ,below' drückt es häufig ein Unterordnungsverhältnis aus. Das Präfix kommt in Nomina, Adjektiven und Verben vor.

Belege: *subdivide, sub-editor, subordinate, subsequent.*

Entsprechungen zu *subordinate* und *subsequent* existierten bereits im Lateinischen und Französischen.

trans-: Dieses Präfix mit der Bedeutung ,across' tritt vorwiegend in denominalen Adjektiven und in Verben auf, wie z. B. *transatlantic, trans-Siberian*; *transplant, transship* (Quirk et al. 1985: 1544). Im BUMC ist das hochgradig lexikalisierte entlehnte Lexem *transport* belegt, das in seiner nominalen Verwendung wie im Lateinischen auf dem Präfix betont ist. Als Verb wird das zweite belegte Lexem, *transform*, dagegen auf der Basis betont, obwohl es ebenfalls entlehnt ist.

8.2.3 Temporale Präfixe

Temporale Präfixe drücken einen relativen Zeitpunkt oder eine zeitliche Reihenfolge aus. Dieser Kategorie lassen sich die Elemente *ex-*, *post-*, *pre-* und *re-* zuordnen, die alle – ebenso wie die lokativen Präfixe – lateinischer Herkunft sind, sowie das germanische Präfix *fore-*.

ex-: Dieses Präfix kommt zusammen mit Personen bzw. häufig Rollen bezeichnenden Substantiven vor und drückt die Bedeutung ‚former' aus. Die Belege der beiden Lexeme *ex-Minister* und *ex-Nazis* (zweimal) stammen alle aus den Zeitungsreportagen im BUMC.

fore-: Dieses Präfix kann auch in lokativer Bedeutung auftreten. Der einzige Beleg im BUMC ist das Nomen *forepleasure*, eine Hybridbildung, in der das germanische Präfix mit einem französischen Lehnwort kombiniert wird.

post-: Dieses Präfix mit der Bedeutung ‚after' produziert suffigierte Adjektive und Substantive, die syntaktisch jeweils häufig als Prämodifikatoren in Nominalphrasen auftreten. Beide können als Pseudopräfigierungen betrachtet werden.

Belege: *post-Freudian (readers), postinjury (peripheral innervation density), post-war (traumas), post-1948*.

pre-: Das semantische Gegenstück zu *post-* ist diesem im Hinblick auf seine Anwendbarkeit überlegen. *Pre-* (‚before') ist sowohl in Nomina und Adjektiven als auch, wenn auch in geringerem Maß, in Verben produktiv. Die einzigen Belege im BUMC sind das Verb *pre-exist* und das in prämodifizierender Funktion gebrauchte Nomen *pre-war*.

re-: Dieses Präfix ist sehr viel häufiger anzutreffen als die vorangegangen, sowohl in semantisch transparenten Bildungen (z. B. *rebuild, reconnect*) als auch in solchen, die nur (noch) morphologisch auf das Modell hinweisen, semantisch aber verdunkelt sind (z. B. *recover, repair*). Es kommt vorwiegend in Verben vom Typ ‚accomplishment' vor und drückt die Wiederholung einer Handlung aus. Seltener tritt es in Nomina auf.

Der Übergang zwischen voll analysierbaren und mehr oder weniger verdunkelten Bildungen nach diesem Modell ist fließend. Neben der Bedeutung dienen Schreibung, Betonung und Vokalqualität des Präfixes als Anhaltspunkte für den Grad der Lexikalisierung. Klar auf der Seite der analysierbaren Fälle stehen Lexeme, die mit Bindestrich geschrieben werden und im Präfix einen Nebenton sowie einen langen, nicht reduzierten Vokal /i:/ haben (*re-educate, re-establish, re-train*). Was die Schreibung angeht, so ist auffällig, dass der Bindestrich besonders häufig bei Basen verwendet wird, die mit dem Buchstaben <e> beginnen, was nicht mit dem Lexikalisierungsgrad in Zusammenhang steht. Das extreme Gegenstück sind semantisch demotivierte Bildungen, die keinen Nebenton und den Vokal /e/ im Präfix haben, also z. B. *recommend* und *represent*. Als etwas weniger lexikalisiert einzuordnen sind Verben ohne Nebenton mit dem Vokal – je nach verwendeter IPA-Variante – /ɪ/ bzw. /i/. Beispiele für diesen Typ sind *recover, remove, repair, research, resolve, restore, return* und *review*, von denen die meisten – wie auch *recommend* und *represent* – bereits präfigiert entlehnt wurden. *Reappear*, *react*, *relax*, *remind*, *renew* und *replace* sind Verben, die semantisch zwar noch mehr oder weniger dekomponierbar sind, aber ebenfalls den reduzierten Vokal /ɪ/ im Präfix aufweisen.

Interessanterweise führt die Existenz der lexikalisierten Verben nicht zu einer Blockierung der entsprechenden Präfigierungen; als Signal für ihre nicht lexikalisierte Bedeutung werden analysierbare Präfigierungen durch die Betonung und oft auch Schreibung markiert; vgl. *recover* /rɪˈkʌvə/ ‚get better‘ vs. *re-cover* /ˌriː ˈkʌvə/ ‚cover again‘, *recall* /rɪˈkɒl/ ‚remember‘ vs. *re-call* /ˌriː ˈkɒl/ ‚call back, again‘, *represent* /ˌreprɪˈzent/ ‚speak for‘ vs. *re-present* /ˌriː prɪˈzent/ ‚present again‘. In die Zählung der Vorkommensfälle von Präfigierungen im Korpus gingen nur die folgenden analysierbaren Präfigierungen ein.

Belege: *reappear*, *rebuild*, *re-train*, *recombine*, *reconnect*, *re-educate*, *re-establish*, *re-explore*, *re-extend*, *refinance*, *reincarnate*, *reinnervate*, *renarrate*, *reopen*, *repackage*, *repost*, *reproduce*, *resettlement*, *restructure*, *reunite*.

8.2.4 Grad anzeigende Präfixe

Die einzigen beiden klaren Fälle Grad anzeigender Präfixe mit Belegen im BUMC sind *mini-* ‚little‘ und *ultra-* ‚extreme, beyond‘. *Mini-* kommt in dem interessanten Lexem *mini-sub* ‚Mini-U-Boot‘ vor, einer Kürzung von *mini-submarine*. *Ultra-* ist in den beiden Adjektiven *ultra-right* und *ultrastructural* belegt. Letzteres ist eine Suffigierung des Nomens *ultrastructure*, das über die analysierbare Paraphrase ‚beyond the structure‘ hinaus in der Bedeutung ‚pertaining to biological material that is visible only under greater magnification than can be obtained with optical microscopy‘ (OED, s. v. *ultrastructure*) lexikalisiert ist.

Weitere Präfixe dieses semantischen Typs, die im BUMC nicht belegt sind, sind *arch-* und *super-*. Soweit man sie als Präfixe behandeln will, gehören auch die drei Elemente *out*, *over* und *under* mit den Bedeutungen ‚surpassing‘, ‚excessive‘ bzw. ‚too little‘ hierher (vgl. S. 129). Beispiele mit diesen Bedeutungen sind *over-crowding*, *over-obviously* und *underperformance*. Auf dem Weg, produktive Präfixe dieses Typs zu werden, scheinen gerade *combining forms* wie *mega-* und *nano-* (‚on a molecular scale‘, vgl. *nanostructure*, *nanocrystal*, *nanotechnology*) zu sein (vgl. ODNW, s. v. *mega-*, *nano-*).

8.2.5 Zahlenpräfixe

Die Präfixe *bi-* ‚two‘, *mono-* ‚one‘, *multi-* und *poly-*, beide mit der Bedeutung ‚many‘, *semi-* ‚half‘ und *tri-* ‚three‘ drücken numerische Konzepte aus. Sie sind vorwiegend in Nomina und – auch als Pseudopräfigierungen – in denominalen Adjektiven in wissenschaftlichen Fachtexten anzutreffen.

Belege:
bi-: *bidirectional, bicycle*
mono-: *monosyllabic*
multi-: *multi-layered, multi-tribal*
poly-: *polytechnic*
semi-: *semi-detached, semi-official*
tri-: *trilaminar* ‚consisting of three thin sheets'

Bicycle ist phonologisch lexikalisiert, vgl. die Betonung auf dem Präfix /'baɪsɪkᵊl/. Die Nomina *polytechnic* und *semi-detached* sind Kürzungen von *polytechnic institution* (OED, s. v. *polytechnic* 2) bzw. *semi-detached house*.

Weitere Präfixe dieses Typs: *di-* ‚two', *demi-* ‚half' und *uni-* ‚one'.

8.2.6 Einstellungsanzeigende Präfixe

Klare Fälle von Präfixen, die Einstellungen und Meinungen ausdrücken, sind die antonymen Präfixe *anti-* ‚against' und *pro-* ‚for' bzw. ‚on the side of'. Die anderen beiden belegten Präfixe dieses Typs, *mis-* und *mal-*, werden von Quirk et al. (1985: 1541) zusammen mit *pseudo-* (*pseudo-intellectual*) als pejorative, d. h. abwertende, Präfixe behandelt. Die Unterscheidung ist insofern gerechtfertigt, als *anti-* und *pro-* eine Einstellung im Bezug auf die Basis denotieren (vgl. *anti-communist* ‚being against communism'), während *mis-* und *mal-* die Einschätzung des Sprechers wiedergibt (*mislead* ‚lead wrongly'). Der Kürze der Darstellung halber werden an dieser Stelle alle vier aber trotzdem unter der Rubrik *einstellungsanzeigend* zusammengefasst.

Anti- und *pro-* treten beide am häufigsten in adjektivischen Pseudopräfigierungen und in Nomina auf; *mis-* und *mal-* kommen in Verben und Nomina vor.

Belege:
anti-: *Antarctic, anti-climax, anti-communist, anti-establishment, anti-Syrian*
pro-: *pro-Communist, pro-Israeli, pro-Palestinian, pro-Syrian*
mal-: *malnutrition*
mis-: *mislead, mistrust, misunderstand*

Die beiden Belege *Antarctic* und *anti-climax* sind keine typischen Beispiele für die Bedeutung ‚against'; sie lassen sich besser mit ‚opposed to' paraphrasieren, bei *Antarctic* sogar mit eher räumlicher als attitudinaler Bedeutung. Das Nomen und Verb *mistake* ist phonologisch (kein Nebenton auf dem Präfix, Reduzierung des Vokals im Präfix zu /ə/ möglich) und semantisch (‚do the wrong thing' statt ‚take wrongly') hochgradig lexikalisiert.

Weitere einstellungsanzeigende Präfixe sind *contra-* (*contradistinction*, *contrafactual*) und *counter-* (*counterattack*, *counter-revolution*).

8.2.7 Zusammenfassung

Bevor aus den empirischen Beobachtungen Schlüsse im Hinblick auf die kognitiven Funktionen der Präfigierung gezogen werden sollen, lohnt es sich, die wichtigsten Befunde noch einmal kurz zusammenzufassen.

Die weit überwiegende Zahl der hier besprochenen Präfixe ist lateinischer oder griechischer Herkunft. Germanischen Ursprungs sind lediglich die Wortklassen verändernden Präfixe *a-*, *be-*, *en-* und reversatives *un-* (*unscramble*) sowie *fore-*. Das adjektivische und nominale negative *un-* (*uncertain*) teilt mit Altgriechisch *a-* bzw. *an-*, Lateinisch *in-* und Deutsch *un-* eine gemeinsame indogermanische Wurzel und hat deshalb den Charakter eines einheimischen Präfixes. Die Herkunft der Präfixe ist in mehrerlei Hinsicht auch für die synchrone Beschreibung relevant, z. B. für die Erklärung, warum sich die lautliche Assimilation bei *in-* auch in der Schreibung niederschlägt, bei *un-* aber nicht (s. S. 155). Sie ist auch für die Bewertung des Bildungsmusters Präfigierung auf der pragmatischen Ebene der Verwendung von Bedeutung, weil die Dominanz von Präfixen klassischer Herkunft mit der Förmlichkeit und Abstraktheit von Textsorten und Registern in Zusammenhang gebracht werden kann. Obgleich manche Präfixe klassischer Herkunft auch mit germanischen Basen auftreten können (z. B. *pre-*, *post-*, *re-*, *un-*), sind präfigierte Lexeme rein statistisch betrachtet häufiger Latinismen als einheimische Wörter, und deshalb eher in formalen Kontexten und Texten mit abstraktem Inhalt anzutreffen. Viele der hier behandelten Bildungen sind eindeutig dem Register wissenschaftlicher Fachtext zuzuordnen, etwa die mit lokativen Präfixen und Zahlenpräfixen; andere sind typisch für Pressetexte (z. B. *anti-*, *pre-*, *pro-*, *post-*). Besonders häufig im alltäglichen *common core* des englischen Wortschatzes anzutreffen sind vor allem die negativen Präfigierungen mit *un-* und hochgradig lexikalisierte Bildungen mit verschiedenen Präfixen (z. B. *de-*, *dis-*, *pro-* und *re-*), die in bereits präfigierter Form entlehnt wurden und im Englischen nur noch morphologisch analysierbar, aber phonologisch verändert und semantisch demotiviert sind.

Was die Vorkommenshäufigkeit einzelner semantischer Klassen der Präfigierungsmodelle angeht, so führen negative Adjektive mit *un-* die Rangliste an, gefolgt von negativen Adjektiven mit *in-* und temporalen Verben mit *re-*. Alle anderen semantischen Typen kommen im Korpus in vergleichsweise geringer Anzahl vor. Generell ist ein numerisches Überwiegen adjektivischer Bildungen zu verzeichnen, wobei man hinzufügen muss, dass viele präfigierte Adjektive auch als suffigierte Nominalisierungen institutionalisiert sind. Konkrete Nomina, belebte und insbesondere nichtbelebte, sind unter den Präfigierungen sehr viel seltener anzutreffen als abstrakte. Präfigierte Verben sind mit reversativer (*de-*, *dis-*), lokativer (*co-*, *inter-*, *sub-*, *trans-*) und temporaler Bedeutung (*re-*) zu finden, aber insgesamt weniger häufig. Als Basen präfigierter Verben können fast ausschließlich durative und konklusive Verben des Typs *accomplishment* (Quirk et al. 1985: 208) dienen, d. h. solche, die zu einem Ziel und Abschluss führende Vorgänge bezeichnen (vgl. Adams 2001: 43). Eine Ausnahme sind stative Verben mit dem negativen Präfix *dis-* (z. B. *disbelieve*, *disagree*).

8.3 Kognitive Funktionen der Präfigierung

In Abschnitt 6.1 wurde der Komposition die kognitive Grundfunktion der Konzeptverknüpfung mit dem Fernziel der Schaffung eines neuen eigenständigen Konzepts zugeschrieben. Aus strukturell-lexikalischer Sicht ist dieser Prozess als Lexikalisierung zu beschreiben. Präfigierungen können zwar ebenfalls lexikalisiert sein, es ist aber unwahrscheinlich, dass ihre Bildung vorwiegend diesem Ziel dient, weil die typischsten Präfigierungen ja gerade nicht lexikalisiert sind. Welche kognitive Funktion (s. S. 104) steht aber dann hinter der Existenz von Präfigierungen? Welchen spezifischen Nutzen ziehen Sprecher und – im übertragenen Sinne – die englische Sprache aus der Existenz dieses Wortbildungsmusters?

Von den im letzten Abschnitt beschriebenen Modellen und ihren Vorkommenshäufigkeiten lässt sich eine Grundfunktion der Präfigierung ableiten, die konzeptuell tiefer gründet als die einzelnen semantischen Varianten: Die Profilierung eines Kontrastes, also des Konzepts ‚anders als X'. Dieses Konzept beruht auf der grundlegenden kognitiven Fähigkeit des Wahrnehmens und Erkennens von Unterschieden, kurz auf dem Vergleich (vgl. Langacker 1987a: 101 ff.). Dass Vergleichen und Wahrnehmen von Kontrasten tatsächlich zentrale Aspekte unseres kognitiven Systems sind, zeigt sich vielleicht am deutlichsten in der bewussten und unbewussten Aufmerksamkeitslenkung, einer anderen kognitiven Fähigkeit. Schon Säuglinge richten ihre Aufmerksamkeit unwillkürlich auf Zustandsveränderungen, d. h. auf Situationen und Handlungen, die ‚anders sind' als zuvor: Sprechen nach Ruhe, Bewegung nach Stillstand, Berührung nach körperlicher Ferne. Situationen und Sachverhalte, die ‚anders' sind als zuvor oder ‚anders', als wir sie erwartet hätten, erregen unsere Aufmerksamkeit leichter als unveränderte oder hochgradig erwartbare Situationen. Präfigierungen, so lautet meine Behauptung hier, haben die Funktion, Kontraste lexikalisch zu kodieren, die prinzipiell auch mit grammatischen Mitteln ausgedrückt werden können (vgl.

die adjektivischen, adverbialen und präpositionalen Paraphrasen von Präfixen in 8.1.1).

Dass Präfigierungen tatsächlich einen Kontrast ausdrücken, ist natürlich am deutlichsten an den negativen Präfixen zu erkennen, die bezeichnenderweise auch am häufigsten im untersuchten Korpus auftreten. Die Grundbedeutung der beiden häufigsten Präfixe *un-* und *in-* ist schlicht ‚not X‘, wobei nicht nur binäre (*even – uneven number*), sondern auch Kontraste auf einer Skala ausgedrückt werden (*happy – unhappy*), die besser als ‚other than X‘ paraphrasiert werden (vgl. Mettinger 1994: 21 ff.). Der dritthäufigste Präfigierungstyp im Korpus, temporales *re-*, lässt sich ebenfalls als Kontrast auffassen. Hier ist signifikant, dass als verbale Basen fast ausschließlich Verben vom Typ *accomplishment* auftreten. Definitionsgemäß ist Teil der Bedeutung dieser Verben die Erwartung, dass die bezeichnete Handlung zum Abschluss gebracht wird bzw. worden ist, vgl. z. B. *build, connect, open, unite*. Genau dieser Erwartung widerspricht die vom Präfix *re-* ausgedrückte Bedeutung ‚again‘: Wenn etwas vollbracht ist, warum muss es dann noch einmal gemacht werden? *Rebuild, reconnect, reopen* und *reunite* können also paraphrasiert werden als ‚in contrast to what might be expected, someone builds/connects etc. again‘. Eine vergleichbare Erwartungshaltung lässt sich auch für die reversativen verbalen Präfixe *de-* (*depolarize*) und *dis-* (*disappear*) postulieren: ‚although something is/has already been polarized/appeared, the process is reversed‘.

Diejenigen Präfixe, die nicht explizit eine Opposition oder einen Kontrast ausdrücken, lassen sich vier grundlegenden konzeptuellen Kategorien zuordnen: RAUM (lokative Präfixe), ZEIT (temporale Präfixe), QUANTITÄT (Grad anzeigende und Zahlenpräfixe) sowie EINSTELLUNG, wobei Letzteres im Hinblick auf seinen konzeptuellen Status sicher nicht mit den ersten drei vergleichbar ist. Diese Kategorien sind kognitiv von so großer Bedeutung, dass sie alle auch durch geschlossene Klassen und grammatische Kategorien kodiert werden: RAUM durch Präpositionen und das System der Deixis, ZEIT ebenfalls durch Präpositionen und das Tempus der Verben, QUANTITÄT durch das Numerussystem (Singular, Plural) und EINSTELLUNG durch die Modalverben. Auch für diese vier Bereiche kann man plausibel machen, dass das Konzept ‚anders als‘ im Spiel ist. Bei den lokativen und temporalen Präfixen dienen die Basen als Referenzpunkte für räumliche oder zeitliche Spezifikationen: *Pre-war* entspricht ‚not during or after but before the war‘, *sub-editor* ‚not editor but operating below‘, *extra-cellular* ‚not inside but outside the cell‘. Der Eindruck, dass es auch hier um Kontraste geht, wird verstärkt durch die semantischen Oppositionen zwischen den einzelnen Präfixen: *extra-* vs. *intra-*, *intra-* vs. *inter-*, *sub-* vs. *super-*, *pre-* vs. *post-*. Oppositionen dieser Art sind auch bei den einstellungsanzeigenden Präfixen maßgeblich für die Erzeugung des Kontrastes verantwortlich: *Pro-Palestinian* steht *anti-Palestinian* gegenüber, und den anderen beiden Präfixen dieses Typs *contra-* und *counter-* ist das kontrastive Moment semantisch inhärent. Grad anzeigende Präfixe wie *ul-*

tra-, *sub-* und *super-* schließlich haben die Bedeutungen ‚more than' und ‚less than', die ebenfalls bereits den Vergleich und Kontrast zu einer nicht spezifizierten, aber vom Sprecher implizierten Norm enthalten: *Ultra-right* bedeutet ‚excessively right from my point of view'.

Signifikant für die Behauptung, die Präfigierung diene in erster Linie der Profilierung eines Kontrastes, sind auch modellspezifische Produktivitätslücken und die beobachteten Vorkommenshäufigkeiten. Darauf, dass präfigierte Verben als Basen praktisch nur *accomplishment*-Verben verwenden, ist bereits hingewiesen worden. Zu stativen Verben (*unlive, *unsit) und nichtkonklusiven durativen Verben (*unsleep, *unrain, *unplay) können genau deshalb keine Präfigierungen gebildet werden, weil sie keine ‚natürlichen' Kontraste haben. Nomina, die konkrete Gegenstände bezeichnen, taugen aus demselben Grund nicht als Basen für Präfigierungen, denn nahe liegende Oppositionen existieren für sie nicht. Nicht zufällig stammt der größte Anteil von Antonymen (*good – bad*, *high – low*, *poor – rich* etc.) und anderen Typen der Opposition unter den Simplizia aus der Wortklasse der Adjektive – die, wie wir gesehen haben, auch bei der Präfigierung am produktivsten zu sein scheinen. Adjektive haben typischerweise eine eindimensionale konzeptuelle Struktur, die sich für das Aufstellen von Kontrasten sehr gut eignet. Die konzeptuellen Strukturen von konkreten Nomina sind komplexer; Gegenüberstellungen bieten sich hier kaum an. Deshalb fällt es uns leicht, auf die Frage zu antworten ‚Was ist das Gegenteil von *groß*?', zur Frage ‚Was ist das Gegenteil von *Baum*?' fällt uns dagegen wenig Sinnvolles ein. Dasselbe gilt für Personen bezeichnende Nomina, die ebenfalls selten als Basen in Präfigierungen auftauchen. Soweit sich Kontraste aufdrängen, wie z. B. bei geschlechtsspezifischen Lexemen, sind die Antonyme bereits als Simplizia institutionalisiert (vgl. *man – woman*, *boy – girl*, *father – mother*) oder werden interessanterweise mittels Suffigierung kodiert (vgl. *waiter – waitress*, *actor – actress*). Das bedeutet, dass der Kontrast hier zur konzeptuellen Reprofilierung als andersartiges Konzept führt (vgl. Abschnitt 8.4 zu den kognitiven Funktionen der Suffigierung).

Schließlich lässt sich auch die typische phonologische Struktur von Präfigierungen als Argument für die Kontrasttheorie ins Feld führen. Es wurde mehrfach darauf hingewiesen, dass sich hochgradig lexikalisierte Lexeme, die den Charakter von Präfigierungen verloren haben bzw. im Englischen (weil sie entlehnt wurden) nie hatten, durch den Verlust bzw. das Fehlen des Nebentons auf dem Präfix auszeichnen. Ein Nebenton ist bei lexikalisierten Bildungen deshalb nicht (mehr) nötig, weil mit fortschreitender Lexikalisierung auch der durch das Präfix profilierte Kontrast verloren geht. Bei den besprochenen Dubletten vom Typ *recover* /rɪˈkʌvə/ ‚get better' vs. *re-cover* /ˌriːˈkʌvə/ ‚cover again' wird besonders deutlich, dass der Nebenton bei der nicht lexikalisierten Präfigierung auf den Kontrast hinweist.

Worin liegt aber der kognitive Gewinn der Präfigierung, wenn doch – wie bereits bemerkt – derselbe Kontrast auch durch eine adjektivische, adverbiale oder präpositionale Formulierung ausgedrückt werden kann? Wie unterscheiden sich jeweils *pre-war* und *before the war*, *unhappy* und *not happy*, *re-educate* und *educate again* sowie *ex-minister* und *former minister* voneinander? Wie oben schon angedeutet, spielt natürlich die potenzielle syntaktische Vereinfachung eine Rolle, insbesondere bei Fällen wie *pre-war*, die häufig in modifizierender Funktion auftreten (vgl. *the pre-war years* vs. *the years before the war*). Dies ist aber nicht der entscheidende Unterschied. Wichtiger ist die Tatsache, dass ein Sachverhalt in ein Konzept gegossen wird, dass ein Begriff hypostasiert wird und dieser im mentalen Lexikon gespeichert werden kann. *The pre-war years* ist mehr als nur *the years before the war*: Der Ausdruck bezeichnet nicht nur den Zeitraum an sich, sondern sagt etwas über die Spezifik dieser Jahre aus, im Sinne von ‚die Vorkriegsjahre, wir wissen alle, wie sie waren'. *Unhappy* ist nicht einfach nur *not happy*, was ja streng genommen auch ‚neither happy nor sad' bedeuten könnte, sondern ‚the opposite of *happy*'. Während die syntaktischen Gruppen bei der Verarbeitung jeweils neu zusammengefügt und entsprechend ihrer Struktur interpretiert werden müssen, brauchen die Präfigierungen nur vom mentalen Lexikon, wo sie gespeichert sind, abgerufen zu werden. Die Präfigierungen implizieren deshalb ein sanftes ‚du weißt schon, was ich meine und was wir beide damit verbinden'. Präfigierungen mögen im Vergleich zu Komposita typischerweise weniger lexikalisiert sein, sie sind aber genauso als Wörter institutionalisiert und als Konzepte hypostasiert. Anders als oberflächlich synonyme syntaktische Konstruktionen haben sie eine eigene konzeptuelle Substanz und Plastizität und können eine Vielzahl von Assoziationen hervorrufen (s. S. 83 zur Hypostasierung und Begriffsbildung).

Weiterführende Literatur: Zum Präfix *un-*: Mettinger (1994), Plag (2003: 30 ff.).

9. Suffigierung

Rein morphologisch-formal betrachtet ist die Suffigierung – oder auch *Suffixableitung* – das Spiegelbild der Präfigierung: An das Ende einer Basis, die mindestens aus einem freien lexikalischen Morphem besteht, tritt ein gebundenes lexikalisches Morphem heran, wie z. B. in *enjoyable*, *weakness* oder *slowly*. Das gebundene Suffix entscheidet als *head* über die Wortklasse der ganzen Ableitung. Da beim weit überwiegenden Anteil der Suffigierungen das Suffix einen Wechsel der Wortklasse bewirkt, wird dieser Prozess aus strukturell-grammatischer Sicht als zentrale Funktion des Wortbildungsmusters der Suffigierung angesehen.

9.1 Typische Suffigierungen, Abweichungen und Übergangsphänomene

9.1.1 Typische Suffigierungen

Typische Suffigierungen zeichnen sich dadurch aus, dass die Basis den Suffigierungsprozess ohne Änderungen an ihrer phonologischen und morphologischen Form übersteht. Typische Suffixe wie *-able* oder *-er* sind hochgradig reihenbildend, d. h. sie können an eine Vielzahl grammatisch und semantisch ähnlicher Basen angefügt werden. Der Grad der Lexikalisierung typischer Suffigierungen liegt insgesamt wohl noch niedriger als der von Präfigierungen.

Abweichungen von den prototypischen Fällen der Suffigierung sind in mehrerlei Hinsicht zu beobachten: Es können morphologische und/oder phonologische Veränderungen an der Basis auftreten (s. Abschnitt 9.1.2); anstelle von freien Morphemen können gebundene Elemente als Basen fungieren (9.1.3); und schließlich kann der Suffixstatus der angefügten Elemente zweifelhaft im Hinblick auf das Kriterium der Reihenbildung sein (9.1.4).

9.1.2 Stammallomorphie und morphonologische Variation

Bei einem beträchtlichen Anteil der englischen Suffigierungen geht die Basis nicht unverändert in die Suffigierung ein, sondern tritt in einer phonologisch und/oder morphologisch anderen Form auf. Zur Benennung dieses Phänomens bietet sich unter anderem der Begriff des *Allomorphs* an, den wir aus der Flexionsmorphologie zur Bezeichnung formaler Varianten kennen (s. S. 58 ff.). Basen wie *irony*, die in Suffigierungen (vgl. *ironical*) ihr Betonungsmuster und die Qualität der Vokale ändern, werden entsprechend als *Stammallomorphe* bezeichnet. Das bedeutet, dass das Stammmorphem {irony} in den beiden Varianten /ˈaɪərənɪ/ (in *irony*) und /aɪˈrɒnɪ/ (in *ironical*) anzutreffen ist. Wie in Abschnitt 3.1.2 bereits erwähnt, wird die Schnittstelle zwischen der Morphologie und der Phonologie, die sich mit derartigen Phänomenen befasst, *Morphophonemik* (*morphophonemics*) oder *Mor(pho)phonologie* (*mor(pho)phonology*) genannt. Stammallomorphe werden deshalb auch als *morphonologische Alternanten* (*morphonological alternants*) bezeichnet. Ziel dieses Abschnittes ist, die wichtigsten Typen morphonologischer Variation zu erörtern.

In der Liste in (9.1) sind zunächst Belege aus dem Korpus zusammengestellt, die die geringste Veränderung von Basen illustrieren, und zwar die Assimilation des auslautenden Konsonanten der Basis an den Anlaut des Suffixes:

(9.1)
commit	→	*commission*
exclude	→	*exclusive*
express	→	*expression*
relate	→	*relation*
use	→	*usual*

In den meisten Fällen sind auslautende Plosive (/p, t, k, b, d, g/) von dieser Form der Assimilation betroffen, die häufig zu einer Palatalisierung zu /ʃ/ oder /ʒ/ führt. Auslöser für die Lautveränderungen sind die Anlaute /i/ oder /j/ von Suffixen wie *-ion*, *-ive* oder *-ial* bzw. *-ual*.

In vielen Fällen wird die Assimilation von einer Veränderung des Vokals der betonten Silbe begleitet:

(9.2)
decide (dɪˈsaɪd)	→	*decision* (dɪˈsɪʒən)
divide (dɪˈvaɪd)	→	*division* (dɪˈvɪʒən)
please (pliːz)	→	*pleasure* (ˈpleʒə)
describe (dɪˈskraɪb)	→	*description* (dɪˈskrɪpʃən)

Wie die Beispiele in (9.2) andeuten, handelt es sich dabei in der Regel um eine Verkürzung langer Vokale in der Basis: Die Diphthonge in *decide*, *divide* und *describe* werden in der Ableitung monophthongiert, der lange reine Vokal /iː/ in *please* wird in *pleasure* verkürzt zu /e/. Diese Veränderungen werden dadurch verursacht, dass die durch das Suffix hinzukommende Silbe die prosodische Struktur des Wortes verändert. Eine Vokalveränderung ohne Assimilation lässt sich bei *appear* (əˈpɪə) → *apparent* (əˈpærənt) beobachten.

Vermutlich der häufigste Fall der morphologischen Alternation ist die Kombination aus Verschiebung des Hauptttons innerhalb des Wortes und einer qualitativen und quantitativen Veränderung von Vokalen.

(9.3)   adore (əˈdɔː)   →   adoration (ˌædəˈreɪʃən)
         combine (kəmˈbaɪn)   →   combination (ˌkɒmbɪˈneɪʃən)
         economy (ɪˈkɒnəmɪ)   →   economic (ˌekəˈnɒmɪk)
         Italy (ˈɪtəlɪ)   →   Italian (ɪˈtælɪən)
         major (ˈmeɪdʒə)   →   majority (məˈdʒɒrɪtɪ)
         mobile (ˈməʊbaɪl)   →   mobility (məʊˈbɪlɪtɪ)

Ob eine Suffigierung von solchen Veränderungen betroffen ist oder nicht, hängt in erster Linie von sprachhistorischen Faktoren ab, und zusätzlich von einzelnen Suffixen (vgl. Quirk et al. 1985: 1590 f.). Wörter germanischen Ursprungs und frühe Entlehnungen aus dem Französischen verändern ihr Betonungsmuster auch dann nicht, wenn sie suffigiert werden. Bei späteren Entlehnungen dagegen, und bei Ableitungen von Basen lateinischer und griechischer Herkunft, variiert die Betonung je nach Suffix. Adjektive auf -ic und -ian z. B. werden grundsätzlich auf der Silbe vor dem Suffix, also der vorletzten Silbe betont (vgl. *economic*, *Italian*), und dasselbe gilt für Nomina mit den Suffixen -ion (*combination*) und -ity (*mobility*). Die Veränderungen des Betonungsmusters sind auch für die Vokalveränderungen verantwortlich, da durch sie Silben den Hauptton erhalten, die vorher unbetont waren und umgekehrt. Bei *major* – *majority* beispielsweise entsteht so aus dem Schwachtonvokal /ə/ in der zweiten Silbe der Vollvokal /ɒ/. Ein Gegenbeispiel ist *economy* – *economical*, wo der Vollvokal /ɒ/ in der zweiten Silbe von *economy* zu /ə/ in *economical* reduziert wird, weil der Hauptton eine Silbe nach hinten verlagert wird.

Während die Betonungsverschiebung und die damit einhergehenden Lautveränderungen regelmäßig und auch heute noch produktiv sind, sind andere morphonologische Veränderungen nur historisch erklärbar und relevant. So wie in dem schon erwähnten Fall *appear* – *apparent* ist die Diskrepanz zwischen Basis und Ableitung häufig darauf zurückzuführen, dass historisch im Englischen gar keine Ableitung vorliegt, sondern beide Lexeme unabhängig voneinander aus dem Lateinischen oder Französischen entlehnt wurden. Bei einer Reihe von Fällen ist dies relativ auffällig, etwa wenn Basis und Ableitung lautlich sehr stark voneinander abweichen (z. B. bei *deceive* – *deception* und *receive* – *reception*) oder auch wenn zusätzliche Laute eingefügt sind, wie in *compete* – *competition*, *crime* – *criminal* oder *imply* – *implication*. Interessanterweise ist dieser historische Sachverhalt aber laut OED z. B. ebenso für *economy* – *economical* and viele andere Lexeme gültig, die trotzdem synchron problemlos als Ableitungen analysiert werden.

9.1.3 Derivationale Korrelation und Suffigierungen mit gebundenen Wurzeln

Historische Ursachen haben auch die Analyseprobleme, die von Wortpaaren wie *intricate* – *intricacy* oder *aggressive* – *aggression* und Reihen wie *special* – *spe-*

cific – specify oder *distal – distant – distance* verursacht werden. Gemein ist all diesen Fällen, dass sie trotz der offensichtlichen Beteiligung häufig anzutreffender Derivationssuffixe wie *-ate*, *-ous*, *-ity* und *-ify* morphologisch nicht einfach segmentierbar sind, weil die nach der Segmentierung der vermeintlichen Suffixe verbleibenden Reste (*intric-*, *agress-*, *spec-* oder *specif-* sowie *dist-*) keine freien Morpheme sind.

Mit dieser Problematik kann in verschiedener Weise umgegangen werden. Zunächst bietet sich die Möglichkeit an, strikt der Definition der Suffigierung zu folgen und Lexeme dieses Typs mit Hinweis auf die Gebundenheit der vermeintlichen Wurzeln nicht weiter zu segmentieren und folglich als monomorphematische Lexeme aufzufassen. Dem widerspricht allerdings der Eindruck, dass den potenziellen Basen durchaus eine Bedeutung zugeordnet werden kann, die der von freien lexikalischen Morphemen entspricht.

Drei andere Ansätze plädieren für die Segmentierung in Basis und Suffix: Der erste, der sich vor allem für Paare systematisch einander gegenüberstehender Suffixe wie *-ate* und *-acy* oder *-ive* und *-ion* anbietet, geht von einer so genannten *korrelativen Derivation* (*correlative derivation*) aus und argumentiert im Kern historisch. Ausgangspunkt solcher Korrelationen – so z. B. Hansen et al. (1990: 90 f.) – seien in der Regel Paare von Lehnwörtern, nach deren Muster im Englischen eine zweite Form gebildet wurde, auch wenn nur ein Teil eines potenziellen Paars entlehnt wurde. Das Adjektiv *cautious* etwa wurde laut Hansen et al. in Analogie zu *ambition – ambitious* vom zuvor entlehnten Nomen *caution* abgeleitet. Implizite Voraussetzung für diese Art der Erklärung ist, dass ein Lehnwort den Prozess der so genannten *truncation* (wörtlich ‚Stutzung') durchläuft, durch den Teile eines bestehenden Lexems wie echte oder vermeintliche Suffixe abgespalten werden, die dann durch andere Suffixe ersetzt werden. Die *truncation* spielt auch in der zweiten Modellierungsvariante eine entscheidende Rolle (Aronoff 1976: 87 ff.), in der die fraglichen Lexeme durch eine Kombination von Stutzung und Stammallomorphie erklärt werden. Zum Dritten ist es möglich, und vor allem für potenzielle Basen, die hochgradig reihenbildend sind, auch besonders plausibel, mit der bereits eingeführten morphologischen Einheit (s. S. 41) der *gebundenen Wurzel* (*bound root*) zu arbeiten. Hierbei wird der semantischen Segmentierbarkeit Vorrang vor den Anforderungen an die Autonomie der Basis eingeräumt. Es ist aber daran zu erinnern (vgl. S. 41), dass gebundene Wurzeln nur dann angesetzt werden dürfen, wenn ihnen eine Bedeutung zugeordnet werden kann, die in allen Verwendungen erkennbar ist, wenn sie reihenbildend wirksam sind, und wenn der verbleibende Rest eindeutig als existierendes Suffix identifiziert werden kann.

9.1.4 Suffixe und verwandte Elemente

Von den Suffixen gibt es in verschiedenen Richtungen fließende Übergänge zu ähnlichen Elementen. Von typischen Suffixen kann gefordert werden, dass sie an alle Vertreter einer grammatikalisch und semantisch eingrenzbaren Gruppe von Lexemen angefügt werden können und mit einer identifizierbaren Bedeutung zumindest über längere Zeit hinweg produktiv waren und dies idealerweise auch noch sind. Außerdem sollten sie natürlich vollkommen unzweifelhaft gebundene Morpheme sein.

Übergangsphänomene im Hinblick auf das zuletzt genannte Kriterium der Gebundenheit werden häufig von der Komposition ausgehend postuliert. So wird z. B. nicht zuletzt auch aus kognitiver Perspektive behauptet, Komposita auf -man (*policeman, postman, salesman*) bekämen immer mehr den Charakter von Suffigierungen, da das Element -man mit der Bedeutung ‚person‘ und der abgeschwächten Aussprache von -man als /mən/ Affixen sehr nahe komme (Hansen et al. 1990: 65 f., Ungerer 2002: 558–560). Dass diese Argumentation keineswegs abwegig ist, beweisen Elemente wie -dom, -hood und -ful, die heute ohne Zweifel als Suffixe behandelt werden, aber ebenfalls mit Kürzung und Reduzierung der Vokale aus selbstständigen Lexemen hervorgegangen sind. Weitere freie Formen, die suffixähnlichen Charakter anzunehmen scheinen, sind -like (im Korpus *waif-like*, ansonsten z. B. *childlike, fish-like*), -wise (*workwise, moneywise*) und -type (*California-type barbecues, questionnaire-type of work-sheet*, vgl. Dalton-Puffer und Plag 2000 sowie Lenker 2002).

Aus der entgegengesetzten Richtung bilden die schon erwähnten *final combining forms* (FCFs) wie -ology, -crat oder -graph und die durch Sekretion entstandenen suffixähnlichen Elemente einen Übergangsbereich (s. S. 130). Beispiele für Formen des letzteren Typs aus dem Aufsatz von Warren (1990: 129) sind mit denkbaren Ursprungslexemen in (9.4) zusammengestellt.

(9.4)	‚Suffix‘	Prägung	Ursprungswort
	-(a)holic	*workaholic, spendaholic*	*alcoholic*
	-athon	*bikeathon, swimathon*	*marathon*
	-erati	*glitterati, slopperati*	*?literati*
	-gate	*Yuppiegate, Iraqgate*	*Watergate*
	-boom	*vegeboom*	*baby boom*
	-speak	*computerspeak, econospeak*	*newspeak*

Kennzeichnend für den Prozess der Sekretion ist, dass wichtige Teile der Bedeutung des Ursprungswortes in das abgespaltene Element hineinprojiziert werden und dann beim Einsatz in neuen Prägungen zum Tragen kommen. Als Suffixe im engeren Sinn sollten diese Formen aber m. E. nicht behandelt werden, weil ihre Bedeutung in der Regel viel spezifischer ist als die von typischen Suffixen. Zudem weisen sie im Hinblick auf ihre grammatische und kognitive Funktion kaum Ähnlichkeiten mit typischen Suffixen auf und sind nur sehr begrenzt reihenbildend wirksam. Die Absicht, originell und sprachlich kreativ zu sein, ist bei allen Prägungen dieses Typs deutlich zu spüren und dürfte auch maßgeblich bildungsmotivierend wirken.

9.2 Korpusstudie IV: Überblick über Muster der Suffigierung

Rein quantitativ betrachtet ist die Suffigierung ein sehr viel bedeutenderes Wortbildungsmuster als die Präfigierung. Im BUMC gibt es etwa zehnmal so viele Belege von Suffigierungen wie von Präfigierungen, und auch die Zahl der suffigierten Lexeme (qua *types*) übersteigt die der präfigierten. Eine detaillierte Behandlung der Typen der Suffigierung verbietet sich also aus Platzgründen. Sie ist auch insofern nicht unbedingt nötig, als Veröffentlichungen wie Marchand (1969: Kap. IV), Hansen et al. (1990: Kap. 2.3.4) und etwas geraffter auch Kastovsky (1985: 223–227), Quirk et al. (1985: App. I.31), Adams (2001: Kap. 4), Bauer und Huddleston (2002: 1666 ff.) und Plag (2003: 86 ff.) Überblicke über den Bereich der Suffigierung und Informationen über die Modelle der einzelnen Suffixe bieten. Daneben existiert im Vergleich zum eher vernachlässigten Wortbildungsmuster der Präfigierung eine größere Zahl von Einzelstudien zur Bedeutung, Verwendung und Produktivität von verschiedenen Suffixen, von denen einige wichtige am Ende dieses Abschnitts in den Literaturhinweisen aufgezählt werden.

Die oben genannten Quellen ähneln sich insofern sehr, als sie alle eine semasiologische Perspektive einnehmen. Im Gegensatz zu dieser Herangehensweise möchte ich die folgenden Abschnitte durch eine Kombination aus grammatischer und onomasiologischer Perspektive gliedern. Wie üblich werden die Suffixe nach der Zielwortklasse benannt (z. B. *Nomensuffix*), und ihre Basis durch Adjektive mit dem Präfix *de-* spezifiziert. Ein *deverbales Nomensuffix* erzeugt also z. B. ein Nomen aus einem Verb, ein *deadjektivisches Verbalsuffix* hat als Basis ein Adjektiv und bildet ein Verb.

9.2.1 Nomensuffixe: Verdinglichung

Nominalisierende Suffixe können an verbale, adjektivische und nominale Basen herantreten, wobei der zuletzt genannte Typ der denominalen Nomensuffigierungen quantitativ mit Abstand der unbedeutendste ist. Am häufigsten sind deverbale Nominalisierungen anzutreffen, gefolgt von den deadjektivischen, die aber nur etwa ein Drittel so häufig im Korpus vorkommen.

Kognitiv-semantisch betrachtet lässt sich der Effekt von Nomensuffixen auf einem hohen Abstraktionsniveau als *Verdinglichung (reification)* beschreiben. Aus Verben und Adjektiven, die ja typischerweise Handlungs- bzw. Ereigniskonzepte einerseits und Eigenschaftskonzepte andererseits ausdrücken, werden nominale Konzepte, die den begrifflichen Status von ‚Dingen' zu haben scheinen (s. S. 108), und zwar selbst dann noch, wenn sie Abstrakta sind. Während z. B. Verben wie *confirm* oder *meet* Handlungen als zeitlich ablaufende Vorgänge profilieren, suggerieren die abgeleiteten Nominalisierungen *confirmation* und *meeting* die Existenz einer ‚Sache', die konzeptuell wie ein konkreter Gegenstand erscheint: zeitlich stabil, räumlich abgrenzbar und entsprechend greifbar. Besonders augenfällig wird dieser Effekt der Verdinglichung in den gar nicht seltenen Fällen, wo die Nominalisierung einer Handlung wirklich mit der Bedeutung eines konkreten Gegenstands ‚product of V-ing' lexikalisiert ist, wie z. B. in *declaration* oder *invitation*, die beide – per Metonymie vom Sprechakt des Erklärens bzw. Einladens zum Trägermedium für den Sprechakt – auch konkrete Schriftstücke bezeichnen können. Nominalisierungen solcher Sprechaktverben und auch vieler anderer Handlungsverben sind notorisch mehrdeutig (vgl. Bauer 1983: 185 ff., Schmid 2000: 149 ff.): Die typischen Bedeutungen reichen von ‚action of V-ing' über ‚individual instance of V-ing', ‚result of V-ing' zu ‚concrete product of V-ing', wobei ein zunehmender Grad an Verdinglichung der Handlung zu beobachten ist.

Wie sich in der folgenden Darstellung von Nomensuffixen zeigen wird, gibt es natürlich noch weitere Möglichkeiten der Verdinglichung von Ereignissen und Eigenschaften, wobei die prominenteste sicher die Personalisierung ist. Die traditionelle Kategorie der *Nomina agentis* – das sind Nominalisierungen wie *baker* und *driver*, die eine handelnde Person bezeichnen – wird hier also als eine von mehreren spezifischen Ausprägungen des allgemeineren Prinzips der Verdinglichung aufgefasst.

Deverbale Nomensuffixe

Die deverbalen Nomensuffixe können in drei semantische Kategorien aufgeteilt werden, die unterschiedliche Aspekte von Handlungen profilieren: Vorgangsverdinglichungen, Vorgangspersonalisierungen und -instrumentalisierungen sowie Vorgangslokalisierungen.

Vorgangsverdinglichende Suffixe sind in Tabelle 9.1 mit einigen Beispielen aus dem BUMC, ihrer *Token*-Häufigkeit und Angaben zu ihrer Produktivität zusammengestellt.

Tab. 9.1: Vorgangsverdinglichende Suffixe

Suffix	Ausgewählte Belege aus dem BUMC	*tokens*	Produktivität
-(a)(t)ion	*decision, imagination, impression, opera- tion, projection, restriction, transformation*	452	produktiv, v. a. bei Verben auf *-ize, -ify, -ate*
-ment	*achievement, assessment, development, equipment, impeachment, settlement*	101	nicht mehr pro- duktiv
-ence/ -ance	*acceptance, appearance, difference, exist- ence, confidence, insistence, resistance*	97	produktiv
-ing	*beginning, blessing, building, meeting, painting, warning*	78	produktiv
-al	*approval, arrival, betrayal, burial, denial, proposal, trial, withdrawal*	27	produktiv
-age	*blockage, coverage, marriage, package, shrinkage*	17	produktiv
-ure	*failure, mixture, pleasure, pressure, seizure*	13	unproduktiv

Es mag geradezu abwegig anmuten, dass diesen Suffigierungen, die als abstrakte Nominalisierungen bekannt sind, ein verdinglichender Effekt zugeschrieben wird. Man muss aber die Verdinglichung als Prozess auffassen, dessen Ergebnisse mental ähnlich wie Gegenstandskonzepte verarbeitet werden können. Tut man dies, so ist der Begriff *abstrakte Vorgangsverdinglichung* keineswegs paradox.

Wie bereits angedeutet, decken viele dieser Nominalisierungen ein breites semantisches Spektrum ab. Dieses setzt sich aber nicht willkürlich zusammen, sondern weist eine innere Kohärenz auf, die sich durch metonymische Beziehungen erklären lässt. Dies ist in Abbildung 9.1 mit Beispielen dargestellt, die typischerweise die jeweils illustrierte Bedeutung ausdrücken.

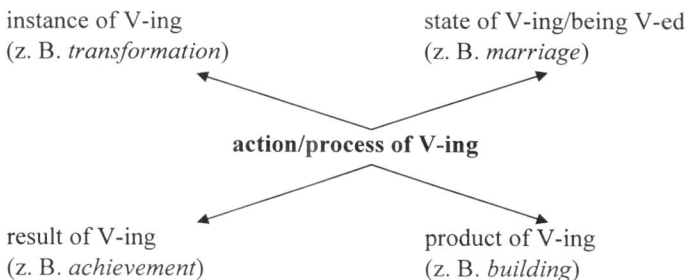

Abb. 9.1: Ausgewählte Bedeutungsvarianten von Vorgangsverdinglichungen

Die Bedeutung ‚action/process of V-ing' ist als neutrale Variante der Verdinglichung wie oben beschrieben anzusehen. Sie profiliert den Vorgang bzw. die Handlung schlechthin, d. h. als situationsunabhängige Kategorie von Vorgängen. Es können aber auch einzelne Vorkommensfälle von Vorgängen (‚instance of V-ing') ausgedrückt werden. Weitere Möglichkeiten der Verdinglichung von Vorgängen ergeben die Bedeutungen ‚state of V-ing/being V-ed' und die bereits erwähnten ‚result of V-ing' und ‚product of V-ing'. Letztere Bedeutung lässt sich als metonymische Übertragung erklären, die auf der alltäglichen Erfahrung beruht, dass Handlungen in der Regel ein Ziel verfolgen, das häufig in der Schaffung eines Gegenstandes oder im Herbeiführen eines Zustandes liegt. Für Nominalisierungen dieses Typs eignen sich als Basen in erster Linie Verben vom Typ ‚accomplishment', d. h. solche, deren Bedeutung einen anvisierten Endzustand beinhaltet.

Grammatikalisch spiegelt sich der Unterschied zwischen abstrakten und aktuellen Bedeutungen – Vorgangs- bzw. Zustandstyp schlechthin vs. einzelner Vorgangsakt bzw. Zustand – darin wider, dass Nomina des ersten Typs nichtzählbar sind und deshalb ohne Artikel und nur im Singular vorkommen (vgl. Beispiel 9.5), während die des zweiten Typs als zählbare Nomina mit Artikeln und Zahlwörtern sowie im Plural (9.6) auftreten.

(9.5)   Rains have failed for four years and, says the United Nations, 1.9m people are on the brink of *starvation* in the nine provinces where ... (ICE-GB: W2c 002)

(9.6)   At the same time, the NCC will send its *recommendations* for 14 to 16-year-olds to McGregor ... (ICE-GB: W2c 002)

Handlungspersonalisierende Suffixe profilieren den vielleicht prominentesten Aspekt von Handlungen, nämlich die an ihnen beteiligten Personen. Nicht zufällig betrifft der weitaus häufigste Fall der Personalisierung durch die Suffixe *-er*, *-or* und seltener *-ent* bzw. *-ant* die auffälligste Rolle des willentlichen Verursachers von Handlungen, des so genannten *Agens* (*agent*). Wir haben es hier also mit dem traditionell als *Nomina agentis* oder *Agensnominalisierungen* bezeichneten Typ zu tun. Sehr viel weniger häufig ist die Profilierung von Personen, die an Vorgängen anderweitig beteiligt bzw. von ihnen betroffen sind (*Patiens*, engl. *patient*), und zwar durch das Suffix *-ee*. Das Suffix *-ee* trägt meist die Bedeutung ‚person who is/has been V-ed' (formal bei *amputee* mit *truncation* von *-ate*), seltener ‚person who V-s' wie in *refugee* ‚someone who takes refuge', wobei entscheidend ist, dass die betroffene Person selbst die Handlung nicht kontrolliert, sondern eher widerwillig und reaktiv handelt (Barker 1995: 11 ff.).

Tab. 9.2: Handlungspersonalisierende und -instrumentalisierende Suffixe

Suffix	Ausgewählte Belege aus dem BUMC	*tokens*	Produktivität
-er/ *-or*	*buyer, dealer, killer, leader, writer, teacher boiler, duster, computer, wrapper, actor, editor, investor, visitor*	123	sehr produktiv
-ent/ *-ant*	*combatant, inhabitant, student* (*coolant, disinfectant*)	17	v. a. in Fachsprachen produktiv
-ee	*amputee, trustee, refugee* (Basis: Nomen)	7	produktiv

Die Beispiele *boiler, duster, computer* sowie *coolant* und *disinfectant* zeigen, dass neben Personalisierungen auch Instrumentalisierungen durch diese Suffixe entstehen können, was angesichts des engen kognitiven Zusammenhangs zwischen Handelnden und den von ihnen verwendeten Instrumenten nicht verwundert. Auch dies lässt sich also als metonymische Übertragung verstehen, und zwar als Personifizierung der Instrumente.

Handlungslokalisierende Suffixe sind von vergleichsweise marginaler Bedeutung. Sie profilieren Orte, Gebäude und Institutionen, die bestimmten Zwecken dienen und spezifisch für diese Zwecke gestaltet sind. Neben *-age* (*storage*) kommt hier im Wesentlichen *-ery* in Frage (vgl. *bakery, brewery, refinery*), für das aber im BUMC keine Belege existieren. Aus kognitiver Sicht werden hier Handlungskonzepte in Domänenkonzepte übertragen (Ungerer 2002: 544).

Deadjektivische Nomensuffixe

Wie nicht anders zu erwarten, dienen deadjektivische Nomensuffixe der Verdinglichung von Eigenschaften. Neben den in Tabelle 9.3 zusammengestellten häufigeren Suffixen dieses Typs kommen im BUMC auch *-ency* in korrelativer Derivation zu *-ent* (*emergency, currency, urgency*) sowie *-dom* (*freedom, wisdom*), *-hood* (*likelihood*) und *-acy* (*supremacy*) vor.

Tab. 9.3: Eigenschaftsverdinglichende Suffixe

Suffix	Ausgewählte Belege aus dem BUMC	*tokens*	Produktivität
-ity	*ability, complexity, feasibility, hostility, reality, relativity, responsibility, validity*	143	produktiv, v. a. mit Adj. auf *-able*
-ness	*awareness, bitterness, darkness, greyness, kindness, madness, slowness, weariness*	34	produktiv
-th	*depth, length, strength, truth, warmth*	28	unproduktiv

Die meisten Verwendungen dieser Suffixe lassen sich – soweit sie nicht wie z. B. bei *currency* hochgradig lexikalisiert sind – mit der allgemeinen Bedeutung ‚quality/state of being Adj' (z. B. *ability* ‚state of being able') recht gut paraphrasieren.

Eigenschaftspersonalisierungen lassen sich bei deadjektivischen Nominalisierungen auf *-er*, wie in *commoner, foreigner* und *stranger*, und auf *-ster* wie in *youngster* beobachten.

Denominale Nomensuffixe

Denominale Nomensuffigierungen sind zwar quantitativ nicht so bedeutsam, aber konzeptuell insofern interessant, als eine Verdinglichung hier wohl kaum am Werk sein kann, denn es findet ja kein Wortklassenwechsel statt. Da, wie schon angemerkt, der Wortklassenwechsel traditionell gerne als *raison d'être* der Suffigierung angesehen wird, hat man sich mit der Annahme beholfen, es finde ein Wechsel der Unterwortklasse von konkreten zu abstrakten oder von belebten zu nichtbelebten Nomina statt. In der Tat sind die Abstraktion und die Personalisierung die wichtigsten semantischen Effekte denominaler Nomensuffigierungen. Suffixe dieses Typs sind in den Tabellen 9.4 bzw. 9.5 aufgelistet:

Tab. 9.4: Abstrakte denominale Nomensuffixe

Suffix	Ausgewählte Belege aus dem BUMC	*tokens*	Produktivität
-ship	*censorship, companionship, dictatorship, friendship, leadership, relationship*	30	wenig produktiv
-ism	*criticism, feminism, optimism, pessimism, symbolism, terrorism*	22	produktiv

Das Suffix *-ship* bildet Lexeme, die sich entweder als ‚state of being N' (z. B. *companionship, dictatorship*) oder als ‚collective of Ns' (*leadership*) paraphrasieren lassen (Hansen et al. 1990: 110 f.). Die auf *-ism* gebildeten Lexeme, die semantisch weniger spezifisch sind (häufig ‚connected with/based on'), korrelieren teilweise mit denen auf *-ist* oder sind von gebundenen Wurzeln abgeleitet (s. Abschnitt 9.1.3). Sowohl *-ism* als auch *-ist* erfreuen sich laut ODNW (s. v. *-ism*, *-ist*) seit den 80er Jahren des letzten Jahrhunderts im Zuge der Political-Correctness-Bewegung zunehmender Beliebtheit, und zwar bemerkenswerterweise auch in Kombination mit nativen Basen, vgl. z. B. die mehr oder weniger ernsthaften Bildungen *bodyism, beardism, peopleism.*

Tab. 9.5: Personalisierende denominale Nomensuffixe

Suffix	Ausgewählte Belege aus dem BUMC	*tokens*	Produktivität
-ist	*archaeologist, economist, journalist, Marxist, naturalist, receptionist, theorist*	37	produktiv
-er	*banker, farmer, gardener, honeymooner, lawyer, prisoner*	25	produktiv
-ian/ -an	*American, Christian, historian, Italian, Palestinian, mathematician, politician*	21	produktiv
-ie/-y	*Aussie, Aunty, groupie, nightie*	8	produktiv
-ese	*Chinese, Lebanese, Portuguese*	3	produktiv

Die häufigste Bedeutung der denominalen Suffigierungen auf *-er* ist ‚person who works at' (*banker, farmer, gardener*), aber wie die Beispiele *prisoner* (‚person being held in prison') und *honeymooner* (‚person currently on his/her honeymoon') zeigen, sind auch andere Bedeutungen möglich. Die Formen *-an/-ian* und *-ese* konkurrieren bei Personalisierungen von Länderbezeichnungen. Und bei *-y/ -ie* lassen sich grundsätzlich Verwendungen wie *Aunty*, die Vertrautheit markieren, von Lexemen mit ironischem Unterton trennen. Wie ein Blick in Neologismenwörterbücher zeigt, ist dieses Suffix zurzeit in Mode, vgl. *aerobie, archie, foodie, fundie, techie* im ODNW. Umgekehrt sind Suffixe wie *-ette* und *-ess*, die weibliche Pendants zu männlichen bzw. geschlechtsneutralen Lexemen bilden (vgl. *sailorette, usherette, godess, waitress, stewardess*), mittlerweile praktisch unproduktiv, wenn man von mehr oder weniger bewusst sexistischen oder humoristischen Bildungen wie der Suffigierung einer verkürzten Basis *proette* (‚female professional golfer', Adams 2001: 56) absieht.

Neben den abstrakten und personalisierenden sind einzelne Fälle lokalisierender (d. h. ortsanzeigender) und temporalisierender (d. h. Zeit anzeigender) denominaler Nomensuffixe auf *-age, -ery* und *-hood* anzutreffen, z. B. *orphanage* (‚place where orphans live'), *perfumery* (‚place where one makes/sells perfume') und *childhood* (‚time when being a child').

9.2.2 Adjektivsuffixe: Modalisierung und Relationierung

Es ist nicht einfach, die gemeinsame Wirkung aller Adjektivsuffixe zu bestimmen. Auf einer maximalen Abstraktionsebene lässt sich als ihr semantischer Effekt natürlich die Attribuierung von Eigenschaften postulieren. Damit ist freilich nicht sehr viel gewonnen, weil diese Beschreibung lediglich die typische semantische Funktion von Adjektiven in der Grammatik wiedergibt. Trotzdem ist es wichtig, im Auge zu behalten, dass Adjektive keine sehr eigenständigen Konzepte sind, sondern – in attributiver (*the green house*) oder prädikativer Funktion (*the house is green*) – Spezifizierungen der Eigenschaften von Gegenstandskonzepten ausdrücken. Der Grund für das mangelnde Verallgemeinerungspotenzial dieses Typs der Suffigierung liegt nämlich darin, dass die Profilierung von Eigenschaften grundverschieden ausfällt, je nachdem ob ein verbales Vorgangskonzept oder ein nominales Gegenstandskonzept als Basis zugrunde liegt. Bei verbalen Basen drückt das abgeleitete Adjektiv handlungsbezogene Eigenschaften des modifizierten Nomens aus: Was kann man damit tun (*enjoyable moments*); was tut es/sie/er möglicherweise bzw. wahrscheinlich (*explosive material*); was kann man damit erreichen (*preventive social work*)? Liegt indessen ein nominales Konzept zugrunde, so drückt das abgeleitete Adjektiv eine Beziehung des modifizierten Nomens zu einer Sache, z. B. *poison* in *Is that sort of descaler not poisonous?*, einer Idee (*theology* in *theological people*) oder einem lebensweltlichen Bereich (*culture* in *cultural significance*, oder *economy* in *economic environment*) aus. Die beiden Varianten der Adjektivsuffigierung werden deshalb unter den Stichwörtern *Modalisierung* bzw. *Relationierung* behandelt.

Deverbale Adjektivsuffixe: Modalisierung

Die drei im BUMC belegten deverbalen Adjektivsuffixe sind in Tabelle 9.6 zusammengestellt.

Tab. 9.6: Modalisierende deverbale Adjektivsuffixe

Suffix	Ausgewählte Belege aus dem BUMC	*tokens*	Produktivität
-ive	*attractive, creative, explosive, interactive, progressive, preventive, supportive*	85	produktiv
-able	*adorable, comfortable, detectable, enjoyable, predictable, remarkable, suitable*	73	produktiv
-ant/ -ent	*dependent, different, pleasant, significant, sufficient, violent*	54	nicht produktiv

Die beiden produktiven Suffixe -ive und -able drücken Bedeutungen aus, die als spezifische Formen einer Modalisierung aufgefasst werden können. Das heißt, ähnlich wie das Modalverb *can*, das häufig zu einer Paraphrase verwendet werden kann, profilieren sie Möglichkeiten, Wahrscheinlichkeiten und Neigungen. Die Verwendungen von -able und auch -ible, das lediglich eine orthografische Variante darstellt, können mit dem Bedeutungskomplex ‚can be V-ed' bzw. ‚is likely to be V-ed' (z. B. *detectable, enjoyable*), und ‚is worthy of being V-ed' (*adorable*) umrissen werden (Hansen et al. 1990: 111 f.). Auch das Suffix -ive erlaubt die Versprachlichung von Wahrscheinlichkeiten, es drückt aber im Gegensatz zu -able nicht die passivische Perspektive aus (‚likely to be V-ed‘), sondern die aktivische ‚tending to V‘ (vgl. *attractive, creative* etc.).

Denominale Adjektivsuffixe: Relationierung

Der Begriff der Relationierung ist bewusst allgemein gewählt, um ein Dach für verschiedene Typen des In-Beziehung-Setzens zu bauen. Die allgemeinste Form der Relationierung lässt sich durch Paraphrasen wie ‚connected with N‘, ‚of the nature of N‘, ‚having qualities associated with N‘ und ‚having the properties of N‘ umschreiben. Es werden also Beziehungen zu bestimmten Domänen bzw. Bereichen hergestellt (vgl. Ungerers Begriff der *adjectival domain concepts*, 2002: 550). Viele Lexeme dieses Typs eignen sich gut für evaluative Relationierungen, d. h. bewertende oder beurteilende Äußerungen (z. B. *cynical, marvellous, ridiculous*). Je nach Suffix, Basis und Kontext können einzelne dieser Aspekte besser oder weniger gut zutreffen, und selbstverständlich können durch die Lexikalisierung noch weitere semantische Spezifikationen hinzukommen. Sieht man über diese Unterschiede hinweg – die in den bereits genannten Handbüchern beschrieben sind – und sucht nach den Gemeinsamkeiten, so lassen sich die folgenden Suffixe diesem Bedeutungskomplex zuordnen:

Tab. 9.7: Denominale Adjektivsuffixe vom Typ ‚connected with N‘ etc.

Suffix	Ausgewählte Belege aus dem BUMC	*tokens*	Produktivität
-al/-ial/ -ical/-ual	*anatomical, colonial, financial, mathematical, sentimental, sexual, spiritual, traditional, technological*	341	produktiv, v. a. bei Basen auf -*ation*
-ic	*academic, algorithmic, artistic, bureaucratic, dramatic, scientific, symbolic*	92	produktiv
-ary	*domiciliary, elementary, necessary, parliamentary, revolutionary*	32	wenig produktiv
-ous	*monstrous, nervous, ominous, religious, synonymous*	32	produktiv
-ist	*capitalist, feminist, imagist, symbolist*	15	produktiv, v. a. in Korrelation zu -*ism*
-ian/ -an	*Darwinian, Freudian, Hamiltonian, Wallerian, Christian*	14	produktiv, v. a. bei Eigennamen
-ar/ -ular	*fascicular, intracellular, linear, muscular*	6	nur fachsprachlich produktiv

Wie die Beispiele andeuten, sind alle diese Suffixe in erster Linie mit nicht nativen Basen anzutreffen und produktiv. Es existiert eine Reihe von Parallelbildungen auf *-al* und *-ical*, von denen einige auch Bedeutungsunterschiede aufweisen, z. B. *economic problem* (‚in der Wirtschaft') vs. *economical car* (‚sparsam, wirtschaftlich') oder *historic building* (‚mit einer Geschichte, geschichtsträchtig') vs. *historical research* (‚geschichtswissenschaftlich'; vgl. Quirk et al. 1985: 1554).

Adjektivbildungen mit dem Suffix *-ian/-an* fallen häufig mit den entsprechenden Nomina zusammen und sind dann jeweils nur im Kontext von diesen zu unterscheiden. Zusätzlich zu den *deonymischen*, d. h. von Eigennnamen abgeleiteten Adjektiven existieren – ebenfalls parallel zu Nomina – Bezeichnungen für geografische und sprachliche Zugehörigkeiten wie *African, American, Angolan, Italian, Palestinian, Russian* oder *Syrian*. Zur Versprachlichung solcher Konzepte konkurriert *-an* mit den Suffixen *-ish* (*British, English*) und *-ese* (*Japanese, Lebanese, Vietnamese*). Die Form *-ish* ist in der genannten Bedeutung von ihrer Verwendung als deadjektivisches Suffix wie in *youngish, greyish* zu trennen. Der Bezeichnung von Himmelsrichtungen dient das Suffix *-ern* (*Northern, Western* etc.).

Eine spezifischere Form der Relationierung betrifft den Ausdruck von Quantitäten, also von Bedeutungen wie ‚full of N' oder ‚without N'. Neben dem nahe liegenden Suffix *-ful*, und seinem Antonym *-less*, sind hier auch *-ous* und *-y* zu nennen.

Tab. 9.8:   Quantifizierende denominale Adjektivsuffixe

Suffix	Ausgewählte Belege aus dem BUMC	*tokens*	Produktivität
-y	*bloody, crowdy, crinkly, hilly, hungry lucky, sunny, witty*	46	produktiv
-ful	*awful, beautiful, cheerful, graceful, powerful, tearful, wonderful*	42	produktiv
-ous	*dangerous, glamorous, gracious, humorous, poisonous*	10	wenig produktiv
-less	*colourless, fearless, harmless, helpless, rudderless, ruthless*	16	produktiv

Weitere denominale Adjektivsuffixe, die seltener auftreten, sind *-ed* (‚characterized by N', *aged, dark-haired*), *-en* (‚made of N', *golden*) und *-ate* (‚characterized by N', ‚having N', *fortunate*).

9.2.3 Verbsuffixe: Dynamisierung und Agentivierung

Im Vergleich zur Vielfalt und Produktivität nominaler und adjektivischer Suffigierungsmodelle nimmt sich der Bereich der verbalen Suffigierungen eher bescheiden aus. Grundsätzlich sind hier nur vier bedeutende Suffixe anzutreffen, und zwar das heimische Suffix *-en*, das nicht mehr produktiv ist, und die romanischen Suffixe *-ate*, *-ify* und *-ize* bzw. *-ise*. Wie Tabelle 9.9 zeigt, ist auch die Zahl der Belege im BUMC vergleichsweise gering.

Tab. 9.9:   Verbsuffixe

Suffix	Ausgewählte Belege aus dem BUMC	*tokens*	Produktivität
-ize, -ise	*criticise, emphasize, idealize, italicise, materialize, poeticize, realize, summarize, trivialize*	25	produktiv, v. a. in Fachsprachen
-ify	*clarify, classify, glorify, intensify, justify, mummify, signify*	21	produktiv, v. a. in Fachsprachen
-en	*broaden, fasten, harden, soften, stiffen, straighten, weaken, widen*	19	nicht mehr produktiv
-ate	*formulate, motivate, myelinate*	8	produktiv in Fachsprachen

Mit Ausnahme des nicht mehr produktiven Suffixes *-en* sind alle vorwiegend in fachsprachlichen Texten anzutreffen und auch nur dort wirklich häufig und produktiv. Ungefähr drei Viertel der Belege aus dem BUMC stammen entsprechend aus den wissenschaftlichen Texten (ICE-GB Code W2a). Bildungen außerhalb dieses Registers haben laut Quirk et al. (1985: 1557) besonders bei *-ify* häufig unernsten oder abwertenden Charakter (*speechify, dandify*). Als Basen der nicht nativen Verbsuffixe dienen entlehnte Adjektive und Nomina, häufig auch neoklassische Formen. Die Zahl von Verben, die auf *-ate* enden, ist prinzipiell relativ hoch, aber die meisten dieser Formen (vgl. z. B. *communicate, differentiate, dominate, intimidate, predominate*) sind adaptierte Entlehnungen aus dem Lateinischen oder Rückableitungen von Nomina auf *-ation* (Hansen et al. 1990: 121).

Semantisch ist der Bedeutungskomplex ‚make sth Adj or more Adj' (*weaken, trivialize*) und ‚make N of sth' (*symbolize, mummify*) oder ‚convert sth into N' (*italicize, summarize*) klar dominant (Hansen et al. 1990: 121 f.). Die Behauptung von Quirk et al. (1985: 1557), dass suffigierte Verben generell transitiv seien, wird durch die intransitiven Verben *materialize* und *myelinate* im BUMC widerlegt. Gleichwohl gilt, dass praktisch alle suffigierten Verben dynamisch, agentiv, und dazu die meisten auch noch kausativ sind, d. h. sie bezeichnen eine willentlich ausgeführte Handlung, die ursächlich etwas bewirkt. Als wichtigste konzeptuelle Funktion von Verbsuffigierungen lässt sich entsprechend die *Dynamisierung* und *Agentivierung* nominaler oder adjektivischer Basen festhalten.

9.2.4 Adverbsuffixe

Das mit Abstand häufigste Modell der Adverbsuffigierung, die deadjektivische Ableitung mit *-ly* (*calm* – *calmly*, *personal* – *personally* etc.), ist so produktiv und in so hohem Maß grammatisch determiniert, dass sie von manchen Linguisten nicht als derivatives Muster der Wortbildung, sondern als ein Fall von Flexion eingestuft wird. Hansen et al. (1990) z. B. erwähnen dieses Modell in ihrem Überblick über die englische Wortbildung nicht. Umgekehrt ist unzweifelhaft, dass das Hinzufügen von *-ly* an ein Adjektiv einen Wortklassenwechsel zur Folge hat. Das wichtigste Kriterium für Wortbildungsvorgänge wird also erfüllt, und deshalb soll das Muster, das mit 502 Belegen im BUMC das häufigste Einzelmodell der Suffigierung ist, hier behandelt werden.

Nichtsdestotrotz ist festzuhalten, dass auch die Bedeutungen von auf *-ly* gebildeten Adverbien maßgeblich von ihrer grammatischen Funktion abhängen, also vor allem davon, ob ein Adverb den ganzen Satz (wie in 9.7), die Verbalphrase (9.8) oder eine Adjektivphrase modifiziert (9.9).

(9.7) *Normally*, a theory and its methods are considered as one entity, but this is likely to be unjust to other subjects besides AI ... (ICE-GB W2a-035)

(9.8) Like fallen leaves that the wind sweeps to and fro, we are *indiscriminately* swayed by our unsubstantial and frivolous emotions. (ICE-GB W1b-001)

(9.9) No doubt you're working *extremely* hard. (ICE-GB W1b-001)

Während das Satzadverb *normally* (9.7) am ehesten durch ‚under normal circumstances' oder ‚from a normal point of view' paraphrasierbar wäre, manifestiert das Adverb *indiscriminately* in der Funktion eines *adjunct* die dafür typische adverbiale Bedeutung ‚in an Adj (indiscriminate) manner' und das Gradadverb *extremely* die entsprechende Bedeutung ‚to an Adj (extreme) degree'. Darüber hinausgehende allgemeine Aussagen zur Semantik der auf *-ly* gebildeten Adverbien verbieten sich dementsprechend. Zu den häufigsten Adverbien auf *-ly*, von denen viele auch hochgradig lexikalisiert sind, gehören *actually, basically, certainly, completely, easily, especially, finally, hardly, merely, nearly, normally, obviously, probably, really, slightly, suddenly, totally* und *usually*.

Neben *-ly* sind im adverbialen Bereich nur noch die Suffixe *-wards* and *-wise* zu nennen. Adverbien auf *-wise* werden von Nomina abgeleitet (*clockwise, jobwise, moneywise*), die auf *-wards* ebenfalls von Nomina oder von Adverbien (*eastwards*) oder Präpositionen (*onwards, towards*). Obwohl Lenker (2002) zeigt, dass die Bildungen auf *-wise* als Satzadverbien offenbar zurzeit in Mode sind, muss man feststellen, dass beide Suffixe (mit Ausnahme einzelner frequenter lexikalisierter Bildungen wie *afterwards* und *otherwise*) weder häufig anzutreffen noch sehr produktiv sind.

9.3 Quantitative Zusammenfassung

9.3.1 Strukturelle Perspektive: Verteilung der Korpusdaten nach Wortart

In Abbildung 9.2 sind alle Suffixe zusammengestellt, die im BUMC häufiger als fünfmal belegt sind.

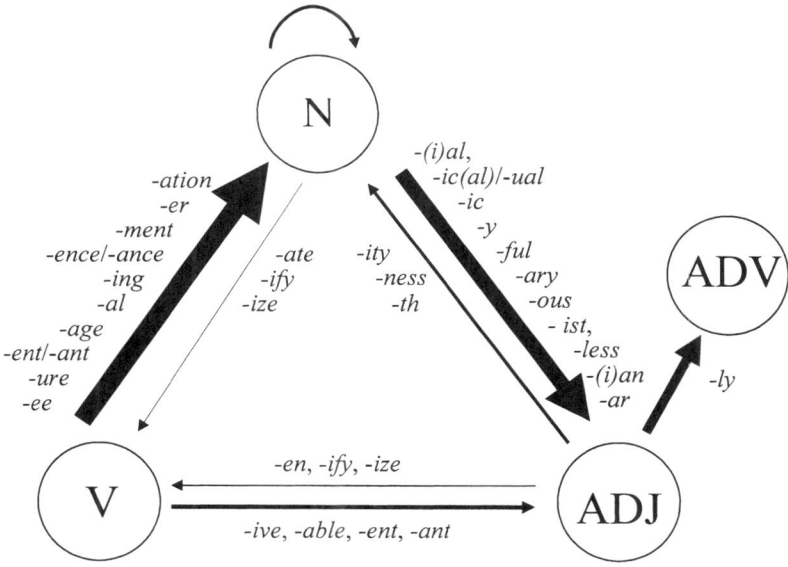

Abb. 9.2: Überblick über die häufigsten Modelle der Suffigierung nach Wortarten

Die Anordnung zeigt die Ableitungsrichtungen der jeweiligen Suffixe im Hinblick auf die Wortart von Basis und Ableitung an, und die Dicke der Pfeile spiegelt die beobachtete Häufigkeit von Belegen der jeweiligen Typen wider. Die Pfeile sind deutliche Hinweise darauf, welche Wortarten in Form von Basen als ‚Spender' und welche in Form von Ableitungen als ‚Empfänger' fungieren.

Sieht man vom Grenzfall der Adverbsuffigierung durch -*ly* ab, so führt die Suffigierung grammatikalisch formuliert eindeutig in die Wortklassen hinein, die in Nominalphrasen zu finden sind: Nomina und Adjektive sind die Ziele der Suffixableitung, während Verben hauptsächlich als Basen für Nomensuffigierungen dienen, selbst aber kaum als Suffigierungen in Erscheinung treten. Was Adjektivsuffigierungen angeht, so werden diese vorwiegend von nominalen Basen abgeleitet.

Von den einzelnen Suffixen stechen als häufigste die Folgenden hervor: die vorgangsverdinglichenden Suffixe -*(a)(t)ion* (452 Belege im BUMC), -*ment* (101) und -*ance/-ence* (97), das vorgangspersonalisierende deverbale Nomensuffix -*er* (123), das eigenschaftsverdinglichende deadjektivische Nomensuffix -*ity* (143), sowie die relationierenden denominalen Adjektivsuffixe -*al/-ial/-ical/-ual* mit 341 Belegen und -*ic* mit 92. Aus etymologischer Sicht ist hierbei bemerkenswert, dass mit der Ausnahme von -*er*, dessen Herkunft nicht vollständig geklärt ist (vgl. OED s. v. -*er*, Marchand 1969: 273, Kastovsky 1985: 224, 239 f.), all diese häufigen Suffixe nicht germanischer Herkunft sind. Hinzu kommt, dass sie wiederum mit Ausnahme von -*er* auch nur an entlehnte Basen herantreten bzw. schon in suffigierter Form entlehnt wurden.

Insgesamt lässt sich also festhalten, dass das Wortbildungsmuster der Suffigierung – soweit man von den deadjektivischen Adverbien auf -*ly* absieht – vorwiegend den romanischen Teil des englischen Lexikons betrifft, der seinerseits tendenziell wieder den stilistisch gehobeneren und inhaltlich abstrakteren Anteil ausmacht.

9.3.2 Soziopragmatische Perspektive:
Verteilung der Korpusdaten nach Register

Die Häufigkeitsverteilung der Suffigierungen über die fünf Register des BUMC hinweg ergänzt den im letzten Abschnitt gewonnenen Eindruck insofern, als bei allen Wortarten das formale und abstrakte Register des wissenschaftlichen Fachtexts den höchsten Anteil zum Gesamtaufkommen beisteuert. Dies wird durch die Zahlen in Tabelle 9.10 belegt:

Tab. 9.10: Relative Verteilung von Suffigierungen in den fünf Registern des BUMC

	Gespräch	Brief	Fiktion	Reportage	Fachtext
Nomensuffixe	4 %	9 %	14 %	29 %	44 %
Adjektivsuffixe	8 %	10 %	16 %	21 %	44 %
Verbsuffixe	3 %	10 %	10 %	17 %	58 %
Adverbsuffixe	21 %	19 %	23 %	11 %	26 %

Nur bei den Adverbsuffixen ist der Beitrag der einzelnen Register einigermaßen ausgeglichen. Bei den anderen drei Wortarten geht deutlich aus der Tabelle hervor, dass unter den eher informellen Bedingungen der spontanen Konversation und des persönlichen Briefs der Bedarf für suffigierte Lexeme relativ gering ist. Mit zunehmender Förmlichkeit und zunehmendem Abstraktionsgrad der Texte steigt auch die Zahl der Suffixableitungen drastisch, wobei der Anteil der Fachtexte bei den Verbsuffigierungen relativ gesehen am höchsten ist. Nicht weniger als 46 der 54 Belege auf *-ate*, *-ify* und *-ize* stammen aus den wissenschaftlichen Fachtexten. Alle sind lateinischen oder (seltener) griechischen Ursprungs. Dies stützt den Eindruck, dass den Verbsuffigierungen ein besonders ‚gelehrter' Charakter zukommt.

9.4 Kognitive Funktionen der Suffigierung

Ausgehend von der Darstellung in den zurückliegenden Abschnitten lässt sich der Suffigierung als kognitive Grundfunktion die Rekonzeptualisierung und Reprofilierung von Konzepten zuschreiben. Schon Kastovsky (1986: 595) spricht der Nominalisierung eine Rekategorisierungsfunktion zu, wobei er aber eher die syntaktische Kategorie im Sinn hat. Explizit kognitiv-linguistisch ausgerichtet sind die entsprechenden Bemerkungen bei Heyvaert (2003: 51, 94 ff.). Im Englischen bereits etablierte Konzepte werden durch die Suffigierung als jeweils andere Konzepttypen profiliert: Vorgänge können z. B. durch Nomensuffixe als abstrakte Konzepte profiliert werden. Aus dem konzeptuellen ‚szenischen' Potenzial von Vorgängen, die sich aus Handelnden, betroffenen Personen oder Objekten und Handlungen zusammensetzen, die in Raum und Zeit ablaufen, können Personen, Gegenstände und sogar Räume in einer Weise profiliert werden, die ebenfalls einen verdinglichenden Effekt hat. Personen-, Gegenstands- und abstrakte Ideenkonzepte können durch Adjektivsuffixe in relationale Konzepte verwandelt werden. Vorgangskonzepte können ebenfalls durch Adjektivsuffixe zu sprachlichen Instantiierungen von Modalitätskonzepten wie MÖGLICHKEIT, WAHRSCHEINLICHKEIT, NEIGUNG und MACHBARKEIT werden. Das kognitive Grundpotenzial der Suffigierung liegt also in der Veränderung von Konzeptualisierungs- und Profilierungstypen konzeptueller Einheiten.

Berücksichtigt man die in Abschnitt 9.3 erläuterte Häufigkeitsverteilung nach Wortarten und Register, so kann man die Einschätzung der kognitiven Funktionen der Suffigierung noch zuspitzen. Denn als quantitativ vorherrschend haben sich zumindest in den Daten des BUMC die Prozesse der abstrakten Verdinglichung durch *-ation*, *-ment*, *-ence/-ance* und *-ity*, die personalisierende Verdinglichung durch *-er* und die Relationierung durch *-al*, *-ical*, *-ial*, *-ual* und *-ic* erwiesen. Die Evidenz der Wortartveränderungen weist also deutlich darauf hin, dass die Suffigierung ein verdinglichender (im weiteren Sinn wie auf den Seiten

108 und 172 beschrieben) und relationierender kognitiver Prozess ist. Die Überführung von Gegenstandskonzepten in Vorgangskonzepte, die – wie wir sehen
werden – bei der Konversion eine wichtige Rolle spielt, ist hier nur von marginaler Bedeutung. Dass der überwiegende Anteil der Suffigierungen eher abstrakten
Charakter hat, dürfte auch kein Zufall sein und passt gut mit der Registervertei-
lung zusammen. Plakativ ausgedrückt könnte man sagen, dass die Suffigierung
sich weniger bei der Konzeptualisierung konkreter Alltagserfahrungen hervortut,
sondern ihren Wirkungsbereich in der Welt der abstrakten Ideen und Relationen
gefunden hat. Diese Welt spielt natürlich in wissenschaftlichen Fachtexten eine
wichtige Rolle, deren Autoren entsprechend eifrig von den Ergebnissen von Suf-
figierungsprozessen Gebrauch machen.

Weiterführende Literatur: Zu Diminutivsuffixen wie *-ie*, *-ette*, *-let*, *-ling* und anderen:
Schneider (2003). Zum Suffix *-ize* und dessen Bedeutungen: Plag (1997). Zu den Verbsuffixen
-ify, *-ize* und *-ate* und der Konkurrenz zwischen diesen: Plag (1999). Zu deverbalem *-er*: Ryder
(1999), Panther und Thornburg (2001), Heyvaerts (2003: 99–176). Zu *-ee*: Bauer (1983: 243
ff.), Barker (1995). Zu *-wise*: Lenker (2002), und zum Zwischenstatus von *-wise*, *-like* und *-ful*
zwischen Komposita und Suffigierungen: Dalton-Puffer und Plag (2000). Zu Nominalisierungen: Lees (1966), Chomsky (1970), Heyvaert (2003). Nützliche Hilfsmittel zur Untersuchung
von Suffixen sind die rückläufigen Wörterbücher von Lehnert (1971) und Muthmann (1999).

10. Konversion

Wir verlassen nun das Terrain der typischen morphematischen Wortbildungsverfahren und wenden uns einem sprachlich denkbar einfachen Phänomen zu: der Verwendung von Wörtern, die in verschiedenen Wortklassen etabliert sind. In der theoretischen Modellierung allerdings wird dieses Phänomen sehr kontrovers behandelt. Hier besteht nicht einmal Einvernehmen darüber, ob es überhaupt als Wortbildungsmuster zu gelten hat, da ja zumindest auf der Ebene der morphologischen Substanz nichts zu beobachten ist, was den typischen Mustern Komposition, Präfigierung und Suffigierung ähnelt. Parallelen zu diesen Verfahren existieren deshalb in erster Linie im Hinblick auf vergleichbare zugrunde liegende Sätze und semantische Strukturen, aber nicht bezüglich der morphologischen Form und Struktur.

Unter denjenigen Forschern, die diese Erscheinung als Wortbildungverfahren akzeptieren, gibt es darüber hinaus eine Debatte, wie sie theoretisch zu fassen und entsprechend zu bezeichnen sei. Die beiden prominentesten Positionen arbeiten mit den Begriffen *Konversion* (*conversion*) und *Nullmorphemableitung* bzw. *Nullableitung* (*zero-derivation*). Um eine frühe Festlegung auf einen dieser Ansätze zu vermeiden, werde ich in diesem Kapitel die sprachlichen Tatsachen zunächst – soweit möglich – theoriefrei aus synchroner und diachroner Sicht darstellen (10.1). Im Anschluss sollen verschiedene Möglichkeiten ihrer theoretischen Erklärung diskutiert werden (10.2). Danach geht es um die Frage, wie in denjenigen Ansätzen, die mehrfache Wortklassenzugehörigkeit als Ergebnisse von Ableitungsprozessen ansehen, die Ableitungsrichtung bestimmt werden kann (10.3). Abschließend (10.4) wird dann der Versuch gemacht, das Wesen der ‚Konversion' aus der in diesem Buch eingeführten kognitiven Perspektive der Wortbildung zu erhellen.

10.1 Das sprachliche Phänomen

10.1.1 Die synchrone Sicht: Mehrfache Wortklassenzugehörigkeit

Worum es hier geht, ist im Kern ziemlich unspektakulär. Es handelt sich um Wortformen, die nicht nur gelegentlich in verschiedenen Wortklassen auftreten, sondern dies so regelmäßig tun, dass sie als Angehörige zweier (oder mehrerer) Wortklassen gelten können. In diesen Wortklassen haben sie jeweils unterschiedliche Bedeutungen und werden entsprechend in vielen Lexika mit jeweils eigenen Einträgen für die jeweiligen Vorkommensfälle bedacht. Eines der extremsten Beispiele für diese Erscheinung ist die Form *round*, die in nicht weniger als fünf verschiedenen Wortklassen auftritt, und zwar als Adjektiv (wie in 10.1), Verb (10.2), Präposition (10.3), Adverb (10.4) und Nomen (10.5):

(10.1) And in fact theirs has got a *round* head on it. (ICE-GB S1b-073)

(10.2) That's why this is to smooth them and *round* them off. (ICE-GB S1b-043)

(10.3) There's an interesting band *round* the walls. (ICE-GB S2a-059)

(10.4) Now if you come *round* here we have the Indian room ... (ICE-GB Sa-059)

(10.5) A mass rally at Brent Magistrates Court is planned for January 10 when the next *round* of summoned offenders face the court. (ICE-GB S2c-009)

Die Form *down* ist ähnlich vielseitig. Obwohl Vergleichbares eher selten ist, darf der Anteil des englischen Lexikons, der von mehrfachen Wortklassenzugehörig-keiten betroffen ist, nicht unterschätzt werden. Im BUMC sind nicht weniger als ein Viertel der ca. 41.000 *tokens* Belege von lexikalischen Einheiten, die entwe-der selbst potenziell in mehr als einer Wortklasse auftreten können oder solche Elemente enthalten. Auch ein Blick in eines der gängigen Handwörterbücher wie LDOCE4 oder OALD5 bestätigt, dass ein erstaunlich hoher Anteil der Lemmata Einträge für zwei oder mehr Wortklassen aufweist.

Am häufigsten lassen sich die folgenden Kombinationen von Wortklassen beobachten:

N, V	*aim, attack, bank, block, blow, call, control, fence, fool, love, man, move, pass, result, spell*
Adj, V	*alert, blind, dirty, empty, idle, mature, narrow, open, quiet, slim, sober, thin, warm, tense*
N, Adj	*adult, black, chemical, dark, final, intellectual, narrative*
N, Adj, V, (Adv)	*back, calm, clean, clear, close, cool, near, pale, uniform, wrong*

Ähnliches gibt es auch in anderen Sprachen. Trotzdem ist es nicht übertrieben zu behaupten, dass das Ausmaß dieses Phänomens im Englischen außergewöhnlich hoch ist. Die Ursachen für diese Sonderstellung sind in der Geschichte der engli-schen Sprache zu suchen.

10.1.2 Die diachrone Sicht: Historische Ursachen

Es ist sehr wichtig zu erkennen, dass sich der heutige Zustand einer stark ausge-prägten mehrfachen Wortklassenzugehörigkeit historisch aus einer Reihe verschiedener Quellen speist. Als Hauptfaktoren sind – trotz der Vorbehalte Marchands (1969: 363 f.) – der in Abschnitt 3.2 beschriebene Flexionsverfall sowie die reiche Entlehnungsgeschichte des Englischen zu nennen. Durch den Wegfall der meisten Flexionsendungen wurde der formale Zusammenfall von Nomina, Verben und Adjektiven begünstigt und im Zuge der eifrigen Entlehnung, vor allem aus dem Lateinischen und dem Französischen, kamen viele Lexeme als Angehörige verschiedener Wortklassen ins Englische, die aber nur noch dann voneinander zu unterscheiden waren, wenn sie durch Wortbildungsaffixe markiert waren.

Im Einzelnen lassen sich auf der Basis der Hinweise im OED und der dort angegebenen Erstbelege und ihrer Daten die folgenden historischen Ursachen des heutigen Wortklassenzusammenfalls rekonstruieren:

1. Lexeme, deren Stämme zwar schon im Altenglischen formgleich waren, deren Verwendungen aber noch durch Flexionsmorpheme als verschieden markiert waren, wurden durch den Verfall dieser Morpheme formal vereinheitlicht. Ein gutes Beispiel dieses Typs ist die Form *love*, die heute als Nomen und Verb existiert. Beide lassen sich auf die altenglische Wurzel *luf-* zurückführen, die aber zu dieser Zeit nicht isoliert auftreten konnte, sondern nur in flektierten Wortformen des Nomens *lufu* oder des Verbs *lufian*. Analog verhalten sich auch altenglisch *andswaru* (N) und *andswarian* (V), heute *answer* (N + V). Mit dem Verlust der Flexionsmorpheme im Spätaltenglischen und Mittelenglischen war der Wortklassenunterschied nicht mehr markiert, Nomen und Verb wurden auch in der jeweiligen Zitierform (d. h. im *common case* im Singular beim Nomen und im Infinitiv beim Verb) formal identisch.

2. Beide Formen wurden aus dem Französischen oder Lateinischen entlehnt und waren formal bereits mehr oder weniger identisch oder wurden es bald durch den Flexionsverfall im Englischen. Die Form *camp* z. B. hat quasi zwei Quellen im Französischen, wo bereits das Nomen *camp* ‚Lager‘ und das Verb *camper* ‚lagern‘ existierten. Die Erstbelege im OED sind für das englische Nomen auf 1528 und für das Verb auf 1543 datiert. In den Angaben zur Etymologie für das Verb nennt das OED entsprechend sowohl das französische Verb *camper* als auch das englische Nomen *camp* und legt sich damit nicht fest. Dies dürfte insofern auch vernünftig sein, als bei zeitlich so nahe beieinander liegenden Erstbelegen die Bestimmung der Herkunft häufig unmöglich sein wird.

3. Eine der beiden Formen wurde im Laufe der englischen Geschichte von der anderen abgeleitet. Dies ist vor allem dann plausibel, wenn zwischen den beiden Erstbelegen eine etwas längere Zeitspanne liegt, was z. B. bei der Form *hand* der Fall ist. Als Nomen existierte das Lexem bereits im Altenglischen und anderen frühen Stufen germanischer Sprachen wie dem Altfriesischen, Altnordischen und Althochdeutschen. Der erste Beleg im Englischen stammt aus dem Jahre 825, also aus einer der frühesten schriftlichen Quellen. Das gleich lautende Verb ist dagegen erst für das Jahr 1610 belegt, als es offenbar erstmals von

Shakespeare im *Tempest* verwendet wurde. Selbstverständlich legt hier nicht nur das spätere Auftreten, sondern auch die Bedeutung des Verbs ‚hantieren, mit der Hand manipulieren, übergeben' den Schluss nahe, dass das Verb vom Substantiv abgeleitet ist.

4. Die vierte Möglichkeit lässt sich gut mit der Form *hate* exemplifizieren, die in altenglischer Zeit formal noch deutlich verschieden als Verb *hatian* und Nomen *hete* vorlag. Laut OED resultiert der Zusammenfall der beiden Formen aus einer im Mittelenglischen vollzogenen Anpassung der nominalen Form an die verbale, wobei möglicherweise das verwandte altnordische Nomen *hatr* einen gewissen Einfluss hatte. Eine ähnliche Situation liegt bei der heutigen Form *work* vor, die auf die altenglischen Formen *wyrcan* (V) und *weorc* (N) zurückgeht. Hier zeigt die lautliche Entwicklung jedoch eine Anpassung des Verbs an das Nomen.

Selbst dem OED fällt es nicht immer leicht, zwischen diesen Typen von Ursachen zu unterscheiden, denn häufig gibt es außer den Daten der Erstbelege keine Hinweise auf die historische Entwicklung. Entsprechend oft werden im OED auch mehrere Möglichkeiten genannt und zusätzliche Faktoren wie die oben erwähnte Interferenz skandinavischer Wörter ins Spiel gebracht. Aus synchroner Sicht ist festzuhalten, dass für heutige Sprecher die verschiedenen historischen Ursachen des als mehrfache Wortklassenzugehörigkeit beobachtbaren Phänomens im Dunkeln bleiben: Fälle wie *love* (N) und *love* (V), *answer* (N) und *answer* (V), *hand* (N) und *hand* (V), *camp* (N) und *camp* (V), *hate* (N) und *hate* (V), und *work* (N) und *work* (V) stellen sich aus dieser Perspektive auf den ersten Blick sehr ähnlich dar. Dasselbe gilt für rein synchron arbeitende Linguisten, die die Kompetenz idealisierter *native speakers* beschreiben und erklären wollen. Marchand beispielsweise sagt hierzu explizit: „History is one thing, grammar is another. Historical relation refers to an external succession of two events on the vertical plane of time, derivational relation refers to structural position on the horizontal plane of a system" (1963: 179). Im Folgenden wende ich mich Versuchen zu, die mehrfache Wortklassenzugehörigkeit aus synchroner Sicht theoretisch zu modellieren. Dabei werde ich den Terminus *Konversion* als neutrale Bezeichnung verwenden.

10.2 Modellierungsansätze

10.2.1 Grammatische Unbestimmtheit und komplexe Wortklassen

Ein ziemlich extremer Versuch mit der fraglichen Erscheinung umzugehen, besteht in der Annahme, die lexikalischen Elemente des Englischen seien prinzipiell gar nicht auf bestimmte Wortklassen festgelegt, sondern im Lexikon grammatisch unbestimmt. Demnach ergibt sich erst im Gebrauch durch die Einbettung in syntaktische Strukturen eine funktional-grammatische Bestimmung, die sich als Angehörigkeit zu einer Wortklasse interpretieren lässt. Dieser Weg wurde z. B. von dem bekannten amerikanischen Linguisten Benjamin Whorf beschritten, der sich intensiv mit indianischen Sprachen beschäftigte, in denen die Wortklassen weniger ausgeprägt sind als in den indoeuropäischen. Ein vergleichbarer Vorschlag wurde auch von Farell (2001) vorgelegt.

In diesem Zusammenhang sind auch Ansätze aus dem amerikanischen Strukturalismus der 40er und 50er Jahre des letzten Jahrhunderts zu nennen, für die umgekehrt die exakte und vor allem objektive Bestimmung der Wortklassen ein wichtiges Ziel war (vgl. Fries 1952: 65 ff.). Diesen Bestrebungen kamen mehrfache Wortklassenzugehörigkeiten naturgemäß nicht zupass. Charles Hockett (1958: 225 ff.) packte den Stier bei den Hörnern und ließ zusätzlich zu den traditionellen Grundwortarten Nomen, Adjektiv und Verb komplexe Wortklassen zu: Nomen-Adjektiv (NA), Nomen-Verb (NV), Adjektiv-Verb (AV) und Nomen-Adjektiv-Verb (NAV). Diese Klassen trugen den auf S. 188 genannten wichtigsten Typen der mehrfachen Wortklassenzugehörigkeit Rechnung, verkomplizierten aber andererseits auch den grammatischen Regelapparat.

Allen diesen Ansätzen ist gemein, dass sie die mehrfache Wortklassenzugehörigkeit nicht als Prozess bzw. Ergebnis eines Prozesses modellieren, sondern als Zustand. Die Frage, welche von zwei oder mehreren grammatischen Funktionen grundlegender und welche sekundär, d. h. abgeleitet ist, stellt sich hier entsprechend nicht.

10.2.2 Funktionale Transposition und Konversion

Sehr viel häufiger anzutreffen als statische Ansätze ist die prozessuale Vorstellung, dass zur vorhandenen Mitgliedschaft in einer Wortklasse eine oder mehrere weitere hinzukommen. Diese Vorstellung wird durch Begriffe wie *funktionaler Wechsel* (*functional change*), *funktionale Verschiebung* bzw. *Transposition* (*functional shift* bzw. *transposition*) und den bereits erwähnten Terminus *Konversion* (*conversion*) beschrieben (vgl. Marchand 1969: 360, Pennanen 1971: 17 ff. und Štekauer 1996: 23 ff. für Übersichten über die Verwendungen dieser Termini). Grundidee ist jeweils, dass ein Lexem ohne formale Markierung von einer Wortklasse in eine andere übertritt und gleichzeitig in der ursprünglichen Wortart erhalten bleibt. Dies impliziert immer eine Direktionalität des Prozesses von einer Ausgangswortklasse zu einer (oder mehreren) Zielwortklassen – was ja auch charakteristisch für die Suffigierung ist. Nicht zuletzt die funktionale Ähnlichkeit zur Suffigierung legt deshalb die Behandlung dieses Phänomens im Rahmen der derivationalen Verfahren der Wortbildung nahe, obgleich zumindest auf der morphologischen Ebene ja keine formalen Hinweise auf das Vorliegen einer Ableitung existieren.

Der Terminus *Konversion* geht auf die Grammatik von Sweet (1900: 38 ff.) zurück, der das Nomen *walk* in *he took a walk* und *three different walks of life* als „converted noun" und den Prozess von dessen Entstehung als „conversion" bezeichnet. Ein Lexem kann laut Sweet dann als konvertiert gelten, wenn es alle formalen Charakteristika der neuen Wortklasse – im Falle des Nomens *walk* also z. B. die Verwendung mit dem Artikel *the* und im Plural – zulässt (1900: 39). Davon zu trennen sind Fälle wie *the poor, the British* oder *at his best* (Don, Trommelen und Zonneveld 2000: 944), in denen laut Sweet nur eine partielle Konversion (*partial conversion*) vorliegt, weil ein Wort nur in einzelnen formalen und funktionalen Möglichkeiten der neuen Wortart auftritt. Als theoretisch zumindest relativ neutraler und unbelasteter Begriff wird *Konversion* auch von vielen anderen Linguisten eingesetzt, z. B. von Kruisinga (1932), Biese (1941), Bauer (1983: 226 ff.) und Quirk et al. (1985: 1558 ff.). Marchand akzeptiert zwar für Fälle der partiellen Konversion den Begriff *Konversion*, behandelt vollständige Konversion aber als so genannte *Nullmorphemableitungen* (s. 10.2.3 unten).

Die wichtigsten Muster der Konversion sind in enger Anlehnung an die Darstellung von Quirk et al. (1985: 1560 ff.) in Tabelle 10.1 zusammengefasst:

Tab. 10.1: Hauptmuster der Konversion nach Quirk et al. (1985: 1560 ff.)

Deverbale Nomina

‚state', ‚state of mind'	*desire, dismay, doubt, love, smell, taste, want*
‚event/activity'	*attempt, fall, hit, laugh, release, search, swim*
‚object of V'	*answer* (‚that which answers'), *bet, catch, find*
‚subject of V'	*bore* (‚s.o./s.th. who/that bores'), *cheat, coach*
‚instrument of V'	*cover* (‚s.th. with which to cover things'), *paper*
‚manner of V-ing'	*walk* (‚manner of walking'), *throw*
‚place of V'	*divide, retreat, rise, turn*

Denominale Verben

‚to put in/on N'	*bottle, corner, catalogue, floor, garage*
‚to give/provide with N'	*butter (bread), coat, commission, grease, oil*
‚to deprive of N'	*core, peel, skin*
‚to ... with N'	*brake, elbow, fiddle, hand, finger, glue*
‚to be/act as N with respect to'	*chaperon, father, nurse, parrot, pilot*
‚to make/change ... into N'	*cash, cripple, group*
‚to send/go by N'	*mail, ship, telegraph; bicycle, boat, canoe*

Deadjektivische Verben

‚to make (more) Adj' (trans. V)	*calm, dirty, dry, humble, lower*
‚to become Adj'(intrans. V)	*dry, empty, narrow, weary (of), yellow*

Grundsätzlich dominiert quantitativ bei der Konversion die Bildung von Verben über die von Nomina (vgl. Don, Trommelen und Zonneveld 2000: 949).

10.2.3 Nullmorphemableitung

Die Idee, dass der Wortklassenwechsel durch ein formal nicht markiertes Morphem, das so genannte *Nullmorphem* (*zero morpheme*) ausgelöst wird, existierte bereits vor Marchand. Schon Jespersen (1942: 85) stellt mit dem Hinweis, der Terminus „suffix zero" sei gerade in Mode, fest, dass man nicht von konvertierten Verben sprechen sollte, sondern von „verbs formed from sbs [= substantives, HJS] with a suffix zero". Nullelemente waren bzw. sind auch im post-Saussureschen französischen Strukturalismus, im amerikanischen Strukturalismus und in der Generativen Grammatik beliebt als Platzhalter für Funktionen, die anderweitig auch durch Elemente mit morphologischer Substanz erfüllt werden können (vgl. Pennanen 1971: 25 ff. für einen guten Überblick). Gleichwohl sind Marchand und seine Schüler Kastovsky und Lipka sowie auch Hansen als die wichtigsten Vertreter des Nullableitungsansatzes zu betrachten. Es gilt zu betonen, dass Nullmorpheme – wie alle Nullelemente – rein theoretische Konstrukte sind, deren psychologische Realität nicht zur Debatte steht.

Wie wird die Postulierung dieses theoretischen Konstrukts gerechtfertigt? Der entscheidende Gesichtspunkt ist die bereits erwähnte Analogie zur Suffigierung. So vertritt Marchand (1969: 359) die Ansicht, dass die Parallelen zwischen den offen markierten deadjektivischen Verbsuffigierungen in (10.6) und den formal nicht markierten Wortklassenwechseln in (10.7) so deutlich sind, dass sie das Ansetzen des Nullmorphems rechtfertigen:

(10.6)	**Adj**	**+ Suffix**		**V**	**Bedeutung**
	legal	*-ize*	→	*legalize*	‚make legal'
	national	*-ize*	→	*nationalize*	‚make national'
	sterile	*-ize*	→	*sterilize*	‚make sterile'

(10.7)	**Adj**	**+ Suffix**		**V**	**Bedeutung**
	clean	*-Ø*	→	*clean*	‚make clean'
	dirty	*-Ø*	→	*dirty*	‚make dirty'
	tidy	*-Ø*	→	*tidy*	‚make tidy'

Die Beispiele zeigen, dass nicht nur die grammatische Parallele des Wortklassenwechsels, sondern auch die semantische Analogie zwischen den Suffigierungen und den Nullableitungen maßgeblich ist. Marchand (1969: 360) weist ausdrücklich darauf hin, dass das Nullmorphem nur dann postuliert werden darf, wenn eine sichtbare formale Markierung mit derselben Funktion existiert. Wie ‚andere' Suffixe auch, fungiert das Nullmorphem innerhalb der *modifier-head*-Beziehung (s. S. 91) als *head* und bestimmt somit die Wortklasse. Durch diese Annahme gelingt es Marchand einerseits, Konversionen in die englische Wortbildung zu integrieren, ohne das Grundprinzip der Struktur von Wortbildungen außer Kraft zu setzen. Andererseits ist jedoch die Vorstellung, dass ausgerechnet ein substanziell nicht markiertes Morphem die wichtige Rolle der Wortklassendeterminierung übernimmt, nicht sehr plausibel. Problematisch ist weiterhin, dass das Nullmorphem eine ganze Palette verschiedener Wortklassenwechsel und semantischer Veränderungen bewirken können muss: Es macht aus Nomina Verben, aus Adjektiven Verben, aus Verben Nomina etc., und innerhalb dieser Typen löst es jeweils unterschiedliche semantische Veränderungen – wie in Tabelle 10.1 skizziert – aus. Entweder hat das Morphem die außerordentlich allgemeine Funktion ‚verändere die Wortklasse' oder man muss von der Existenz mehrerer homonymer Nullmorpheme mit verschiedenen Funktionen ausgehen.

Marchand (1969: 365 ff.) unterscheidet die folgenden drei Haupttypen der Nullableitung: denominale Verben vom Typ *bridge*, deadjektivische Verben vom Typ *idle* und deverbale Nomina vom Typ *look*. Wie nicht anders zu erwarten ist, stimmen auch die jeweiligen semantischen Modelle im Kern recht gut mit den in Tabelle 10.1 aufgelisteten Typen der Konversion überein, wobei man davon ausgehen kann, dass Marchands detaillierte Darstellung trotz der unterschiedlichen theoretischen Grundannahmen bei der Bestimmung der Kategorien von Quirk et al. (1985) Pate stand und nicht umgekehrt.

10.2.4 Metonymie

Die bisher besprochenen Ansätze gehen semasiologisch vor. Der Versuch, Konversion als eine Form der Metonymie zu verstehen, nimmt dagegen eine onomasiologische Perspektive ein. Insofern gibt es Parallelen zu dem explizit onomasiologischen Ansatz von Štekauer (1996), in dem einzelne Konversionen als jeweils individuelle *konzeptuelle Rekategorisierungen* (*conceptual recategorizations*) aufgefasst werden. Beispielsweise drückt laut Štekauer das Nomen *experiment* einen Vorgang aus, der durch die konzeptuelle Rekategorisierung zum Handlungskonzept werden kann; *feature* ist ein Qualitätskonzept und wird ebenfalls als Handlungskonzept rekategorisiert, und *insert* ist ein Handlungskonzept, das als Substanzkonzept rekategorisiert wird (Štekauer 1996: 46 f.).

Während Štekauer ein komplexes Mehrstufenmodell zur Erläuterung des Rekategorisierungsmechanismus vorschlägt (1996: 47 ff.), versucht Dirven (1999), ihn für den begrenzten, aber stark vertretenen Bereich von aus Nomina konvertierten Verben auf konzeptuelle Metonymien von Ereignisschemata zurückzuführen. Er versteht die Metonymie als Strategie des Sprechers, sich auf einen intendierten Referenten vermittels eines mit dem Hörer geteilten Referenzpunktes zu beziehen. Dies lässt sich mit einem Standardbeispiel wie *The steak and kidney pie (wants to pay)* mit Bezug auf den Gast, der das Gericht bestellt und verzehrt hat, illustrieren. Allgemeiner lässt sich die Metonymie als eine Beziehung des ‚Für-etwas-Stehens' innerhalb einer Szene verstehen. Diese Beziehung liegt nicht nur im *steak-and-kidney-pie*-Beispiel vor, wo die Mahlzeit für den Kunden steht, sondern in der Wortbildung auch in Bahuvrihi-Komposita, bei denen häufig ein hervorstechendes Attribut stellvertretend für die ganze Person profiliert wird, vgl. *paleface, hunchback, redskin* (s. S. 126).

Dirven (1999: 277) legt dar, dass bei Konversionen Komponenten von Szenen metonymisch für jeweils andere Komponenten derselben Szenen stehen, wobei Szenen – Dirvens Begriff ist *Schema* – durch die von einem Verb geforderten semantischen Rollen abgrenzbar sind. Die dem Verb *clean* zugrunde liegende Szene beispielsweise impliziert als semantische Rollen den Handelnden (AGENS), das gereinigte Objekt (OBJEKT), möglicherweise ein INSTRUMENT, die ART UND WEISE der Handlung und das ERGEBNIS (s. auch S. 106). Das Adjektiv *clean*, so Dirven, bezeichnet in dieser Szene (*X makes Y clean with Z*) die konzeptuell prominente Rolle ERGEBNIS, und diese wird bei der Konversion per Metonymie in Stellvertretung für den gesamten Vorgang auf das Verb *to clean* (*X cleaned Y with Z*) übertragen.

Welche Komponenten von Szenen als Quelle und welche als Ziel der Metonymie in Frage kommen, hängt vom Typ der Szene ab. Dirven unterscheidet drei Typen, die bei denominalen Verbkonversionen zum Tragen kommen: die Handlungsszene, die Orts- oder Fortbewegungsszene und die Szene des ‚So-Seins' – das ist in Dirvens Worten: „the essive schema, or the schema of ‚being-ness', in which the status of class membership or an attribute is assigned to an entity" (Dirven 1999: 280). Auf den letzten Typ werde ich nicht weiter eingehen, weil er weniger überzeugend erscheint als die beiden anderen und sich in vielen Fällen auch als Handlungsschema verstehen lässt. Bei Handlungsszenen kommen laut Dirven grundsätzlich die Rollen PATIENS, INSTRUMENT und ART UND WEISE, bei Fortbewegungsszenen in erster Linie das ZIEL als Quellen für Metonymien in Frage. Beispiele für diese Typen sind in Tabelle 10.2 zusammengestellt.

Tab. 10.2: Beispiele für Konversionen als Metonymien nach Dirven (1999)

Handlungsszene

PATIENS steht für HANDLUNG	(10.8) *He was fishing (salmon)*
INSTRUMENT steht für HANDLUNG	(10.9) *He was luring fish.*
ART UND WEISE steht für HANDLUNG	(10.10) *He was fishing pearls.*

Bewegungsszene

ZIEL steht für BEWEGUNG   (10.11) *The plane landed in Cairo.*

In (10.8) steht die durch das Nomen *fish* repräsentierte Rolle des PATIENS stellvertretend für die ganze Handlung des Fischens, in (10.9) das INSTRUMENT *lure* (‚Köder‘). Der INSTRUMENT-Typ der Metonymie motiviert übrigens auch das hochgradig institutionalisierte deutsche Verb *angeln* ‚mit der Angel fischen‘. In (10.10) bedeutet das konvertierte Verb *fish* nicht einfach nur ‚fischen, angeln‘, sondern ‚dem Meer etwas auf eine Art und Weise entnehmen, die dem Fischen ähnlich ist‘; deshalb handelt es sich hier um den Typ ART UND WEISE. In der Fortbewegungsszene in (10.11) schließlich steht das ZIEL der Bewegung, das Nomen *land*, stellvertretend für die ganze Szene und motiviert die Konversion vom Nomen zum Verb.

Was Dirvens Ansatz für das vorliegende Buch besonders attraktiv macht, ist die Tatsache, dass das Phänomen der Konversion auf eine konzeptuelle Beziehung zwischen Basis und konvertierter Form zurückgeführt wird, die in der Sprache auch in vielen anderen Zusammenhängen beobachtet werden kann und deshalb von hoher Erklärungskraft ist. Von welch grundlegender Bedeutung die Metonymie für das menschliche Kommunizieren und vermutlich auch Denken ist, zeigt das Beispiel meiner eineinhalbjährigen Tochter, die mit der Handfläche neben sich auf den Boden oder das Sofa schlägt, um zu signalisieren, man möge sich neben sie setzen. Mit nonverbalen Mitteln setzt sie damit genau die oben erwähnte ZIEL-steht-für-BEWEGUNG-Metonymie um, indem sie den erwünschten Endzustand stellvertretend für die Handlung andeutet. Es bietet sich demnach an, die Metonymie in den Überlegungen zur Konversion aus kognitiver Sicht in 10.4 aufzugreifen und Dirvens Ansatz zu erweitern.

10.3   Zur Bestimmung der Ableitungsrichtung

Alle in 10.2 referierten Ansätze mit Ausnahme des Konzepts der grammatischen bzw. konzeptuellen Unbestimmtheit (10.2.1) fassen Konversion als Ergebnis eines Prozesses auf. Für alle diese Modelle stellt sich entsprechend die Frage nach der Richtung des Vorgangs: Welche von zwei identischen Formen in verschiedenen Wortklassen ist der Ausgangspunkt und welche das Ergebnis? Ist die Form *aim* z. B. ein denominales Verb oder ein deverbales Nomen? Da die Frage nach der Ableitungsrichtung weder theoretisch noch in der tatsächlichen Analysepraxis einfach zu beantworten ist, umgekehrt aber in der Literatur oft kaum behandelt wird, sollen hier die wichtigsten Kriterien für die Bestimmung der Ableitungsrichtung kurz erläutert und bewertet werden. Dabei ist noch einmal daran zu erinnern, dass sprachhistorische Erkenntnisse darüber, in welcher Funktion eine Form zuerst belegt ist – wie sie etwa das OED liefert –, synchron als irrelevant zu betrachten sind. Aus synchroner Sicht sind Überlegungen semantischer, struktureller, quantitativ-distributioneller und konzeptueller Natur maßgeblich (vgl. Marchand 1963, 1964, Iacobini 2000 für weitere Kriterien).

Der gewichtigste semantische Anhaltspunkt ist die semantische Abhängigkeit der Ableitung von der Basis. Diese manifestiert sich bereits auf der Ebene des zugrunde liegenden Satzes (s. S. 98) und auf allen nachgeordneten Analyseebenen darin, dass die Basis in der Paraphrase der Ableitung auftritt: Das deadjektivische Verb *dry* z. B. wird paraphrasiert durch ‚to make dry', das denominale Verb *bottle* als ‚to put into bottles'. Leider ist die Anwendung dieses Kriteriums nicht immer so einfach wie bei diesen relativ eindeutigen Beispielen, was auch zu divergenten Analysen verschiedener Autoren führen kann. So betrachten Clark und Clark (1979: 770) *cover* als denominales Verb (‚put cover on sth'), Quirk et al. (1985: 1560) dagegen listen es als ‚instrument for covering' unter den deverbalen Nomina auf (s. S. 192), wobei beide Analysen rein semantisch gleichermaßen plausibel sind. Besonders schwer fällt die Entscheidung bei abstrakten Konzepten aus dem mentalen und emotionalen Bereich wie *aim, concern, desire, fear, hope, love, plan* oder *wish*.

Als weiteres semantisches Kriterium kann die semantische Breite der beiden Kandidaten hinzugenommen werden. Dabei wird davon ausgegangen, dass die Ableitung semantisch enger und spezifischer ist als die Basis. Marchand weist z. B. darauf hin, dass der Eintrag für das Nomen *look* im OED nur eine Spalte einnimmt, der für das gleich lautende Verb dagegen sechs Spalten. Dies spiegelt die größere semantische Breite des Verbs wider, welches entsprechend als Basis anzusehen ist.

Aus struktureller Sicht lässt sich die bereits erwähnte Forderung Marchands aufgreifen, dass ein Nullmorphem nur angesetzt werden darf, wenn dieselbe Funktion in anderen Fällen morphologisch offen markiert ist. Sanders bezeichnet dies als „overt analogue criterion" (1988: 160 f.). Dieses kann als Indiz für die Bestimmung der Ableitungsrichtung verwendet werden, indem man argumentiert, dass bei semantisch ähnlichen Lexemen die Ableitungsrichtung von Konversionen analog zur Richtung vergleichbarer Suffigierungen verläuft. Für Sprechakt bezeichnende Formen wie *answer, bet, claim, comment, lie, order, protest, remark* und *reply* z. B. spricht die Analogie zu einer Vielzahl markierter Suffigierungen auf *-(a)tion, -ment* und *-ance* aus demselben Feld (*affirmation, confirmation, contradiction, suggestion; announcement, pronouncement, statement; assurance, insistence, reassurance*) für eine Behandlung als deverbale Nomina. Quirk et al. (1985: 1559) entscheiden sich auf der Basis desselben Kriteriums dafür, die oben genannten mentalen und emotionalen Konzepte (*aim, love* etc.) als deverbale Nomina einzustufen.

Die relative Häufigkeit beider Verwendungen kann ebenfalls als Bestimmungshilfe dienen. Marchand (1964: 15) nennt als Beispiel das Verb *to author*, das viel seltener anzutreffen ist als seine nominale Basis. Hier ist auch zu beachten, ob Unterschiede zwischen den beiden Varianten einer Form im Hinblick auf die Verbreitung in verschiedenen Textsorten und Registern zu beobachten sind. Das Verb *to fedex* ,to send by Federal Express' z. B. war im amerikanischen Englisch ursprünglich auf die Werbesprache beschränkt, hat aber mittlerweile zumindest in den USA seinen Siegeszug in den Allgemeinwortschatz angetreten.

Schließlich können auch noch Überlegungen zum Wesen des zugrunde liegenden Konzepts die Entscheidung über Basis und Ableitung beeinflussen, wobei sich diese in der Regel durch die semantische Abhängigkeit bestätigt. So lassen sich Personen-, Tier- und Gegenstandskonzepte wie *father, man, nurse, fish, knife* oder *hammer* als typisch ,nominale' Konzepte einordnen, während Handlungs- und Vorgangskonzepte wie *break, cut, jump, kiss* oder *move* ,verbalen' Charakter haben. Hierzu wird in Abschnitt 10.4 noch mehr gesagt werden.

Trotz dieses Kriterienkatalogs ist die Ableitungsrichtung von Konversionen nicht immer eindeutig bestimmbar, nicht zuletzt auch deshalb, weil die Kriterien im Ergebnis nicht immer konvergieren. Eine nachhaltige Lösung dieses Problems steht also noch aus und existiert möglicherweise gar nicht. Wollte man sich dieser Herausforderung stellen, so müsste man eine Reihe recht grundsätzlicher Fragen angehen: Können Konversionen wirklich so systematisch erklärt werden, wie es etwa das *overt analogue criterion* verlangt, oder haben sie nicht doch jeweils individuelle Ableitungs-,Geschichten' in der von Štekauer (1996: 46) propagierten Art und Weise? Ist Letzteres der Fall, so wäre das strukturelle Kriterium in der Form, wie es z. B. für die Sprechaktverben und -nomina genannt wurde, hinfällig. Wie ich später zeigen werde (s. S. 204), spricht sogar einiges dafür, dass Konversion und Suffigierung keine analogen Verfahren sind, sondern komplementär zueinander stehen und unterschiedliche Wirkungsbereiche haben. Falls Konversion in der Tat systematisch und musterhaft abläuft, was sind die Produktivitätsbeschränkungen dieses Musters? Lassen sich alle Fälle von potenziellen Konversionen über einen Kamm scheren oder müssen – ähnlich wie aus historischer Sicht – verschiedene Gruppen unterschieden werden? Einen Beitrag zu einer Differenzierung verschiedener Typen der Konversion aus konzeptueller Sicht soll der abschließende Abschnitt in diesem Kapitel leisten.

10.4 Überlegungen zur Konversion aus der kognitiven Perspektive

Was lässt sich zur mehrfachen Wortklassenzugehörigkeit aus der in 5.3.3 eingeführten kognitiven Perspektive der Wortbildung sagen?

Was die verschiedenen Stufen der Profilierung angeht (s. S. 106), so ist zunächst einmal festzustellen, dass die Konzeptprofilierung – das ist die Auswahl der Konzepte, die morphologisch offen hervorgehoben werden – insofern unspektakulär ausfällt, als sie nicht von der Profilierung durch Simplizia zu unterscheiden ist. Bei allen typischen morphematischen Wortbildungsmustern (Komposition, Präfigierung, Suffigierung) haben wir es mit einer Profilierung von mindestens zwei durch Morpheme repräsentierten Konzepten zu tun. Dies ist bei der Konversion nicht der Fall. Ist die Basis der Konversion nicht schon morphologisch komplex (wie z. B. bei *to shoehorn* ‚hineinpressen' vom Nomen *shoehorn* ‚Schuhlöffel'), so wird nur eine Komponente der konzeptualisierten Szene explizit hervorgehoben, und das gilt selbst dann noch, wenn man davon ausgeht, dass die hervorgehobene Komponente metonymisch für andere stehen kann.

Da nur ein Konzept profiliert wird, fällt die zweite Stufe der Profilierung, die interne Figur-Grund-Profilierung, schlicht weg, und das Figur-Grund-Prinzip spielt keine Rolle. Beim metonymischen Ansatz lässt sich zwar plausibel machen, dass die hervorgehobene Szenenkomponente als Figur vor dem Grund der Szene profiliert wird, aber dies ist eine andere Form der Figur-Grund-Profilierung als bei den typischen Wortbildungsmustern, wo Figur und Grund innerhalb des komplexen Lexems angelegt sind.

Interessant ist natürlich nun die Stufe der Konzepttypprofilierung, die die konzeptuelle Grundlage der Wortklassenbestimmung darstellt. Folgt man der Vorstellung, dass ein Nullmorphem beteiligt ist, so kann man argumentieren, dass der Konzepttyp durch eben dieses theoretische Konstrukt profiliert wird. Dies konterkariert aber die bisher vertretene Auffassung von Profilierung, die maßgeblich auf das Prinzip vertraut, dass Konzepte eben gerade dadurch profiliert werden, dass sie durch morphologische Substanz ausgedrückt werden, was beim Nullmorphem nicht der Fall ist. Das bedeutet, dass der jeweilige Konzepttyp – PERSON, HANDLUNG, VORGANG etc. – bei der Konversion *nicht* profiliert ist.

Kurzum: Die Konversion unterscheidet sich im Hinblick auf die Profilierung grundsätzlich von den typischen morphematischen Wortbildungsmustern. Im Gegensatz zu diesen involviert sie nicht eine Profilierung eines neuen Konzepts, sondern lediglich eine mehrfache konzeptuelle Kategorisierung. (Ich vermeide hier bewusst den Ausdruck ‚Rekategorisierung', den auch Štekauer (1996) verwendet, um damit nicht wieder die Existenz eines direktionalen Prozesses zu implizieren.) Die jeweilige Kategorisierung wird vom Kontext determiniert, denn nur dieser ermöglicht letztendlich die Bestimmung des jeweiligen Konzepttyps. Der Konzepttyp ist im Gegensatz zu den typischen Wortbildungsmustern nicht offen markiert und damit weniger prominent, und dies passt zu dem Eindruck, dass die Ad-hoc-Bildung neuer Konversionen oft beiläufiger abläuft als die von Komposita, Suffigierungen und Präfigierungen. Oft dürfte es Sprechern überhaupt nicht bewusst werden, dass sie eine Ad-hoc-Konversion produziert haben, wenn sie z. B. ein Nomen als Verb verwenden. Durch die fehlende morphologische Markierung und Profilierung kann die neuartige Kategorisierung unbemerkt ablaufen.

Trotz der fehlenden Profilierung können beide Konzepttypen – bei *clean* z. B. sowohl das Eigenschafts- als auch das Handlungskonzept – gleichermaßen institutionalisiert und hypostasiert sein. Dies muss aber, wie oben schon angedeutet, nicht immer der Fall sein. Mehrere durch dieselbe Form ausgedrückte Konzepttypen können auch verschieden gut etabliert sein, wobei uns hier in erster Linie der Grad der Hypostasierung und eigenständigen Verankerung im mentalen Lexikon interessiert. Hierzu lassen sich Ungerer (2002: 560 ff.) folgend verschiedene Gruppen voneinander unterscheiden, die zu einer Differenzierung des pauschalen Begriffs der Konversion aus konzeptueller Sicht führen.

Gruppe 1: Ein Konzepttyp ist zu einem merklich höheren Maß hypostasiert und verankert als der andere. Dies ist dann besonders plausibel, wenn die von beiden Konzepttypen geteilte konzeptuelle Substanz, quasi das ‚Grundkonzept', relativ eindeutig einem bestimmten Konzepttyp zuzuordnen ist. Konzepte, die in diese Gruppe fallen, sind typische Beispiele nominaler DING- und REGION-Konzepte, verbaler EREIGNIS-Konzepte und adjektivischer EIGENSCHAFTS-Konzepte. Beispiele dieser Typen sind zusammen mit entsprechenden Wörtern mit mehrfacher Wortklassenzugehörigkeit (aus dem BUMC und Marchand 1969) in Tabelle 10.3 zusammengestellt:

Tab. 10.3: Konzepttypen mit eindeutigen Grundkonzepten bei mehrfacher Wortklassenzugehörigkeit

DING- und REGION-Konzepte (typisch nominal; bilden denominale Verben)

PERSON	*beggar, cripple, dwarf, father, knight*
KÖRPERTEIL	*arm, elbow, eye, hand, head, shoulder, thumb*
INSTRUMENT	*comb, filter, knife, hammer, saw, towel*
FAHRZEUG	*bike, canoe, ship, ski, sledge, taxi*
BEHÄLTER	*bag, bottle, box, can, pocket*
SUBSTANZ	*butter, cement, grease, milk, oil, pepper, rubber, salt*
ORT	*beach, bivouac, camp, house, land, nest, room, surface*

EREIGNIS-Konzepte (typisch verbal; bilden deverbale Nomina)

HANDLUNG	*bite, call, cut, fight, find, kick, laugh, look, play, push, scream, swallow, talk, wash*
FORTBEWEGUNG	*lift, move, ride, swim, walk*
VORGANG	*decay, melt, rain, rot, snow*

EIGENSCHAFTS-Konzepte (typisch adjektivisch; bilden deadjektivische Verben)

EIGENSCHAFT	*blind, clean, clear, cool, dirty, empty, faint, foul, humble, narrow, open, secure, sober, thin, warm*

Bei diesen Konzepten liegen direktionale prozessuale Modelle wie Konversion und Nullableitung als Erklärung nahe, da die primären Konzepttypen leicht von den sekundären unterschieden werden können. Die Konzepte in dieser Gruppe bringen auch gute Voraussetzungen für Metonymien mit, weil sie relativ prominente Komponenten vergleichsweise ,greifbarer' und gut abgrenzbarer Szenen darstellen. Wie von Hansen et al. (1990: 126 f.) bereits in anderem terminologischen Gewand ausgeführt, hängen die Metonymien vom Wesen der einzelnen Konzepttypen ab. Die wichtigsten Metonymien sind in Tabelle 10.4 zusammengestellt, wobei die in Abschnitt 10.2.4 von Dirven übernommenen Typen erweitert werden:

Tab. 10.4: Metonymien

Metonymien vom Typ ,DING-Konzept für EREIGNIS-Konzept'

AGENS für HANDLUNG	*to father* ,to act as father'
AGENS für ART DER HANDLUNG	*to father* ,to act like a father'
PATIENS für ERGEBNIS DER HANDLUNG	*to cripple* ,to make a cripple of s.o.'
KÖRPERTEIL für HANDLUNG	*to elbow* ,to use one's elbow for'
INSTRUMENT für HANDLUNG	*to hammer* ,to use a hammer for'
INSTRUMENT für ART DER HANDLUNG	*to hammer* ,to do sth as with a hammer'
FAHRZEUG für ART DER FORTBEWEGUNG	*to canoe* ,to move by means of a canoe'
BEHÄLTER für ZIEL DER HANDLUNG	*to bottle* ,to put in a bottle'
SUBSTANZ für HANDLUNG	*to pepper* ,to put pepper into a dish'
ZIEL DER HANDLUNG für FORTBEWEGUNG	*to surface* ,to come to the surface'

Metonymien vom Typ ,EREIGNIS-Konzept für DING-Konzept'

HANDLUNG für ERGEBNIS	*a cut* ,result of cutting'
HANDLUNG für AGENS	*a cheat* ,someone who cheats'
ART DER FORTBEWEGUNG für HANDLUNGSAKT	*a swim* ,act of swimming'

Metonymien vom Typ ,EIGENSCHAFT-Konzept für EREIGNIS-Konzept'

RESULTIERENDE EIGENSCHAFT für VORGANG	*to cool* ,to become cool(er)'
RESULTIERENDE EIGENSCHAFT für HANDLUNG	*to empty* ,to make empty'

Bei den meisten dieser Metonymien, insbesondere bei den ersten vom Typ ,DING-Konzept für EREIGNIS-Konzept', leuchtet der Zusammenhang zwischen den beteiligten Konzepten unmittelbar ein. Dass z. B. INSTRUMENT-Konzepte sowohl für die Handlungen stehen können, die mit ihrer Hilfe ausgeführt werden, als auch für die charakteristische Art und Weise, mit der sie an Handlungen beteiligt sind, erscheint durchaus plausibel. Die Varianten des Typs ,EREIGNIS-Konzept für DING-Konzept' sind zum Teil fraglicher. Ob der Typ *cheat* (vgl.

bore, coach, flirt, gossip, sneak) wirklich mit der Metonymie HANDLUNG für AGENS erklärt werden kann, ist z. B. nicht ganz klar. Kornexl (1998) argumentiert nämlich überzeugend, dass bei Fällen dieses Typs in der Regel nicht die Handlung selbst, sondern die abschätzig bewertete Neigung zur Handlung Ausgangspunkt für die Metonymie ist.

Gruppe 2: Die beiden von ein und derselben Form ausgedrückten Konzepte können gleich oder zumindest ähnlich gut im mentalen Lexikon verankert sein. Dies lässt sich z. B. für Konzepte wie *aim, love* oder *plan* annehmen. Für solche Fälle ist die Bestimmung der Ableitungsrichtung für direktionale Modelle besonders schwierig. Das gilt in gleichem Maß für traditionelle Ansätze und den Metonymie-Ansatz. Die Ursache dieser konzeptuellen Ambiguität muss auch hier wieder im Wesen der jeweiligen Konzepte gesucht werden, die im Gegensatz zur ersten Gruppe offener für verschiedene Konzepttypen sind und nicht auf einen bestimmten festgelegt. Hierfür dürfte wiederum verantwortlich sein, dass diese Konzepte aus dem mentalen, emotionalen und modalen Bereich kommen und damit im Kern abstrakterer Natur sind als die bei der ersten Gruppe besprochenen. Im Einzelnen lassen sich folgende Konzepttypen unterscheiden:

Mentale Zustände und Prozesse	*aim, believe/f, doubt, guess, interest, plan, view, trust*
Emotionskonzepte	*anger, concern, desire, dread, fear, hate, hope, love, regret, relieve/f, shock, surprise, urge, wish, worry*
Modale Konzepte und Handlungskonzepte mit modalen Komponenten	*attempt, endeavour, need, risk, test, try*
Kommunikative Handlungen	*account, answer, appeal, call, claim, joke, offer, order, pledge, promise, question, threat, vow*
Andere abstrakte Konzepte	*benefit, cause, challenge, contrast, function, merit, norm, rule*

Die Liste der Typen und Beispiele legt den Schluss nahe, dass hier die Bestimmung von Primär- und Sekundärkonzept deshalb so problematisch ist, weil die Szenen, in die diese Konzepte eingebettet sind, aufgrund ihrer Abstraktheit zu wenig strukturiert sind, um als Rahmen für Metonymien dienen zu können. Mentale und emotionale Prozesse beispielsweise setzen sich aus den Komponenten EXPERIENCER und EXPERIENCED, also im weitesten Sinn aus Denkendem und Gedachtem bzw. Empfindendem und Empfundenem zusammen. Dies bietet wenig Raum für Metonymien und verursacht die Probleme bei der Bestimmung der Ableitungsrichtung. *Answer* z. B. lässt sich gleichermaßen gut als deverbales Nomen („act of answering") und als denominales Verb („provide with an answer") und als Metonymie HANDLUNG für ERGEBNIS und ERGEBNIS für HANDLUNG einstufen. Dass semantisch Ähnliches auch nicht immer strukturell analog behandelt wird, zeigt das Beispiel *joke*, das als Verb nicht wie die anderen

Sprechaktverben eher als Basis, sondern als Ableitung vom Nomen *joke* empfunden wird. Interessanterweise werden abstrakte Konzepte auch in der von Clark und Clark zusammengestellten Liste 1300 denominaler Verben explizit nicht berücksichtigt (1979: 769).

Ungerer (2002: 562) bewertet die mangelnde konzeptuelle Bestimmtheit dieser Konzepte so, dass die Grundkonzepte, die den Paaren der Gruppe 2 zugrunde liegen, im mentalen Lexikon in einer Form gespeichert sind, die nicht im Hinblick auf die Wortart profiliert ist. Er spricht deshalb davon, dass diese Konzepte als „schwebend" (2002: 562, Fn. 36) betrachtet werden können (*floating concepts*). Dies widerspricht zwar den ziemlich robusten Befunden aus der Psycholinguistik, dass Wortbedeutung und Wortklasse in enger Verknüpfung miteinander im mentalen Lexikon gespeichert sind (Aitchison 1994: 99 ff.), dürfte aber als Ausnahme durchaus plausibel sein. So würden Versuchspersonen, die man nach der Bedeutung von Wörtern wie *hammer* oder *father* aus der Gruppe 1 fragt, ohne Zögern die nominale Bedeutung beschreiben. Vermutlich würde es ihnen erst auf Nachfragen hin bewusst werden, dass es überhaupt eine verbale Verwendung gibt. Bei dekontextualisierten Fragen nach den Formen *aim*, *love* oder *promise* dagegen erscheint es wahrscheinlich, dass Versuchspersonen zunächst geklärt haben möchten, ob es sich um die nominale oder verbale Verwendung handeln soll.

Neben den beiden bisher skizzierten Gruppen sind zumindest theoretisch noch zwei weitere Möglichkeiten denkbar: Zum einen könnte derjenige Konzepttyp, der nicht mit dem Grundkonzept übereinstimmt, stärker verankert sein als der ‚ursprüngliche' und diesen zurückdrängen. Als Beispiele hierfür nennt Ungerer (2002: 561) die Nomina *lay-by*, *drive-in* und *stand-in*, die gebräuchlicher sind als die ihnen zugrunde liegenden Verbgefüge *to lay by*, *to drive in* und *to stand in*. Daneben existiert noch der Fall, dass gleich lautende Verben und Nomina konzeptuell unverbunden jeweils gesondert gespeichert sind wie z. B. bei *set* (V ‚to arrange sth', N ‚collection of items'). Konzeptuell sind solche Fälle mit Homonymie vergleichbar, sie bringen aber zur semantischen Divergenz auch noch den Wortklassenunterschied mit.

Was lässt sich an empirischer Unterstützung für die hier vertretenen Kernthesen – die Unterscheidung zwischen zwei konzeptuellen Grundtypen der Konversion und die Erklärung der Konversion als metonymischer Vorgang – heranziehen? Zunächst einmal sind hier Korrelationen zu den historischen Fakten zu nennen, soweit sie rekonstruierbar sind. So ist z. B. auffällig, dass die Personenkonzepte in Gruppe 1 auch historisch denominale Verbableitungen gebildet haben und nicht umgekehrt. Marchand (1963: 178) zeigt dies für *father*, *mother*, *butcher*, *knight*, *lord*, *nurse*, *pirat*, *slave* und eine Reihe anderer Nomina. Bei Konzepten aus Gruppe 2 wie *answer*, *anger*, *appeal* oder *love* ist die mehrfache Wortklassenzugehörigkeit auch aus historischer Sicht nicht schlüssig durch Ableitungen zu erklären, sondern auf andere Ursachen wie doppelte Entlehnung zurückzuführen (s. Abschnitt 10.1.2). Zum echten Nachweis dieser Korrelation muss allerdings noch ein systematischer Vergleich von historischen Erkenntnissen und Einschätzungen der beteiligten Konzepte erfolgen.

Darüber hinaus ist die Verteilung der Metonymien in Gruppe 1 bemerkenswert, weil sie möglicherweise eine Erklärung für die bereits erwähnte Beobachtung liefert, dass die denominale und deadjektivische Konversion zum Verb sehr viel häufiger und produktiver ist als die deverbale Konversion zum Nomen. Aus Sicht der beteiligten Metonymien manifestieren Konversionen zum Verb in der Regel den klassischen Metonymietyp der *Synekdoche*, d. h. Teil-steht-für-Ganzes-Beziehungen. Jeweils eine Komponente der Szene – AGENS, INSTRUMENT, ZIEL oder eine andere – steht für die ganze Handlung bzw. das ganze Ereignis. Im Gegensatz dazu müssen deverbale Nomina über die Beziehung Ganzes-für-Teil zustande kommen, z. B. HANDLUNG für ERGEBNIS bei *cut*. Metonymien, die auf dieser Beziehung beruhen, sind auch außerhalb der Wortbildung seltener zu beobachten; sie scheinen konzeptuell weniger hilfreich und produktiv zu sein. Wie bereits angedeutet, sind die in Tabelle 10.4 für *cut*, *cheat* und *swim* angenommenen Metonymien weniger ‚griffig‘ als die denominalen und deadjektivischen Metonymien. Es könnte also sein, dass das unterschiedliche Potenzial zur Bildung metonymischer Beziehungen letztlich dafür verantwortlich zeichnet, dass die Konversion im Kern ein auf die Bildung von Verben gerichteter Prozess ist.

Es darf dabei aber nicht verschwiegen werden, dass aus struktureller Sicht der Produktivität der Verbkonversion entgegenkommt, dass die Suffigierung hier weniger als Konkurrenz wirkt als bei der Nomenkonversion. Denn wie wir beobachtet haben (s. S. 186), ist die Suffigierung ein deutlich nominal und adjektivisch ausgerichtetes Wortbildungsmuster, wohingegen die Verbsuffigierung mit den wenigen Suffixen *-en*, *-ify*, *-ize* und *-ate* fast ausschließlich auf den Bereich romanischer Lehnwörter und das Fachvokabular beschränkt ist. Im Gegensatz dazu verläuft die Konversion, soweit man sich auf ‚echte‘ Konversionen der Gruppe 1 beschränkt, dominant in Richtung Verb und sie betrifft das ganze Lexikon mit einem Schwerpunkt im Bereich germanischer Wörter und sehr früher Entlehnungen. Man könnte also hier von einer komplementären funktionalen Verteilung zwischen Suffigierungen und Konversion sprechen: Suffigierung ist tendenziell Nomen und Adjektiv bildend, mit abstraktem Inhalt auf formaler Stilebene, Konversion tendenziell Verb bildend, operiert im konkreten Teil des Lexikons und in allen Registern und Stilebenen.

Was die Frage nach dem zweifelhaften Status der Konversion als Wortbildungsverfahren angeht, erlaubt dieser Befund keine eindeutige Bewertung. Einerseits führt die Vorstellung, die Konversion beruhe auf konzeptuellen Metonymien, die ja zumindest für die klaren Fälle der Gruppe 1 plausibel erscheint, zu einer Ausgliederung der Konversion aus der Wortbildung – es sei denn, man erweitert ihren Aufgabenbereich (vgl. z. B. Lipka 1994) und schließt die relevanten Manifestationen der Metonymie explizit mit ein. Andererseits spricht die zuletzt gemachte Beobachtung, dass Suffigierung und Konversion verschiedene Nischen der (Re-)Kategorisierung von Konzepten zu belegen scheinen, dafür, dass wenigstens in funktionaler Hinsicht eine Beziehung zwischen diesen beiden Prozessen im Sprachsystem existiert. Die dem Konzept der Nullableitung zugrunde liegende Vorstellung, Konversion sei lediglich eine formale Variante der Suffigierung, wird durch die Komplementärtheorie allerdings eher entkräftet.

Weiterführende Literatur: Zur Konversion: Cannon (1985), Don, Trommelen und Zonneveld (2000). Einen mittlerweile ‚klassischen' pragmatisch orientierten Ansatz zu Bildung und Verständnis neuer denominaler Verbkonversionen, so genannter *contextuals*, vertreten Clark und Clark (1979). Zum generativen Ansatz: Lieber (1990: Kap. 3). Zum onomasiologischen Ansatz: Štekauer (1996). Zu Konversion aus Sicht der Kognitiven Grammatik: Twardzisz (1997), Farell (2001).

11. Mehrgliedrige komplexe Lexeme

In der bisherigen Darstellung der englischen Wortbildung habe ich mich weitgehend auf den idealtypischen Fall beschränkt, dass sich komplexe Lexeme aus zwei Morphemen zusammensetzen. An einigen Stellen bin ich bereits auf Lexeme eingegangen, die aus mehreren Morphemen bestehen, z. B. *time-consuming* und *post-Freudian*. Hierbei lag der Fokus aber im Wesentlichen auf den Analyseproblemen, die viele solcher Lexeme verursachen, weil ihre morphologische Struktur entweder nicht eindeutig festzulegen oder nicht mit der jeweils plausibelsten semantischen Struktur in Einklang zu bringen ist. In diesem Kapitel wird unabhängig von solchen Komplikationen, aber mehr oder minder exemplarisch, die Analyse mehrgliedriger komplexer Lexeme auf der morphologischen, semantischen und konzeptuellen Ebene besprochen.

Wie in Abschnitt 5.3.1 (s. S. 96) schon erläutert, ist es üblich, mehrgliedrige komplexe Lexeme auf der Ebene der morphologischen Struktur in hierarchisch gestufte Zweierbeziehungen von *modifier* und *head* zu zerlegen. Das Binaritätsprinzip, d. h. die Zerlegung in zwei unmittelbare Konstituenten, wird also von zwei- auf mehrgliedrige komplexe Lexeme übertragen. Da mehrgliedrige Affigierungen andere Analyseprobleme aufwerfen als mehrgliedrige Komposita, werden die beiden Typen in getrennten Abschnitten behandelt (11.1. und 11.2).

11.1 Mehrgliedrige Affigierungen

Der einfachste und am häufigsten anzutreffende Typ mehrgliedriger Affigierungen besteht aus drei Morphemen: einer Wurzel sowie einem Präfix und einem Suffix, wie z. B. in *deformity*, *unsafeness* oder *unknowable*. Bei Lexemen dieser morphologischen Form gilt es zu entscheiden, welches der beiden Affixe in der morphologischen Struktur direkt an die Wurzel tritt und welches an die dann bereits affigierte Basis. Diese Entscheidung wird von verschiedenen Überlegungen geleitet.

Zunächst ist abzuwägen, ob beide Wurzelaffigierungen jeweils allein tatsächliche englische Wörter ergeben würden. Bei *deformity* beispielsweise existiert die Suffigierung **formity* allein nicht und kann deshalb auch nicht als Basis dienen. Man kann also davon ausgehen, dass das Präfix eine unmittelbare Konstituente zur Basis ist und das Verb *deform* bildet, das seinerseits wieder mit dem Suffix *-ity* nominalisiert wird. Die morphologische Struktur von *deformity* ist in Abb. 11.1 dargestellt. Anstelle der Bezeichnungen für *modifier* und *head*, die sich aus der jeweiligen Anordnung ergeben, sind Basen und Suffixe mit den jeweiligen Wortarten und Präfixe als solche benannt. Die Abkürzung *Sfx$_N$* z. B. steht für ‚nominales Suffix'.

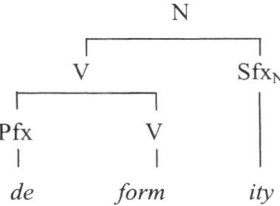

Abb. 11.1: Morphologische Struktur des Nomens *deformity*

Ähnlich eindeutig, aber mit anderem Ergebnis, lassen sich die beiden Lexeme *irreversible* und *unacceptable* segmentieren, da nur die Adjektive *reversible* und *acceptable* existieren, aber nicht die Verben **to irreverse* und **to unaccept* (vgl. Abb. 11.2).

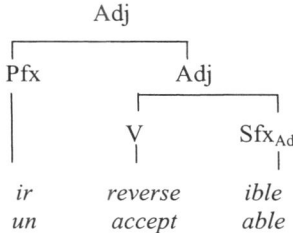

Abb. 11.2: Morphologische Struktur der Adjektive *irreversible* und *unacceptable*

Etwas problematischer sind Fälle wie das bereits erwähnte Nomen *unsafeness* oder auch *unhappiness*, bei denen jeweils beide Wurzelaffigierungen tatsächliche Lexeme ergeben: Sowohl *unsafe* wie *safeness*, sowohl *unhappy* wie *happiness* sind etablierte englische Lexeme. Hier gilt es in erster Linie, das Bildungspotenzial des Präfixes in Betracht zu ziehen. Da das Negationspräfix *un-* (insbesondere mit der hier vorliegenden Bedeutung einer polaren Opposition) weitaus häufiger an Adjektive als an Nomina herantritt, muss die Präfigierung in der morphologischen Struktur vor der Suffigierung angesetzt werden.

Stellt keine der beiden einzelnen Affigierungen ein tatsächliches Wort dar, wie z. B. in *unknowable* (**to unknow*, **knowable*), so handelt es sich um synthetische Präfigierungen, auf die am Ende dieses Abschnitts noch einmal kurz eingegangen wird.

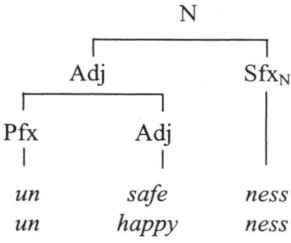

Abb. 11.3: Morphologische Struktur der Nomina *unsafeness* und *unhappiness*

Dieselben beiden Grundüberlegungen – Existenz tatsächlicher Lexeme und Bildungspotenzial von Präfixen – bestimmen auch die Analyse noch elaborierterer Affigierungen. Dabei ist darauf hinzuweisen, dass die zusätzliche Komplexität häufiger auf Sequenzen mehrerer Suffixe zurückzuführen ist als darauf, dass mehrere Präfixe aufeinander folgen. Schon zwei Präfixe sind so selten, dass dergleichen im BUMC nicht vorkommt. Das Lexem *antidisestablishmentarian* kann als Beispiel dienen, aber bezeichnenderweise wird es laut OED selten als objektsprachliches Wort mit der Bedeutung ‚opposition to the disestablishment of the Church of England‘ verwendet; stattdessen ist es auf der Ebene der Metasprache beliebt als Beispiel für ein außergewöhnlich langes englisches Wort. Aneinanderreihungen von drei Präfixen dürften schon aus kognitiven Gründen unmöglich sein.

Die beiden komplexesten Affigierungen im BUMC sind das viergliedrige Lexem *reproducibility* und das fünfgliedrige *depolarisation*. Bei der morphologischen Analyse von beiden ist die Überlegung entscheidend, dass die jeweiligen Präfixe *re-* und *de-* vorwiegend an verbale Basen herantreten, was die in Abb. 11.4 und 11.5 dargestellten morphologischen Strukturen nahe legt.

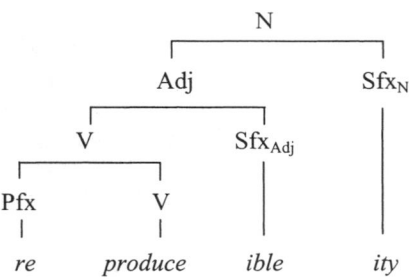

Abb. 11.4: Morphologische Struktur von *reproducibility*

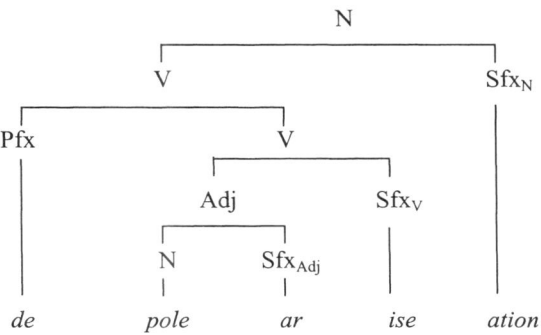

Abb. 11.5: Morphologische Struktur von *depolarisation*

Es wäre plausibel, auf der kognitiven Ebene die interne Struktur solcher komplexer Lexeme analog zur morphologischen Struktur als hierarchisch geordnete Folge von Figur-Grund-Profilierungen zu modellieren. Die jeweilige Basis könnte man immer als Grund begreifen, vor dem das neu hinzutretende Morphem als Figur profiliert wird: *Reproducible* z. B. wäre dann Grund für die neue Profilierung durch *-ity* als nominales Konzept in *reproducibility*. Die bereits in die Basis eingegangenen Konstituenten *re-*, *produce* und *-ible* könnte man in einem solchen Modell zusammen als konzeptuellen Hintergrund begreifen, vor dem Figur und Grund unterschiedliche Grade der Prominenz zukommen. Eine Dreiteilung in Figur, Grund und Hintergrund ist in der Kognitiven Linguistik durchaus nicht unüblich (Schmid im Druck: Abschnitt 6.3). Tatsächlich scheinen aber auch bei zunehmender Komplexität die beiden Ränder einer mehrgliedrigen Affigierung immer mehr Prominenz zu haben als die Wurzel und die näher an der Wurzel liegenden Morpheme. Das letzte Suffix entscheidet immer über die Konzepttypprofilierung und das (äußerste) Präfix hat immer entscheidenden Einfluss auf die Konzeptprofilierung, auch dann, wenn es gemäß der morphologischen Struktur schon ‚früher‘ in den Hintergrund treten müsste.

So erscheint intuitiv die Prominenz der Präfixe *re-* und *de-* in den beiden untersuchten Lexemen gleich hoch, obgleich *re-* in der morphologischen Struktur von *reproducibility* tiefer liegt als *de-* in der von *depolarisation*. Dieser Eindruck wird wahrscheinlich zumindest davon mitbestimmt, dass semantisch das Präfix unabhängig von der morphologischen Struktur den ganzen Rest des Wortes zu modifizieren scheint. Er wird unterstützt durch die phonologische Struktur solcher komplexer Affigierungen, in der die Präfixe trotz zusätzlicher Suffixe ihren hohen Prominenzgrad als Haupt- oder Nebenton aufrechterhalten können.

Diese Überlegungen deuten an, dass aus kognitiver Sicht vieles dafür spricht, das strikte Binaritätsprinzip aufzuweichen. Nicht nur für Wörter wie *depolarisation* bietet es sich an, zumindest als konzeptuelle Basis – wenn schon nicht als morphologische – das Verb *polarise* und zwei ‚gleichzeitige' Prä- und Suffigierungsprozesse zu *depolarisation* anzunehmen. Alternativ könnte postuliert werden, dass konzeptuell in der Tat immer das Präfix als Figur fungiert und der jeweilige Rest als Grund. Mangels empirischer Nachweise sind solche Überlegungen bisher aber zugegebenermaßen eher spekulativer Natur. Dass tertiäre Strukturen – d. h. Strukturen mit drei gleichwertigen Konstituenten – konzeptuell auf jeden Fall keineswegs unrealistisch sind, zeigen die vielen dreigliedrigen synthetischen Präfigierungen, bei denen weder die Präfigierung noch die Suffigierung allein ein tatsächliches Wort darstellen, vgl. *unknowable* und **to unknow* und **knowable*. Hier bietet sich zur Erklärung der konzeptuellen – und morphologischen – Struktur in der Tat nur das tertiäre Prinzip an.

11.2 Korpusstudie V: Mehrgliedrige Komposita

Aufgrund der Getrenntschreibung steht bei mehrgliedrigen Komposita vor der Analyse der morphologischen Struktur die notorische Abgrenzungsproblematik zu syntaktischen Gruppen (s. S. 132 f.). Wie soll man z. B. mit der Nomenfolge *mass-market leisure business* im BUMC umgehen? Ist es als ein Kompositum zu behandeln, als Folge von zwei Komposita (*mass-market* und *leisure business*) oder als Nominalphrase mit zwei nominalen Prämodifikatoren, von denen eines ein Kompositum ist? Zu Fragen dieses Typs kann man verschiedene Positionen einnehmen. Geht man davon aus, dass sich die Wortbildung in erster Linie auf lexikalische Einheiten beschränken sollte, die im mentalen Lexikon abrufbereit gespeichert sind, so wird man solche Kombinationen eher nicht als Komposita auffassen, denn vermutlich sind nur Teile von ihnen gespeichert, nicht aber alles zusammen. Legt man auf dieses Kriterium keinen Wert, so steht nichts im Wege, solche Ausdrücke als Komposita zu analysieren, wobei man dann jedoch darauf hinweisen sollte, dass man es mit Komposita mit vorwiegend syntaktischer Funktion zu tun hat.

Letztere Strategie wird z. B. von Carstairs-McCarthy (2002: 76) verfolgt, der die Nomenfolge *holiday car sightseeing trip* als Kompositum betrachtet. Den Nachweis, dass es sich hierbei um ein Kompositum handelt, führt er über das Betonungsmuster, wobei er aber die Grundregel, dass die linke Konstituente betont sei, modifizieren muss: In Fällen, wo das *head* des Gesamtkompositums selbst ein Kompositum ist, sei nicht der *modifier*, sondern das *head* betont. Entsprechend liege der Hauptton in *holiday car sightseeing trip* auf *sight*.

Laut Bauer (1998b: 70–72) existiert nicht einmal bei zweigliedrigen N+N-Komposita unter *native speakers* Einigkeit über die ‚korrekte' Betonung. Hinzu kommt, dass Nomenkombinationen der erwähnten Komplexität im gesprochenen Englisch, das für den Betonungstest ja maßgeblich ist, ohnehin relativ selten anzutreffen sind – dies vermutlich deshalb, weil ihre Vorausplanung als ganzheitliches Konzept (mit *unit intonation* und einem Hauptton) zu hohe Anforderungen an die Verarbeitungskapazität stellt. Anstatt *And then we went on a holiday car sightseeing trip* würde man in gesprochener Sprache eher *And then we went on a sightseeing trip with our holiday car* erwarten. Ähnliches gilt auch für das von Carstairs-McCarthy in seinen Übungen diskutierte Beispiel *airline cabin crew safety training manual*. Äußerungen wie *And then we looked it up in the airline cabin crew safety training manual* kann man sich allenfalls im Fachjargon vorstellen, wobei hier aber wiederum eher damit zu rechnen wäre, dass mit Kürzungen oder Initialwortbildungen gearbeitet wird.

Im vorliegenden Buch wird ein relativ enger kognitiv geprägter Begriff der Wortbildung vertreten, der typische Komposita als hypostasierte konzeptuelle Gestalten auffasst, die im mentalen Lexikon gespeichert sind (s. S. 143 f.). Demgemäß werden Wortkombinationen wie die im letzten Absatz, die aller Wahrscheinlichkeit nach während der Sprachproduktion zusammengefügt werden, in die Grammatik verwiesen, wo man sie natürlich auch in ihre unmittelbaren Konstituenten zerlegen kann. Dies gilt z. B. auch für die Phrase *local authority social services department* im BUMC, die man als syntaktisch komprimierte Form von *department of social services at the local authorities* o. Ä. begreifen kann.

Als Beispiele aus dem BUMC für dreigliedrige Einheiten, die der in diesem Buch vertretenen Vorstellung von Komposita entsprechen, greife ich die Nomina *car boot sale* und *Sunday newspaper* heraus. Unabhängig von der Betonung scheinen diese beiden Ausdrücke so hochgradig hypostasiert und lexikalisiert zu sein, dass es wenig plausibel erscheint, sie nicht als Komposita anzusehen. Wie auch bei mehrgliedrigen Affigierungen spielt bei der Zuordnung der unmittelbaren Konstituenten solcher Komposita die Überlegung eine Rolle, welche Teile jeweils einzeln genommen tatsächliche Lexeme darstellen. Darüber hinaus hat die Analyse auf der semantischen Ebene einen entscheidenden Einfluss. Die Paraphrasen ‚sale where people sell things form their car boots‘ und ‚newspaper which is published on Sundays‘ führen zu den jeweils in 11.6 und 11.7 abgebildeten Strukturen:

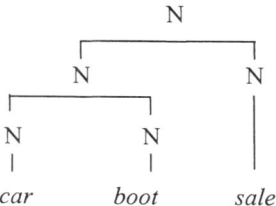

Abb. 11.6: Morphologische Struktur des Kompositums *car boot sale*

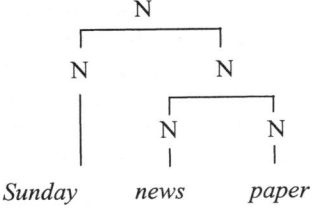

Abb. 11.7: Morphologische Struktur des Kompositums *Sunday newspaper*

Die Abbildungen machen deutlich, dass die beiden Komposita verschiedene morphologische Strukturen haben. Bei *car boot sale* ist der *modifier* ein Kompositum, bei *Sunday newspaper* dagegen das *head*. Interessanterweise sind diese beiden konkurrierenden morphologischen Strukturen im BUMC nicht gleich häufig anzutreffen. In Tabelle 11.1 sind alle nach dem Muster N + N + N zusammengesetzten Typen im BUMC aufgelistet.

Tab. 11.1: Kombinationen nach dem Muster N + N + N im BUMC

[N + N] + N		N + [N + N]
A delta fibres	*home help service*	*childhood girlfriend*
airline group	*honeymoon couple*	*childhood playmate*
Alka Seltzer type	*household help*	*corner newsagent*
all-out strike	*household work*	*government airfield*
back office staff	*housing finance issues*	*guerrilla warfare*
bedroom curtains	*interest rate cuts*	*Gulf deadline*
bedroom window	*land-mine casualties*	*hotel bedroom*
capital investment programme	*mid-afternoon sun*	*hotel car-park*
car boot sale	*muscle fibre disorganisation*	*motor end-plates*
careers information resources	*Myelin sheath disruption*	*school headmasters*
child care concerns	*nerve cell body*	*school timetable*
community care groups	*nerve cell death*	*Sunday newspapers*
community care planning	*nerve conduction velocity*	
community care policy	*Nerve Growth Factor*	
community care provision	*News Corp journalists*	
community care services	*News Corp shares*	
credit quality ratings	*newspaper article*	
credit rating knife	*nursing home care*	
Creditweek magazine	*peak flow meter*	
dashboard clock	*program-execution stage*	
daylight robbery	*race track training*	
Degree Presentation Ceremony	*shag-pile carpet*	
design-standards committee	*snowcat skiing*	
dive store area	*state school heads*	

Education Reform Act	*state school students*
Exchange Rate Mechanism	*ten pin bowling*
health care costs	*wartime life*
health care needs	*water-storage tower*

Die Tabelle zeigt, dass Kombinationen, die einen komplexen *modifier* enthalten ([N + N] + N), mit 58 Typen fast fünfmal so oft vorkommen wie Belege mit einem komplexen *head* (N + [N + N], zwölf Typen). Auffällig ist weiterhin, dass die komplexen *heads* in der rechten Spalte – bis auf zwei Ausnahmen mit Bindestrichschreibung (*car-park, end-plate*) – alle zusammengeschrieben sind und hochgradig etablierte zweigliedrige Komposita darstellen. (Lediglich *end-plate* dürfte nur in Fachsprachen in den Bereichen Medizin und Biologie institutionalisiert sein.) Dies ist bei den komplexen *modifiers* in den beiden linken Spalten nicht immer der Fall. Die Möglichkeiten der Bildung und syntaktischen Verwendung mehrgliedriger Komposita, deren *head* selbst ein Kompositum ist, sind also offenbar begrenzter. Da das *head* die grammatikalisch, semantisch und konzeptuell maßgebliche Konstituente darstellt, scheint es wichtig zu sein, dass es sich dabei um ein etabliertes Lexem handelt, von dem wir ein hypostasiertes Konzept im mentalen Lexikon zur Verfügung haben.

Ein spezielles, sehr produktives Muster dreigliedriger Komposita, das in Tabelle 11.1 nicht erwähnt ist, hat als erste Konstituente ein Zahlwort und dient der Quantifizierung. Mit zehn Belegen im BUMC sind am häufigsten Altersangaben nach dem Muster *14-year-old* anzutreffen, aber auch andere Beispiele wie etwa *10.000-word dossier, 24-hour strike* und *700-point fall* liegen vor.

Im BUMC gibt es wenige viergliedrige Wortkombinationen, die für den Status etablierter Komposita in Frage kommen. Der beste Kandidat ist das Lexem *bank holiday weekend*, das auch in Lexika wie dem OALD5 und dem LDOCE4 gesondert aufgeführt wird. Aufgrund seiner semantischen Struktur lässt sich dieses Kompositum unzweideutig in die symmetrische Struktur [*bank + holiday*] + [*week + end*] zerlegen. Die wenigen anderen viergliedrigen Kombinationen – *home equity release schemes, National Health Service Act, postinjury peripheral innervation density, US credit-rating agency* – sind kaum als etablierte komplexe Lexeme anzusehen. Sie sind sicher nicht Teil des Allgemeinwortschatzes des Englischen und höchstwahrscheinlich nur bei Fachleuten in den jeweiligen Gebieten als ganzheitliche Konzepte im mentalen Lexikon gespeichert.

Diese Beobachtung führt mich zur kognitiven Perspektive. Aus den Korpusdaten ergibt sich ein deutlicher Befund, der für diese Sicht relevant ist: Mit zunehmender morphologischer Komplexität nimmt die Wahrscheinlichkeit ab, dass eine Wortkombination als Konzept im mentalen Lexikon gespeichert ist. Dies hat kognitive Gründe, denn es wäre sicherlich nicht sehr ökonomisch, wenn die Kapazität des mentalen Lexikons durch eine große Zahl hochgradig komplexer

Komposita belastet würde.[15] Nicht zuletzt aufgrund dieser potenziellen Belastung werden mehrgliedrige Komposita, die in Fachsprachen geprägt werden, in der Regel gekürzt oder als Initialwörter verwendet (s. S. 223). Syntaktisch motivierte Zusammensetzungen wie die von Carstairs-McCarthy diskutierte Kombination *holiday car sightseeing trip* wiederum kommen wegen der hohen Belastung für die aktuell ablaufende Sprachverarbeitung, die durch ihre Komplexität bei der Äußerungsplanung verursacht wird, selten vor. Dies gilt nicht nur für Sprecher. Auch als Hörer dulden wir es nur ein Stück weit, wenn die semantischen Beziehungen zwischen Wörtern nicht durch grammatikalische oder morphologische Markierungen verdeutlicht werden, sondern Wörter in der für Komposita typischen Form äußerlich wenig verknüpft nebeneinander stehen.

Im Gegensatz zu mehrgliedrigen Affigierungen, bei denen morphologische und kognitive Analyse nicht übereinzustimmen scheinen, ist für mehrgliedrige Komposita die Vorstellung mehrfacher hierarchischer Figur-Grund-Beziehungen in Analogie zur morphologischen Struktur überzeugend. In *bank holiday weekend* z. B. fungiert *bank* als Figur in *bank holiday* und *week* als Figur in *weekend*, sowie auf der nächsten Ebene *bank holiday* als Figur vor dem Grund *weekend*. Die Prominenz der als Grund fungierenden Konstituenten ist also niedriger als die der jeweils als Figur profilierten.

11.3 Zusammenfassung

Auf der Ebene der morphologischen Struktur sind mehrgliedrige komplexe Lexeme unter Anwendung des Binaritätsprinzips in hierarchisch einander übergeordnete Paare von *modifier-head*-Beziehungen zu zerlegen. Bei struktureller Ambiguität, d. h. wenn verschiedene Analysen möglich sind, wird denjenigen Strukturen der Vorrang gegeben, die tatsächliche Lexeme als Basen enthalten und die das Bildungspotenzial und die Produktivitätsbeschränkungen einzelner Morpheme, insbesondere von Präfixen und Suffixen, berücksichtigen. Darüber hinaus besteht besonders bei Komposita ein wichtiges Ziel darin, morphologische und semantische Struktur in Einklang zu bringen. Ist dies von vornherein ausgeschlossen (wie bei den synthetischen Bildungen), so ist auch eine tertiäre Struktur denkbar.

Die Korpusbefunde legen nahe, dass extrem mehrgliedrige Affigierungen und Komposita in authentischer Sprache äußerst selten zum Einsatz kommen. Bei beiden gibt es offenbar Einschränkungen hinsichtlich der Komplexität, die

---

[15] Es sei nur am Rande erwähnt, dass dieser Ökonomieaspekt ursprünglich auch für die transformationalistische Position in der generativen Wortbildungstheorie ausschlaggebend war, die behauptete, dass komplexe Lexeme nicht jeweils einzeln gespeichert sind, sondern durch Transformationsregeln von Sätzen abgeleitet werden (s. S. 16).

auf kognitive Kapazitätsbeschränkungen bei der Speicherung etablierter Lexeme und bei der Verarbeitung etablierter und syntaktisch motivierter Kombinationen zurückzuführen sein dürften. Extrem komplexe Bildungen, wie sie in der nicht korpusbasierten Fachliteratur nicht zuletzt auch zur Illustration des Prinzips der Rekursivität von Wortbildungsprozessen diskutiert werden, werden in der Allgemeinsprache vermieden. Vergleichbares existiert zwar in Fachsprachen, tritt aber dort häufig verkürzt auf.

Obgleich auch das Prinzip der Figur-Grund-Profilierung auf der kognitiven Ebene ja letztendlich ein binäres Prinzip ist, scheint dessen Anwendung nur bei Komposita weitgehend parallel zur morphologischen Struktur zu verlaufen. Bei mehrgliedrigen Affigierungen entsteht insofern eine Diskrepanz zwischen morphologischer und konzeptueller Analyse, als Präfixe auch dann einen hohen Profilierungsgrad zu erhalten scheinen, wenn sie ,früh' oder ,tief' in der morphologischen Struktur auftreten. Eine systematische empirische Bestätigung dieser Beobachtung steht allerdings noch aus.

12. Nichtmorphematische Wortbildungsverfahren

Die in diesem Kapitel zu behandelnden Wortbildungsverfahren – Rückableitung, Kürzung, Initialwörter, Wortmischung und Reduplikation – unterscheiden sich in mehrfacher Hinsicht fundamental von den bisher besprochenen Mustern: Sie verwenden – für die Rückableitung gilt dies nur zum Teil – nicht Morpheme als grundlegende Bausteine und sind deshalb nichtmorphematische Verfahren. Einerseits kann vielen dieser Verfahren nicht abgesprochen werden, dass ihnen eine Art von Systematik zugrunde liegt (vgl. Plag 2003: 116–126, Kemmer 2003). Geht man davon aus, dass Wortbildungsmuster kognitive Referenzpunkte für neue Bildungen sind, dann wäre es sicher wünschenswert, auch für die nichtmorphematischen Verfahren, die unbestreitbar zur Schaffung neuer Wörter herangezogen werden, Bildungsregelmäßigkeiten zu ermitteln. Andererseits sind die nichtmorphematischen Verfahren aber zweifellos nicht regelmäßig und ihre Produkte nicht in dem Sinn vorhersehbar, wie es die typischen morphematischen Muster sind. Ob ein Wort z. B. verkürzbar oder mischbar ist, lässt sich nur auf einem sehr abstrakten Niveau beschreiben und nicht vorhersagen (vgl. Bauers Terminus *unpredictable formations*, 1983: 232 ff.). Dementsprechend scheint es nicht angebracht, diesen Verfahren *Produktivität* im Sinne von Kapitel 6 zuzuschreiben. Und auch von *möglichen* oder *potenziellen Lexemen* im Sinne von Abschnitt 6.2 zu sprechen, ist wenig hilfreich.

Mit Ausnahme der Reduplikaton sind alle nichtmorphematischen Wortbildungsverfahren Form verkürzende Prozesse. Dies scheint in der Tat auch ihre wichtigste Funktion zu sein. Mit Ausnahme der Rückableitung, die zugleich Züge der morphematischen Verfahren trägt, sind alle hier zu behandelnden Verfahren Wortklassen erhaltend. In semantischer Hinsicht ist vor allem für Kürzungen und Initialwörter typisch, dass Vollform und Kurzform häufig zumindest im Hinblick auf die Denotation bedeutungsgleich sind. Interessante Ausnahmen von dieser Tendenz werden in den entsprechenden Abschnitten gesondert erwähnt.

Schließlich gilt für die nichtmorphematischen Verfahren – wiederum mit ausdrücklicher Ausnahme der Rückableitung –, dass ihre Schöpfung sehr viel bewusster abläuft als bei den regelmäßigen morphematischen Mustern. Unbemerkte Ad-hoc-Bildungen wie bei Komposition, Suffigierung oder insbesondere Konversion sind deshalb bei Kürzungen, Initialwörtern, Wortmischungen und Reduplikationen kaum zu erwarten.

12.1 Rückableitung

Die *Rückableitung* oder *Rückbildung* (*back-derivation*, *back-formation*) hält sich zwar in vielen Fällen an Morphemgrenzen, aber nicht immer. Im Kapitel zur Komposition sind bereits Beispiele für Produkte von Rückableitungen gegeben worden (s. S. 137), weil viele verbale Komposita durch diesen Vorgang entstanden sind: *to ghost-write* (von *ghost-writer*), *to sunbathe* (von *sunbathing*), *to baby-sit* (von *baby-sitter*), *to sightsee* (von *sightseeing*), *to air-condition* (von *air-conditioning*). Wie diese Beispiele zeigen, wird bei der Rückableitung ein Suffix von einem Lexem abgetrennt und damit ein Wortklassenwechsel ausgelöst.

Dieser Abtrennungsprozess setzt die morphologische Analyse des komplexeren Basiswortes voraus. Interessanterweise hat dieser Prozess historisch aber trotzdem auch bei solchen Lexemen stattgefunden, die sich nur scheinbar aus mehreren Morphemen zusammensetzen. Klassische Beispiele hierfür sind *to burgle* von *burglar* und *to peddle* von *peddler*. Aufgrund einer streng genommen ‚falschen‘ morphologischen Analyse wurden aus diesen Nomina durch Abtrennen der vermeintlichen Suffixe Verben gebildet. Noch mehr als bei den rückgebildeten verbalen Komposita ist es aus synchroner Sicht praktisch unmöglich, solche Fälle als Rückableitungen zu identifizieren, weil man instinktiv davon ausgeht, dass das morphologisch komplexere Wort vom einfacheren abgeleitet ist. Versuche, die Derivationsrichtung auch synchron mit dem in Abschnitt 10.3 skizzierten Kriterienkatalog nachzuweisen (vgl. z. B. Kastovsky 1982: 174), sind m. E. nicht überzeugend. Sieht man vom produktiven und einigermaßen systematischen Bereich der durch Rückableitung gebildeten bzw. bildbaren verbalen Komposita ab, so gehört die Rückableitung zweifellos nicht zu den typischen und produktiven Wortbildungsverfahren, weil sie letztendlich keinen beschreibbaren Regelmäßigkeiten unterliegt und somit kein Muster oder Modell für neue Bildungen bietet.

Eine kognitive Relevanz hat die Rückableitung ironischerweise insofern, als die Existenz dieses Phänomens das Vertrauen der Sprecher in die Suffigierung dokumentiert. Denn Rückableitungsprozesse beruhen auf der Annahme, dass wirklich oder vermeintlich suffigierte Lexeme von einer Basis abgeleitet worden sind, die ja dann schließlich auch zur Verfügung stehen muss. Trotzdem dürfte die Verankerung der rückgeleiteten Konzepte im mentalen Lexikon insbesondere bei den verbalen Komposita nicht sehr fest sein, denn man kann beobachten, dass viele dieser Verben nicht das ganze verbale Flexionsparadigma abdecken, sondern nur im Infinitiv oder in Partizipformen auftreten bzw. vertraut klingen. Während etwa bei *to babysit* die Vergangenheitsform *I babysat last night at my neighbours' house* vorkommt, ist *We sightsaw in London for a week* nicht akzeptabel. Hier bevorzugen Sprecher andere Formulierungen wie *We spent a week sightseeing in London.*

12.2 Korpusstudie VI: Kürzung

Im Gegensatz zur Rückableitung bleiben bei der *Kürzung* (*clipping*) die Wortklasse des Ursprungswortes und auch die Bedeutung erhalten, was aber eine spätere Lexikalisierung nicht ausschließt. Selbst völlig unverdächtige alltägliche Wörter wie *car* (von *motor car*), *bus* (von *omnibus*), *pub* (von *public house*) oder *flu* (von *influenza*) sind Ergebnisse von Kürzungen. Wie diese Beispiele zeigen, können Wörter am Anfang, am Ende und sogar an beiden Seiten verkürzt werden. Nicht nur einfache Lexeme, sondern auch Komposita und syntaktische Gruppen können davon betroffen sein. Beispiele für Kürzungen (oder *Kurzformen*) im BUMC sind im Folgenden mit ihren Basiswörtern zusammengestellt:

Tab. 12.1: Kurzformen im BUMC mit Ursprungswörtern

Kurzform	Ursprungswort
ad	*advertisement*
aides	*aide-de-camp*
Aussie	*Australian*
broker	*stockbroker*
bus	*omnibus*
capital	*capital city*
Chris	*Christopher*
civvies	*civilian*
comprehensive	*comprehensive school*
des.res.	*desirable residence*
disco	*discotheque*
eve	*evening*
exam	*examination*
fridge	*refridgerator*
Jo'burg	*Johannesburg*
maths	*mathematics*
mini-sub	*mini-submarine*
mo	*moment*
movies	*moving pictures*
News Corp	*news corporation*
Dow	*Dow-Jones average*
par	*paragraph*
phone	*telephone*
photo	*photograph*
piano	*pianoforte*
plane	*aeroplane, airplane*
polytechnic	*polytechnic institution*
Provo	*Provisional* (Mitglied der Provisional IRA bzw. Sinn Féin)
pub	*public house*

radio	*radiotelegraph*
sax	*saxophone*
semi-detached	*semi-detached house*
Slobo	*Slobodan (Milosevic)*
States	*United States*
vet	*veterinarian, veteran*
zoo	*zoological garden*

Diese Liste illustriert weitere Spielarten der Kürzung wie die Kombination aus Kürzung und Suffigierung mit -*ie* (*Aussie*, *civvie*, *movie*), die Abtrennung des zweiten Teils von Komposita oder syntaktischen Gruppen (*capital, comprehensive, polytechnic, semi-detached*) und den natürlich äußerst häufigen Fall der Kürzung von Eigennamen (*Chris, Slobo*). Die Form *Jo'burg* ist auffällig, weil hier der mittlere Teil ausgelassen wird.

Semantisch ist für Kürzungen typisch, dass die denotative Bedeutung von Vollform und verkürzter Form identisch ist. Gleichwohl lässt sich vor allem bei vielen schon lange existierenden Kürzungen, die als solche gar nicht mehr wahrgenommen werden, eine Bedeutungsdifferenzierung beobachten: *Aide* (,person employed to help a government official') unterscheidet sich von *aide-de-camp* (,officer who assists an officer of higher rank'); *broker* ist heute semantisch umfangreicher (vgl. auch das Kompositum *power broker*) als *stockbroker*, wobei dessen Bedeutung aber nach wie vor die von *broker* dominiert.

Was die Etablierung von Kürzungen aus soziopragmatischer Sicht angeht, so lassen sie sich auf einer Skala anordnen: Auf der einen Seite sind Fälle wie *pub*, *bus*, *zoo*, *radio* oder *piano* anzusiedeln, die zweifellos besser etabliert sind als ihre Ursprungswörter und gar nicht mehr als Kürzungen empfunden werden. Sie sind Teil des allgemeinen Wortschatzes des Englischen und haben keine besonderen Konnotationen oder Stilzugehörigkeiten. In Lexika spiegelt sich der höhere Etablierungsgrad gelegentlich dadurch wider, dass nicht die kurze Form als Kürzung der langen definiert wird, sondern umgekehrt. Im *Collins Concise Dictionary Plus* (CCDPlus) wird z. B. das Lexem *discotheque* mit den Worten ,the full term for **disco**' erklärt. Am anderen Pol der Skala befinden sich Kurzformen, die nur in Teilen der Sprachgemeinschaft bzw. in Fachsprachen als etabliert, d. h. institutionalisiert, gelten können. Die Form *des.res.* für *desirable residence*, die aus dem Jargon von Immobilienmaklern stammt, war zumindest ursprünglich ein Beispiel für dieses Extrem. Kurzformen dieses Typs bringen zusätzlich zur Zugehörigkeit zu Gruppensprachen in der Regel auch besondere Konnotationen für Sprecher mit sich, die mit ihnen vertraut sind. Fälle, bei denen Voll- und Kurzform als gleichermaßen etabliert angesehen werden können (*exam*, *plane*, *sax*, *vet*), liegen zwischen diesen beiden Polen. Bei allen Fällen, wo Voll- und Kurzform zumindest teilweise etabliert sind, spricht vieles dafür, dass durch Unterschiede hinsichtlich der Konnotationen und Assoziationen die Kürzung letztendlich doch kein völlig bedeutungserhaltender Prozess ist, sondern

Kurz- und Vollformen jeweils als eigene, wenn auch sehr ähnliche Konzepte hypostasiert sind.

Die Verwendung von Kurzformen – soweit sie nicht besser etabliert sind als ihre Ursprungswörter – signalisiert eine gewisse Vertrautheit und Nähe, sowohl in konzeptueller Hinsicht als auch in sozialer. Zum einen deuten Kürzungen an, dass der Sprecher mit dem jeweiligen Konzept so vertraut ist, dass die Benennung durch das längere Wort als unnötig kompliziert empfunden wird. Dies setzt natürlich voraus, dass Sprecher davon ausgehen, dass auch ihre Zuhörer die Kürzung kennen oder zumindest in der Lage sind, sie zu verstehen. Umgekehrt können Kürzungen natürlich auch bewusst als Ausgrenzungs-mechanismus gegenüber Hörern verwendet werden, wenn man damit rechnet, dass sie mit der Kurzform eben gerade nicht vertraut sind. Auf der interpersonalen Ebene bedeutet dies, dass Sprecher eher dann zu solchen Kürzungen greifen, die nicht gleich gut etabliert sind wie ihre Herkunftswörter, wenn ihnen die Hörer bekannt sind. Der Gebrauch von Kürzungen kann also auch soziale Nähe und gemeinsame Zugehörigkeit zu einer Gruppe signalisieren. Vor diesem Hintergrund verwundert es nicht, dass viele Kürzungen ihren Ursprung im Slang und in der Sprache von sozialen Gruppen oder Berufsgruppen haben (Marchand 1969: 447).

12.3 Korpusstudie VII: Initialwörter

Initialwörter lassen sich als extreme Formen von Kürzungen verstehen, bei denen nur die Anfangsbuchstaben selbst oder wenige Buchstaben am Anfang des Wor-tes übrig bleiben. Diese Art der Kürzung kann nur bei Komposita oder Wort-gruppen zum Einsatz kommen, aber nicht bei einfachen Lexemen, da einzelne Buchstaben auch im Kontext nicht spezifisch genug sind, um die Vollform bzw. Bedeutung zuverlässig identifizierbar zu machen. Im Gegensatz zu Abkürzungen in der Schrift wie *Mr* für *Mister* oder *BBQ* für *barbeque* sind Initialwörter da-durch gekennzeichnet, dass sich nicht nur die Schreibweise, sondern auch die Aussprache ändert. Eine Liste aller Initialwörter im BUMC (ebenfalls ein Initi-alwort!) findet sich in Tabelle 12.2. Bei mehrdeutigen Initialwörtern sind zusätz-lich zu den im Kontext relevanten Ursprungswörtern noch wichtige weitere in Klammern angegeben. Orthografische Varianten sind ebenfalls in Klammern ver-merkt.

Tab. 12.2: Initialwörter im BUMC mit Aussprache und Ursprungswörtern

Initialwort	Aussprache	Ursprung
AI	/ˌeɪ ˈaɪ/	*artificial intelligence* (*artificial insemination, Amnesty International*)
ANC	/ˌeɪ en ˈsiː/	*African National Congress*
BBC	/ˌbiː biː ˈsiː/	*British Broadcasting Corporation*
CV (*cv*)	/ˌsiː ˈviː/	*curriculum vitae*
FORTRAN (*Fortran*)	/ˈfɔːtræn/	*Formula Translation*
FTSE	/ˌef tiː es ˈiː/ /ˈfʊtsi/	*Financial Times Stock Exchange*
GCSE	/ˌdʒiː siː es ˈiː/	*General Certificate of Secondary Education*
IRA	/ˌaɪ ɑːr ˈeɪ/	*Irish Republican Army*
M. O. T. (*MOT*)	/ˌem əʊ ˈtiː/	*Ministry of Transport* (wie bei dt. *TÜV* auch metonymisch für Sicherheitsnachweis)
MS DOS	/ˌem es ˈdɒs/	*Microsoft disc operating system*
Nato (*NATO*)	/ˈneɪtəʊ/	*North Atlantic Treaty Organization*
NCC	/ˌen siː ˈsiː/	*National Curriculum Council* (*National Computer Conference, Nature Conservancy Council, National Consumer Council*)
NHS	/ˌen eɪtʃ ˈes/	*National Health Service*
Prolog	/ˈprəʊlɒg/	*Programming in Logic*
QED (*q.e.d.*)	/ˌkjuː iː ˈdiː/	*quod erat demonstrandum* (*quantum electrodynamics*)
RNA	/ˌɑːr en ˈeɪ/	*ribonucleic acid*
TNT	/ˌtiː en ˈtiː/	*trinitrotoluene*
TV	/ˌtiː ˈviː/	*television*
UK	/ˌjuː ˈkeɪ/	*United Kingdom*
Unita (*UNITA*)	/juː ˈniː tə/	Portugiesisch: *União Nacional para a Independência Total de Angola* (*National Union for the Total Independence of Angola*)
US (*U.S.*)	/ˌjuː ˈes/	*United States* (*of America*)
WP	/ˌdʌbljuː ˈpiː/	*word processor* (*word processing, weather permitting, Warsaw Pact*)

Verschiedene Typen von Initialwörtern können von den Beispielen in dieser Liste abgeleitet werden:

Im Hinblick auf die Schreibung lassen sich drei Grundtypen unterscheiden: Großbuchstaben, die zusammengeschrieben werden (*BBC*, *IRA*, *UK*), Großbuchstaben, die durch Punkte getrennt sind (*M.O.T.*) und ein Großbuchstabe am Wortanfang mit ansonsten ‚normaler' Kleinschreibweise (*Nato*, *Prolog*, *Unita*). Wie die angegebenen Alternativen zeigen, ist die Schreibung vor allem im Hinblick auf die Setzung von Punkten sehr uneinheitlich und teilweise von den Hausstilen von Medien abhängig. Zusätzlich zu diesen drei Typen existieren noch wenige hochgradig lexikalisierte Initialwörter, die nicht einmal mit einem Großbuchstaben beginnen und von den meisten Leuten nicht als Initialwörter erkannt werden, z. B. *laser* (für *light amplification by stimulated emission of radiation*) und *radar* (*radio detection and ranging*). Diese Lexeme sind mit Kürzungen wie *bus* oder *pub* vergleichbar, die ebenfalls nicht als Ergebnisse von Wortbildungsprozessen wahrgenommen werden.

Was die Aussprache angeht, sind zwei Grundtypen von Initialwörtern zu beobachten: Initialwörter, die als Abfolge einzelner Buchstaben gesprochen werden (*ANC, BBC, TNT, UK, TV*), und solche, die wie ein normales Wort gesprochen werden (*AIDS, FORTRAN, Nato, Prolog, Sars*). Von manchen Autoren (z. B. Bauer 1983: 223, Carstairs-McCarthy 2002: 65) werden diese beiden Typen auch terminologisch auseinander gehalten, wobei der Typ *BBC* als *Initialwort* (*initialism*) oder *Abkürzung* (*abbreviation*) und der Typ *Nato* als *Akronym* (*acronym*) bezeichnet wird. Die Form *MS DOS* wäre demnach eine Kombination aus Initialwort und Akronym; und je nach Aussprachevariante müsste *FTSE* unterschiedlich benannt werden. Nicht zuletzt wegen solcher Unstimmigkeiten verwenden die meisten Autoren die Termini *Initialwort* und *Akronym* gleichbedeutend.

Die schon genannten Beispiele *laser* und *radar* illustrieren auch die Variabilität im Hinblick auf die Auswahl der Buchstaben, die in das Initialwort Eingang finden. Obgleich der typische Fall sicher darin zu sehen ist, dass von allen beteiligten Wörtern jeweils nur der erste Buchstabe erhalten bleibt, gibt es unter den als Wörtern ausgesprochenen viele etablierte Initialwörter, bei denen sich vor allem kurze Funktionswörter wie *of, by* oder *and* nicht im Initialwort niederschlagen (*laser, GCSE*) und/oder zusätzlich zum Anfangs- noch weitere Buchstaben von Konstituenten des Ursprungswortes verwendet werden (*FORTRAN, radar*). Für solche Varianten ist natürlich maßgeblich, dass das Initialwort als Wort aussprechbar und deshalb im Einklang mit der englischen Phonotaktik, d. h. den Regeln für zulässige Lautkombinationen, stehen muss. Ein häufiger Grund für den Einschub zweiter oder sogar dritter Buchstaben ist die Notwendigkeit, die Aussprechbarkeit durch zusätzliche Vokale zu gewährleisten.

Ein besonders interessantes Phänomen stellen Initialwörter dar, die formal mit etablierten Wörtern zusammenfallen (also homonym sind), die ihrerseits wieder semantisch mit dem Initialwort in Zusammenhang stehen. In der Liste in 12.2 ist kein Fall dieses Typs enthalten. Beispiele sind etwa *PEN* (von *Poets, Playwrights, Editors, Essayists, Novelists*), WAR (von *Women Against Rape*), *WASP* (von *White Anglo-Saxon Protestant*) und *STOPP* (von *Society of Teachers Opposed to Physical Punishment*; Ungerer 1991: 137). Der semantische Bezug zwischen dem Homonym des Initialwortes und der Vollform ist in mehrfacher Hinsicht nützlich: Er erregt die Aufmerksamkeit der Sprachbenutzer, erleichtert die Interpretation des Initialwortes, und regt gedankliche Prozesse an, die der Verankerung im Gedächtnis dienlich sind (Ungerer 1991: 139 ff.). Von Interesse ist in diesem Zusammenhang auch der Name *UNIX*, der offenbar bewusst als scheinbares Akronym in Opposition zu dem Namen eines anderen, vom Massachusetts Institute of Technology (MIT) entwickelten Betriebssystems mit ähnlichen Eigenschaften namens *MULTICS* geprägt wurde.

Initialwörter vom Typ *PEN* und *STOPP* sind die auffälligsten Belege dafür, dass Akronyme nicht wie manche Produkte der morphematischen Wortbildungsmuster beiläufig oder sogar unbemerkt, sondern im vollen Bewusstsein des Wortschöpfungsakts geschaffen werden. Es ist sicherlich nicht übertrieben, wenn man behauptet, dass in der öffentlichen Kommunikation in den Bereichen Politik, Institutionen, Medien und Wissenschaft (vor allem Naturwissenschaft, Technik, Informatik und Medizin), aus denen der Großteil der existierenden Initialwörter stammt, heute komplexe Bezeichnungen nicht zuletzt mit dem Blick darauf geprägt werden, ob sie sich zu überzeugend und ansprechend – oder eben auch originell – klingenden Initialwörtern reduzieren lassen. Trotzdem stellen Initialwörter natürlich keineswegs nur eine Spielerei ohne tieferen Nutzen dar. Ganz im Gegenteil wäre die Kommunikation in den genannten Bereichen ohne diese nützlichen Verkürzungen äußerst umständlich und mühsam. Ein Blick in die Spalte der Ursprungsausdrücke in Tabelle 12.2 macht deutlich, mit welchen Wortungetümen man es ohne Initialwörter ständig zu tun hätte. Es ist deshalb nicht verwunderlich, dass die Bildung von Initialwörtern derzeit wohl das Wortbildungsverfahren mit dem höchsten Output sein dürfte. Gegenwärtig beansprucht die Webseite www.acronymfinder.com, mit 330.000 Einträgen das umfangreichste Web-Lexikon von Akronymen zu sein, und das 1990 erschienene *Acronyms, initialisms and abbreviations dictionary* enthält bereits eine halbe Million Einträge. Beide Akronymenlexika sind allerdings nicht auf englische Initialwörter beschränkt und enthalten zu einem überwiegenden Teil Namen.

Neben den bereits genannten Bereichen ist heutzutage das Internet und die elektronische Kommunikation in E-Mails oder im Chatroom eine Brutstätte für expressive Initialwörter, wobei auch mit den Zahlen *2* und *4* als Platzhalter für die homophonen Wörter *to, too* und *for* gearbeitet wird; vgl. die im Internet allgegenwärtigen *FAQs* (*frequently asked questions*) sowie *lol* (*laughing out loud*), *rofl* (*rolling on the floor, laughing*), *weg* (*wide evil grin*), *brb* (*be right back*), *2g4y* (*too good for you*), *j2lyk* (*just to let you know*), *rtfm* (*read the fucking manual*), bis hin zu *awgthtgtata* (*are we going to have to go through all this again*). Hier wird mit der Balance zwischen Ökonomie bei der Sprachproduktion und der Informativität und damit der Verständlichkeit der verwendeten Zeichen gespielt, was für Insider ganz maßgeblich das Gefühl der Szenenzugehörigkeit, des *being in the know*, erzeugt und verstärkt.

Weiterführende Literatur: McCully und Holmes (1988), Cannon (1989), Ungerer (1991), Kreidler (2000).

12.4 Wortmischung

Aus konzeptueller Sicht kommt unter den nichtmorphematischen Verfahren die Wortmischung (*blending*) oder *Wortverschmelzung* den morphematischen Mustern, insbesondere der Komposition, am nächsten, weil sie zwei Konzepte zu einem neuen verbindet. Im Gegensatz zur Komposition finden aber nicht beide Wörter formal unverändert Eingang in das neue Lexem, sondern werden wie die Teile eines Teleskops ineinander geschoben oder anderweitig gekürzt vermischt. Zu den gängigsten und etabliertesten Beispielen für dieses Verfahren gehören die Lexeme *smog* (aus *smoke* und *fog*), *brunch* (aus *breakfast* und *lunch*), *chunnel* (aus *channel* und *tunnel*) und *infotainment* (aus *information* und *entertainment*), wobei *smog* sich bereits weitestgehend von seinen Ursprungswörtern emanzipiert hat und kaum mehr als Wortmischung wahrgenommen wird. Bei typischen *Blends* sind nicht nur die Formen verschmolzen, sondern auch der Inhalt stellt eine Mischung der beiden Ausgangskonzepte dar: *Smog* bezeichnet eine Mischung aus Rauch und Nebel, *brunch* eine Mahlzeit, die Elemente von Frühstück und Mittagessen miteinander verbindet. Das Beispiel *chunnel* zeigt allerdings schon, dass es hiervon auch Abweichungen gibt.

Wortmischungen treten in einer Reihe formaler Varianten auf (vgl. Lehrer 1996: 364). Zunächst lassen sich Blends mit überlappenden Ursprungswörtern – z. B. *wintertainment* von *winter* und *entertainment* – von solchen ohne Überlappung trennen (z. B. *infotainment*). Die jeweils von den Ursprungswörtern eingebrachten *Splitter* (*splinter*) bleiben in der Regel zusammenhängend erhalten; es existieren aber auch Beispiele, bei denen dies nicht der Fall ist (z. B. *entreporneur* aus *entrepreneur* und *porn(ography)*). Bei Blends mit Überlappung können beide Ursprungswörter vollständig enthalten sein, so wie in *sexploitation* (von *sex* und *exploitation*). Blends ohne Überlappung können aus einem vollständig erhaltenen Ursprungswort und einem Splitter (*vodkatini* aus *vodka* und *martini*) oder aus zwei Splittern bestehen (*Spanglish* aus *Spanish* und *English*).

Blends sind laut Kemmer (2003) auch für einen der Sekretion (s. S. 130) ähnlichen Prozess verantwortlich, durch den neue bedeutungstragende Elemente mit morphemähnlichem Charakter entstehen. Ihr Beispiel für den Ausgangspunkt eines solchen Vorgangs ist das Blend *glitterati* (von *glitter* und *literati*, ,people who are rich, famous, and fashionable'; LDOCE4). Von diesem und von der Silbenstruktur her ähnlichen Wörtern wie *chatterati* ausgehend existieren mittlerweile Bildungen wie *luncherati* und *Britpoperati*, in denen einerseits der Splitter -*terati* den ersten Laut /t/ verloren hat, andererseits aber der Splitter -*erati* zunehmend eine eigene Bedeutung, etwa ,elite group', zukommt. Der Übergang zu einem neuen suffixähnlichen Element scheint also eingeleitet. Kemmer erklärt dieses Phänomen damit, dass von einzelnen Beispielen Schemata abgeleitet werden, die dann ihrerseits in veränderter, insbesondere weniger spezifischer Form als Modell für weitere Bildungen dienen können. Ein übergeordnetes Ziel dieses Ansatzes besteht darin, in dem als unsystematisch und unregelmäßig bekannten Verfahren der Wortmischung eben doch eine Regelmäßigkeit zu erkennen, die es erlaubt, das Verfahren als mentales Muster für die Bildung neuer Lexeme zu beschreiben.

In jüngerer Zeit wird gelegentlich behauptet, die Wortmischung sei eine häufige und wichtige Quelle neuer Wörter (z. B. Lehrer 1996: 385). Die Tatsache, dass in den ca. 41.000 Wörtern des BUMC kein einziger Beleg zu finden ist, unterstützt diese Ansicht freilich nicht, und auch zu Cannons (1987) Korpus 13.683 neuer Wörter tragen Blends nur etwa ein Prozent bei. Man kann also wohl eher davon ausgehen, dass sich die Wortmischung zwar als Ergebnis sprachlicher Kreativität und Originalität im privaten Alltag und natürlich in den Medien durchaus einer gewissen Beliebtheit erfreut, es aber wenigen Bildungen dieses Typs letztendlich gelingt, sich dauerhaft zu etablieren. Ob ein neues Blend Chancen hat, erkannt, richtig interpretiert und schließlich etabliert zu werden, hängt neben allgemeinen außersprachlichen Faktoren davon ab, wie häufig und wie leicht zu identifizieren die Ursprungswörter sind, wie groß die erhaltenen Splitter sind, wie ausgeprägt die lautliche Ähnlichkeit und die Gemeinsamkeiten in der Silbenstruktur mit den Ursprungswörtern sind (Lehrer 1996: 385, Kemmer 2003: 81 ff.). Die mangelnde Transparenz vieler Blends dürfte maßgeblich für die geringe Zahl etablierter Bildungen verantwortlich sein.

Weiterführende Literatur: Hansen (1963), Lehrer (1996), Cannon (2000), Kemmer (2003).

12.5   Reduplikation

Als *Reduplikation* oder *Verdoppelung* (*reduplication*) wird eine Gruppe von Wortbildungsverfahren bezeichnet, bei denen ein Wort – oder eine wortähnliche Lautfolge – entweder unverändert (*hush-hush, girly-girly*) wiederholt wird, oder mit einem veränderten Vokal (*Ablautverdoppelung*, z. B. *singsong, walkie-talkie, hip-hop*) oder mit veränderten Konsonanten (*Reimverdoppelung*, z. B. *boogie-woogie, bow-wow*). Zu unterscheiden sind hier Bildungen, die aus bereits etablierten Wörtern bestehen (wie *singsong* und *walkie-talkie*), von solchen, die sich aus expressiven oder lautmalerischen Elementen ohne Wort- oder Morphemstatus zusammensetzen.

Während in den jungen Varietäten des Englischen in Afrika und Asien Verdoppelungen unter dem Einfluss der einheimischen Sprachen auch in der Grammatik zur Intensivierung (*big big* ‚very big‘) und zum Ausdruck großer

Quantität (*money money* ‚a lot of money') verwendet werden, kommt ihnen in
den ‚Mutter'-Varietäten in erster Linie expressive Funktion zu. Einige der
etablierten Bildungen, z. B. *tick-tick, puff-puff* oder *bow-wow* (das sind Wörter,
die die Geräusche von Uhren, Lokomotiven und Hunden nachahmen und für
dieselben stehen können), entstammen der Kindersprache. Andere spiegeln in
mehr oder weniger lautmalerischer Form Gegensätze, Abwägungen, Hin- und
Herbewegungen bzw. mit diesen assoziierte Geräusche u. Ä. wider, z. B. *click-
clack, dingdong, criss-cross, zigzag*. Viele Verdoppelungen drücken eine abwertende Haltung gegenüber dem Bezeichneten aus, so etwa *chitchat, tittle-tattle*
und andere mit der Bedeutung ‚Geschwätz', *mishmash* ‚Mischmasch, Durchein-
ander', *wishy-washy* ‚wässrig, lasch, oberflächlich', *singsong* ‚Singsang, Ge-
träller' oder, neueren Entstehungsdatums, *Aga saga* ‚a form of popular novel
typically set in semi-rural location and concerning the domestic and emotional
lives of middle-class characters' (ODNW) und *happy-clappy* ‚an informal and
mildly disparaging name for a member of a Christian group whose worship is
marked by enthusiasm and spontaneity' (ODNW).

Weiterführende Literatur: Hansen (1964), Marchand (1969: 429 ff.), Hansen et al. (1990: 140
ff.), Baldi und Dawar (2000: 970 ff.), Adams (2001: 127 ff.).

12.6 Zusammenfassung: Übergangsfälle und Abgrenzungsprobleme

Die Erläuterungen in diesem Kapitel haben gezeigt, dass die Rückableitung *the
odd man out*, also ein Außenseiter, im Reigen der nichtmorphematischen Wortbildungsverfahren ist. Nicht zuletzt die Tatsache, dass echte oder vermeintliche
Morphemgrenzen beachtet werden, rückt die Rückableitung zwar näher an den
Bereich der morphematischen Muster, aber gerade die mangelnde Musterhaftig-
keit hat mich dazu bewogen, sie in diesem Kapitel mit anderen nicht regelhaften
Verfahren zu besprechen.

Die anderen nichtmorphematischen Verfahren sind sich in erster Linie in
funktionaler Hinsicht ähnlich:

- Sie sind Form verkürzend und tragen deshalb zur Ökonomie in der Sprachproduktion bei.
- Sie sind gleichzeitig, wenn man so will, ‚bedeutungsverschleiernd', was verschiedene soziale Folgen hat: Für Eingeweihte spiegeln sie Zugehörigkeitsge-
  fühl und Identifizierung mit sozialen Gruppen oder Themen wider, gegenüber
  Menschen, die sie nicht kennen, können sie ausgrenzende Wirkung haben.
- Des Weiteren kommt vielen der in diesem Kapitel besprochenen Bildungen
  ein mehr oder weniger ausgeprägter expressiver Charakter zu. Insbesondere
  im Vergleich zu entsprechenden Vollformen verbuchen viele Kurzformen ei-

nen Zugewinn an konnotativen und assoziativen Bedeutungselementen. Auf der anderen Seite stammen viele Initialwörter aus dem eher nüchternen Bereich der öffentlichen und institutionellen Kommunikation, in dem sie auch vorwiegend gebraucht werden.

- Und schließlich zeichnen sich die besprochenen Verfahren durch einen relativ hohen Grad von Bewusstsein darüber aus, dass gerade mit den Mitteln der Wortbildung gearbeitet wird. In noch höherem Maße als bei den morphematischen Mustern kommt bei den nichtmorphematischen Bildungen sprachliche Originalität und Kreativität zum Einsatz.

Sowohl zwischen den verschiedenen nichtmorphematischen Wortbildungsverfahren als auch zwischen diesen und den morphematischen Mustern treten immer wieder Übergangsfälle und Abgrenzungsprobleme auf, die abschließend exemplarisch angesprochen werden sollen. Bei den beiden zuletzt erwähnten Lexemen *Aga-saga* und *happy-clappy* beispielsweise spricht einerseits der Reim jeweils für eine Behandlung als Reimverdoppelung. Auf der anderen Seite leisten jeweils zwei etablierte Lexeme mit völlig verschiedenen Bedeutungen einen Beitrag zur Gesamtbedeutung des neuen Lexems, was wiederum typischer für die Komposition ist als für die Reduplikation und eher dafür spricht, die beiden Formen als Spezialfälle von Komposita anzusehen, die sich durch einen Binnenreim auszeichnen.

Die Lexeme *entreporneur* und *infotainment* illustrieren Fälle, bei denen Wortmischungen und Wortkürzungen kombiniert sind, denn sowohl *porn* als auch *info* kommen unabhängig von ihrem Auftreten in den beiden Blends als Kürzungen von *pornography* und *information* vor. Das mittlerweile etablierte Lexem *sitcom* (von *situation comedy*) liegt an der Schnittstelle zwischen Initialwortbildung, Verkürzung und Komposition. Dass nicht regelmäßige Verfahren auch in Kombination mit morphematischen Mustern auftreten, zeigen die Lexeme *e-mail*, *e-commerce* und *e-learning*.

13. Resümee

Das übergeordnete Ziel dieses Buches bestand darin, die Morphologie und Wortbildung des Englischen nicht nur präzise in struktureller Hinsicht zu beschreiben, sondern auch systematisch die soziopragmatische und kognitiv-psycholinguistische Relevanz dieses Bereichs des Englischen zu erschließen. Das eingesetzte Korpus hat sich auf dem Weg zu diesem Ziel als nützliches und zuverlässiges Hilfsmittel erwiesen. In verschiedenen Kapiteln – zur Präfigierung, Suffigierung, zu mehrgliedrigen Komposita, zur Verkürzung und zu Initialwörtern – ist es gelungen, die strukturelle Beschreibung direkt von den Korpusdaten abzuleiten. Die aus den Korpusanalysen gewonnenen Aussagen zur Häufigkeit morphologischer Phänomene ließen sich darüber hinaus auch zur Hypothesenbildung und -stützung für die soziopragmatische und kognitive Perspektive auswerten und nutzen.

Aus struktureller Perspektive war es zunächst von essenzieller Bedeutung, die grundlegenden morphologischen Bausteine des Englischen präzise und theoretisch konsistent zu erfassen. Auch dieser Schritt war bereits empirisch begründet, da die postulierten Elemente von der Analyse des Korpus abgeleitet waren. Die zentralen Konzepte *Wort* und *Morphem* wurden als Kategorien definiert, die sich jeweils in typischen und weniger typischen Vertretern manifestieren. Dies hat den Vorteil, dass morphologische Einheiten wie gebundene Wurzeln oder *combining forms* nicht als ärgerliche Ausnahmen, sondern als im Rahmen einer prototypischen Betrachtung völlig normale Abweichungen von typischen Morphemen charakterisiert werden konnten. Zur strukturellen Betrachtung gehörte auch ein Überblick über die Flexionsmorpheme des heutigen Englisch und ihrer Allomorphe sowie ein Einblick in die sprachhistorische Entwicklung in diesem Bereich.

Die strukturelle Beschreibung der englischen Wortbildung profitierte wesentlich von den im Strukturalismus und Generativismus gewonnenen morphologischen, syntaktischen und semantischen Strukturanalysen. Aufbauend auf die vorhandene Fachliteratur und die eigene Korpusanalyse haben die vorangegangenen Kapitel einen detaillierten Überblick über das Inventar von Formen und Prozessen gegeben, die Sprecher des Englischen bei der Bildung komplexer Lexeme einsetzen (können). Die identifizierten Bildungsverfahren wurden hier nicht – wie in der Generativen Linguistik üblich – als möglichst ausnahmslose Regeln formuliert, sondern als Muster oder Modelle, die von den Sprechern als Gussformen oder Anhaltspunkte bei Neubildungen verwendet werden. Nicht zuletzt deshalb wurden die im ‚Regel'-Ansatz unerwünschten Ausnahmen oder

Sonderfälle der Grundmuster Komposition, Präfigierung und Suffigierung auch als Varianten und Abweichungen von typischen Mustern erklärt. Nur zum Teil entscheidet die Konformität eines Wortes mit den Regeln über seine Chancen, sich im Wortschatz zu etablieren; mindestens genauso wichtig für das Ausmaß seiner Verbreitung ist die Reaktion der Mitglieder der Sprachgemeinschaft.

Dies führt uns zur soziopragmatischen Perspektive, die den Gebrauch von Flexionsmorphemen und komplexen Lexemen in konkreten sozialen Verwendungskontexten in den Blick nimmt. Für diese Sicht war das Korpus insofern von großer Bedeutung, als alle Beispiele in einem authentischen sprachlichen, situativen und sozialen Kontext vorlagen. Auf die Berücksichtigung von Merkmalen einzelner Sprecher, die prinzipiell möglich gewesen wäre, musste zwar verzichtet werden, aber die Unterscheidung in fünf verschiedene Textsorten bzw. Register wurde systematisch zur Auswertung herangezogen. So zeigte sich schon bei der Verteilung der Morphemtypen, dass sich die relative Häufigkeit von Flexionsmorphemen wie {ed$_1$} auf Benutzerintentionen wie Narration oder Exposition zurückführen lässt. Die erhobenen Daten zur Verteilung von Derivationsaffixen und die Analysen der Präfigierungen und Suffigierungen haben bewiesen, dass die beiden Formen der Affigierung in den formaleren und abstrakteren Textsorten des Pressetexts und des wissenschaftlichen Fachtexts überproportional häufig vorkommen. Die Konversion dagegen kommt vorwiegend in anderen stilistischen Bereichen zum Einsatz. Diese Befunde wurden als eine komplementäre Arbeitsteilung zwischen Suffigierung und Konversion bei der Rekategorisierung von Konzepten interpretiert.

Die soziopragmatische Perspektive ist auch von zentraler Bedeutung für die Untersuchung der Verbreitung und Etablierung neuer komplexer Lexeme und der Produktivität der zugrunde liegenden Muster. Es gilt hier unter anderem zu beurteilen, ob ein Sprecher eine Ad-hoc-Bildung mit Benennungsfunktion verwendet, die dann eventuell als Ausgangspunkt für eine Verbreitung und Institutionalisierung dienen kann, oder nur mit aktueller syntaktischer oder pragmatischer Funktion. Die Frage der Funktion und das Problem der Abgrenzung von syntaktischen Phrasen erwiesen sich bei der Korpusauswertung zwei- und mehrgliedriger Komposita als besonders virulent.

Äußerst ergiebig zeigte sich die soziopragmatische Sichtweise in der Beschäftigung mit den nichtmorphematischen Form verkürzenden Verfahren, von denen mehrere nicht zu einer augenfälligen konzeptuellen Veränderung des Ursprungswortes führen. Hier sind häufig interpersonale, soziale und expressive Gesichtspunkte für die Prägung oder Verwendung einer neuen Form maßgeblich.

Die kognitiv-psycholinguistischen Betrachtungen konnten sich weniger auf vorhandene Erkenntnisse aus strukturalistisch geprägten Ansätzen stützen. Übernommen werden konnten unter anderem die Grundlagen der Konzeptbildung und Hypostasierung durch neue komplexe Lexeme, die Idee der ungleichen Informationsverteilung, insbesondere innerhalb von Komposita, und die Vorstellung, dass komplexe Lexeme auf zugrunde liegenden Szenen beruhen, vor deren Hintergrund sie bestimmte semantische Rollen bzw. Konzepte hervorheben.

Auf dieser Grundlage wurde ein Analyseinstrumentarium für die kognitive Perspektive entwickelt, das die kognitiven Funktionen der Wortbildung und einzelner Wortbildungsmuster sowie ihr verschiedenartiges Potenzial der Aufmerksamkeitslenkung (*Profilierung*) in den Blick nimmt. Ganz entscheidend ging es hier darum, die Auswirkungen von Wortbildungsmustern auf die kodierten Konzepte zu untersuchen und daraus Rückschlüsse auf beteiligte kognitive Mechanismen zu ziehen. Ausgehend von Häufigkeitsanalysen der Korpusdaten wurde z. B. den verschiedenen Modellen der Präfigierung die gemeinsame kognitive Grundfunktion ‚anders als X' zugeschrieben. Suffigierung und Konversion wurden als Mechanismen dargestellt, die in sich weitgehend komplementär ergänzenden Wirkungsbereichen eine neue oder zusätzliche Konzepttypprofilierung hervorbringen. Die Komplementarität bezieht sich nicht nur auf die schon erwähnten stilistischen Unterschiede, sondern auch auf die konzeptuelle Arbeitsteilung: Suffigierung ist ein vorwiegend nominal, d. h. verdinglichend ausgerichtetes Verfahren, während die Konversion häufiger zur Dynamisierung von Ding- oder Eigenschaftskonzepten führt. Für die Konversion wurde auf der Basis von Dirvens (1999) Ansatz ein kognitiv fundiertes Modell erarbeitet, das dieses außerordentlich häufige Phänomen als metonymische Übertragung erklärt – einen Prozess, der weit über die Wortbildung hinaus von grundlegender kognitiver Bedeutung ist.

Morphologie und Wortbildung wurden in diesem Buch somit als Aspekte der englischen Sprache dargestellt, die strukturell systematisch beschreibbar, für das allgemeine kognitive System relevant bzw. von diesem beeinflusst und soziopragmatischen Einflüssen unterworfen sind. Sprecher prägen und verwenden komplexe Lexeme aus aktuellen kognitiven, sozialen und pragmatischen Bedürfnissen heraus: Weil sie einen komplexen Sachverhalt kurz und angemessen benennen wollen, weil sie zuvor Gesagtes mit wenig Aufwand aufgreifen wollen, weil sie sich besonders originell, vertraut, abgehoben oder geheimnisvoll ausdrücken möchten, weil sie Gefühle und Einstellungen vermitteln wollen, weil sie ein bekanntes Konzept in ein neues Licht rücken wollen, und aus vielen anderen Gründen mehr, die noch nicht geklärt sind. Da die strukturellen Aspekte von Morphologie und Wortbildung schon vergleichsweise gut beschrieben sind, hat dieses Buch versucht, dazu beizutragen, dass die Erforschung von Morphologie und Wortbildung in Zukunft mehr als bisher die Sprachbenutzer und ihr Denken und Handeln in den Blick nimmt.

Bibliografie

Adams, Valerie (1973), *An introduction to modern English word-formation*, London etc.: Longman.

Adams, Valerie (2001), *Complex words in English*, Harlow: Pearson Education Limited.

Aitchison, Jean (1994), *Words in the mind. An introduction to the mental lexicon*, 2nd ed., Oxford: Blackwell.

Algeo, John (1978), „The taxonomy of word making". *Word* 29, 122–131.

Algeo, John (1980), „Where do all the new words come from?". *American Speech* 55, 264–277.

Anderson, Stephen R. (1982), „Where is morphology?". *Linguistic Inquiry* 13, 571–612.

Aronoff, Mark (1976), *Word formation in Generative Grammar*, Cambridge/MA – London: MIT Press.

Aronoff, Mark (2000), „Generative Grammar". In: Booij, Lehmann und Mugdan (2000), 194–209.

Baayen, Harald (1994), „Derivational productivity and text typology". *Journal of Quantitative Linguistics* 1(1), 16–34.

Baayen, Harald und Rochelle Lieber (1991), „Productivity and English word-formation: A corpus-based study". *Linguistics* 29, 801–843.

Baldi, Philip und Chantal Dawar (2000), „Creative processes". In: Booij, Lehmann und Mugdan (2000), 963–972.

Barker, Chris (1995), „Episodic -ee in English: Thematic relations and new word formation". In: Mandy Simons und Teresa Galloway, eds., *Proceedings from semantics and linguistic theory V. Papers presented at the conference on semantics and linguistic theory, 1995*, Ithaca/NY: Cornell University, 5–18.

Bauer, Laurie (1979), „On the need for pragmatics in the study of nominal compounding". *Journal of Pragmatics* 3, 45–50.

Bauer, Laurie (1983), *English word-formation*, Cambridge: Cambridge University Press.

Bauer, Laurie (1988), *Introducing linguistic morphology*, Edinburgh: Edinburgh University Press.

Bauer, Laurie (1994), „Productivity". In: Ron E. Asher, ed., *Encyclopedia of language and linguistics*, Vol. 7, Oxford: Pergamon Press, 3354–3357.

Bauer, Laurie (1998a), „Is there a class of neoclassical compounds in English and is it productive?". *Linguistics* 36, 403–422.

Bauer, Laurie (1998b), „When is a sequence of two nouns a compound in English?". *English Language and Linguistics* 2(1), 65–86.

Bauer, Laurie (2000a), „Word". In: Booij, Lehmann und Mugdan (2000), 247–257.

Bauer, Laurie (2000b), „System vs. norm: Coinage and institutionalization". In: Booij, Lehmann und Mugdan (2000), 832–840.

Bauer, Laurie (2001), *Morphological productivity*, Cambridge: Cambridge University Press.

Bauer, Laurie und Rodney Huddleston (2002), „Lexical word-formation". In: Rodney Huddleston und Geoffrey K. Pullum, *The Cambridge grammar of the English language*, Cambridge etc.: Cambridge University Press, 1621–1721.

Baugh, Albert C. und Thomas Cable (2001), *A history of the English language*, 5th ed., London – New York: Routledge and Kegan Paul.

Bergenholtz, Henning und Joachim Mugdan (2000), „Nullelemente in der Morphologie". In: Booij, Lehmann und Mugdan (2000), 435–450.

Biber, Douglas (1988), *Variation across speech and writing*, Cambridge: Cambridge University Press.

Biber, Douglas, Susan Conrad, Geoffrey Leech, Stig Johannson und Edward Finegan (1999), *Longman grammar of spoken and written English*, London etc.: Longman.

Biese, Yrjö M. (1941), *Origin and development of conversions in English*, Helsinki: Annales Academiae Scientiarium Tennicae.

Bloomfield, Leonhard (1933), *Language*, London: Allen & Unwin.

Booij, Geert (2000), „Inflection and derivation". In: Booij, Lehmann und Mugdan (2000), 360–369.

Booij, Geert, Christian Lehmann und Joachim Mugdan (2000), *Morphology: An international handbook on inflection and word-formation*, Vol. I, Berlin – New York: Walter de Gruyter.

Brunner, Karl (1965), *Altenglische Grammatik*, 3. Aufl., Tübingen: Niemeyer.

Bybee, Joan (2000), „Lexical, morphological and syntactic symbolization". In: Booij, Lehmann und Mugdan (2000), 370–377.

Cannon, Garland (1985), „Functional shift in English". *Linguistics* 23, 411–431.

Cannon, Garland (1987), *Historical change and English word-formation. Recent vocabulary*, New York etc.: Peter Lang.

Cannon, Garland (1989), „Abbreviations and acronyms in English word-formation". *American Speech* 64, 99–127.

Cannon, Garland (2000), „Blending". In: Booij, Lehmann und Mugdan (2000), 952–956.

Carstairs-McCarthy, Andrew (2000), „Lexeme, word-form, paradigm". In: Booij, Lehmann und Mugdan (2000), 595–607.

Carstairs-McCarthy, Andrew (2002), *An introduction to English morphology. Words and their structure*, Edinburgh: Edinburgh University Press.

Carter, Ronald (1987), *Vocabulary*, London etc.: Allen & Unwin.

Chomsky, Noam (1957), *Syntactic structures*, The Hague: Mouton.

Chomsky, Noam (1965), *Aspects of the theory of syntax*, Cambridge/MA: MIT Press.

Chomsky, Noam (1970), „Remarks on nominalization". In: Roderick A. Jacobs und Peter S. Rosenbaum, eds., *Readings in Transformational Grammar*, Waltham/MA etc.: Ginn and Company, 184–221.

Chomsky, Noam und Morris Halle (1968), *The sound patterns of English*, New York: Harper and Row.

Clark, Eve (1981), „Lexical innovations: How children learn to create new words". In: W. Deutsch, ed., *The child's construction of language*, London: Academic Press, 299–328.

Clark, Eve und Herbert H. Clark (1979), „When nouns surface as verbs". *Language* 55, 767–811.

Croft, William (2000), „Lexical and grammatical meaning". In: Booij, Lehmann und Mugdan (2000), 257–263.

Dalton-Puffer, Christiane und Ingo Plag (2000), „Categorywise, some compound-type morphemes seem to be rather suffix-like: On the status of -*ful*, -*type* and -*wise* in present day English". *Folia Linguistica* XXXIV/34, 225–244.

Dirven, René (1999), „Conversion as a conceptual metonymy of event schemata". In: Klaus-Uwe Panther und Günter Radden, eds., *Metonymy in language and thought*, Amsterdam – Philadelphia: Benjamins.

Di Scullio, Anna-Maria und Edwin Williams (1987), *On the definition of word*, Cambridge/MA – London: MIT Press.

Don, Jan, Mieke Trommelen und Wim Zonneveld (2000), „Conversion and category indeterminacy". In: Booij, Lehmann und Mugdan (2000), 943–952.

Downing, Pamela (1977), „On the creation and use of English compound nouns". *Language 53*, 810–842.

Dressler, Wolfgang U. (1989), „Prototypical differences between inflection and derivation". *Zeitschrift für Phonetik, Sprachwissenschaft und Kommunikationsforschung* 42, 3–10.

Dressler, Wolfgang U. (1990), „Sketching submorphemes within natural morphology". In: Julian Mendez Dosuna, ed., *Naturalists at Krems*, Salamanca: Acta Salamanticensia, 33–41.

Faiß, Klaus (1978), *Verdunkelte Compounds im Englischen*, Tübingen: Narr.

Faiß, Klaus (1989), *Englische Sprachgeschichte*, Tübingen: Francke.

Farell, Patrick (2001), „Functional shift as category underspecification". *English Language and Linguistics* 5, 109–130.

Fillmore, Charles J. (1968), „The case for case". In: Emmon Bach und Robert T. Harms, eds., *Universals in lingustic theory*, London etc.: Holt, Rinehart & Winston, 1–88.

Fillmore, Charles J. (1977), „The case for case reopened". In: Peter Cole und Jerry M. Sadock, eds., *Syntax and semantics, Vol. 8: Grammatical relations*, New York etc.: Academic Press, 59–81.

Fillmore, Charles J. (1985), „Frames and the semantics of understanding". *Quaderni di Semantica* VI, 222–254.

Fischer, Roswitha (1998), *Lexical change in present-day English. A corpus-based study of the motivation, institutionalization and productivity of creative neologisms*, Tübingen: Narr.

Fleischer, Wolfgang (2000), „Die Klassifikation von Wortbildungsprozessen". In: Booij, Lehmann und Mugdan (2000), 886–897.

Fleischer, Wolfgang und Irmhild Barz (1995), *Wortbildung der deutschen Gegenwartssprache*, 2. Aufl., Tübingen: Niemeyer.

Fries, Charles C. (1952), *The structure of English*, London: Longmans, Green and Company.

Geeraerts, Dirk und Hubert Cuyckens (im Druck), *Handbook of Cognitive Linguistics*, Oxford etc.: Oxford University Press.

Gerdts, Donna B. (1998), „Incorporation". In: Andrew Spencer und Arnold M. Zwicky, eds., *The handbook of morphology*, Oxford: Blackwell, 84–100.

Gläser, Rosmarie (1986), *Phraseologie der englischen Sprache*, Leipzig: VEB Verlag Enzyklopädie.

Görlach, Manfred (2002), *Einführung in die englische Sprachgeschichte*, 5. Aufl., Heidelberg: Winter.

Götz, Dieter (1971), *Studien zu den verdunkelten Komposita im Englischen*, Nürnberg: Hans Carl.

Gussmann, Edmund und Bogdan Szymanek (2000), „Phonotactic properties of morphological units". In Booij, Lehmann und Mugdan (2000), 427–435.

Halle, Morris (1973), „Prolegomena to a theory of word-formation". *Linguistic Inquiry* 4, 3–16.

Hansen, Klaus (1963), „Wortverschmelzungen". *Zeitschrift für Anglistik und Amerikanistik* 11, 117–142.

Hansen, Klaus (1964), „Reim- und Ablautverdoppelungen". *Zeitschrift für Anglistik und Amerikanistik* 12, 5–31.

Hansen, Klaus (1999), „The treatment of word-formations and word-formation patterns in a monolingual English dictionary (with special reference to the *Longman Dictionary of Contemporary English*)". In: Wolfgang Falkner und Hans-Jörg Schmid, eds., *Words, lexemes, concepts – approaches to the lexicon. Studies in honour of Leonhard Lipka*, Tübingen: Narr, 85-98.

Hansen, Klaus (2001), Review of Štekauer (1998). *Zeitschrift für Anglistik und Amerikanistik* 48, 173–176.

Hansen, Barbara, Klaus Hansen, Albrecht Neubert und Manfred Schentke (1990), *Englische Lexikologie*, 3. Aufl., Leipzig: VEB Verlag Enzyklopädie.

Herbst, Thomas, Rita Stoll und Rudolf Westermayr (1991), *Terminologie der Sprachbeschreibung. Ein Lernwörterbuch für das Anglistikstudium*, Ismaning: Hueber.

Heyvaert, Liesbeth (2003), *A cognitive-functional approach to nominalization in English*, Berlin – New York: Mouton de Gruyter.

Hockett, Charles (1958), *A course in modern linguistics*, New York: MacMillan.

Hohenhaus, Peter (1996), *Ad-hoc-Wortbildung. Terminologie, Typologie und Theorie kreativer Wortbildung im Englischen*, Frankfurt/M. etc: Peter Lang.

Iacobini, Claudio (2000), „Base and direction of derivation". In: Booij, Lehmann und Mugdan (2000), 865–876.

Jespersen, Otto (1942), *A modern English grammar. On historical principles. Part VI Morphology*, London – Copenhagen: George Allen & Unwin Ltd.

Käsmann, Hans (1992), „Das englische Phonästhem *SL-*". *Anglia* 110, 307–346.

Kastovsky, Dieter (1982), *Wortbildung und Semantik*, Düsseldorf: Francke.

Kastovsky, Dieter (1985), „Deverbal nouns in Old and Modern English: From stem-formation to word-formation". In: Jacek Fisiak, ed., *Historical semantics. Historical word-formation*, Berlin etc.: Mouton, 221–261.

Kastovsky, Dieter (1986), „The problem of productivity in word-formation". *Linguistics* 24, 585–600.

Kastovsky, Dieter (1999), „English and German morphology: A typological comparison". In: Wolfgang Falkner und Hans-Jörg Schmid, eds., *Words, lexemes, concepts – approaches to the lexicon. Studies in honour of Leonhard Lipka*, Tübingen: Narr, 39–51.

Kemmer, Suzanne (2003), „Schemas and lexical blends". In: Hubert Cuykens, Thomas Berg, René Dirven und Klaus-Uwe Panther, eds., *Motivation in language: Studies in honor of Günter Radden*, Amsterdam: Benjamins, 69–97.

Kornexl, Lucia (1998), „Nomina agentis und die sog. agentiven Nullableitungen im Englischen: Eine semantisch-kognitive Neubewertung". *Rostocker Beiträge zur Sprachwissenschaft 5. Kognitive Lexikologie und Syntax*, 49–75.

Koziol, Herbert (1937), *Handbuch der englischen Wortbildungslehre*, Heidelberg: Winter.

Kreidler, Charles W. (2000), „Clipping and acronymy". In: Booij, Lehmann und Mugdan (2000), 956–963.

Kruisinga, Etsko (1932), *A handbook of present-day English*, Groningen: Noordhoff.

Kubrjakova, Elena S. (2000), „Submorphemische Einheiten". In: Booij, Lehmann und Mugdan (2000), 417–426.

Langacker, Ronald W. (1987a), *Foundations of Cognitive Grammar, Vol. I: Theoretical prerequisites*, Stanford/CA: Stanford University Press.

Langacker, Ronald W. (1987b), „Nouns and verbs". *Language* 63, 53–94.

Langacker, Ronald W. (1991), *Foundations of Cognitive Grammar, Vol. II: Descriptive application*, Stanford/CA: Stanford University Press.

Langacker, Ronald W. (im Druck), „Cognitive Grammar". In: Geeraerts und Cuyckens (im Druck).

Lass, Roger (1992), „Phonology and morphology". In: Norman Blake, ed., *The Cambridge history of the English language. Volume II 1066-1476*, Cambridge: Cambridge University Press.

Leech, Geoffrey N. (1981), *Semantics. The study of meaning*, 2nd ed., Harmondsworth: Penguin.

Lees, Robert B. (1966), *The grammar of English nominalizations*, 4th ed., The Hague: Mouton.

Lehrer, Adrienne (1996), „Identifying and interpreting blends: An experimental approach". *Cognitive Linguistics* 7(4), 359–390.

Leisi, Ernst (1975), *Der Wortinhalt. Seine Struktur im Deutschen und Englischen*, 5. Aufl., Heidelberg: Winter.

Leisi, Ernst (1985), *Praxis der englischen Semantik*, 2. Aufl., Heidelberg: Winter.

Leisi, Ernst und Christian Mair (1999), *Das heutige Englisch. Wesenszüge und Probleme*, 8. Aufl., Heidelberg: Winter.

Lenker, Ursula (2002), „Is it, stylewise or otherwise, wise to use *-wise*?". In: Teresa Fanego, María José López-Couso und Javier Pérez-Guerra, eds., *English historical syntax and morphology*, Amsterdam – Philadelphia: Benjamins, 157–180.

Lieber, Rochelle (1990), *On the organization of the lexicon*, New York – London: Garland Publishing.

Lieber, Rochelle und Joachim Mugdan (2000), „Internal structure of words". In: Booij, Lehmann und Mugdan (2000), 404–416.

Lipka, Leonhard (1977), „Lexikalisierung, Idiomatisierung und Hypostasierung als Probleme einer synchronen Wortbildungslehre". In: Dieter Kastovsky und Herbert E. Brekle, Hg., *Perspektiven der Wortbildungsforschung. Beiträge zum Wuppertaler Wortbildungskolloquium vom 9.-10. Juli 1976*, Bonn: Bouvier, 155–164.

Lipka, Leonhard (1981), „Zur Lexikalisierung im Deutschen und Englischen". In: Leonhard Lipka und Hartmut Günther, Hg., *Wortbildung*, Darmstadt: Wissenschaftliche Buchgesellschaft, 119–132.

Lipka, Leonhard (1983), „A multi-level approach to word-formation: Complex lexemes and word semantics". In: Shirô Hattori und Kazuko Inoue, eds., *Proceedings of the XIIIth international congress of linguists, Tokyo 1982*, Tokyo, 926–928.

Lipka, Leonhard (1987), „Word-formation and text in English and German". In: Brigitte Asbach-Schnitker und Johannes Roggenhofer, Hg., *Neuere Forschung zur Wortbildung und Historiographie der Linguistik. Festgabe für Herbert E. Brekle zum 50. Geburtstag*, Tübingen: Narr, 59–67.

Lipka, Leonhard (1992), „Lexicalization and institutionalization in English and German. Or: *Piefke, Wendehals, smog, perestroika, AIDS* etc.". *Zeitschrift für Anglistik und Amerikanistik* 40, 101–111.

Lipka, Leonhard (1994), „Wortbildung und Metonymie – Prozesse, Resultate und ihre Beschreibung". *Münstersches Logbuch zur Linguistik* 5, 1–15.

Lipka, Leonhard (2000), „English (and general) word-formation – The state of the art in 1999". In: Reitz und Rieuwerts (2000), 5–20.

Lipka, Leonhard (2002), *English lexicology. Lexical structure, word semantics & word-formation*, Tübingen: Narr.

Luschützky, Hans Christian (2000), „Morphem, Morph und Allomorph". In: Booij, Lehmann und Mugdan (2000), 451–462.

Lyons, John (1968), *Introduction to theoretical linguistics*, Cambridge: Cambridge University Press.

Marchand, Hans (1963), „On a question of contrary analysis". *English Studies* 44, 176–187.

Marchand, Hans (1964), „A set of criteria for the establishing of derivational relationship between words unmarked by derivational morphemes". *Indogermanische Forschungen* 69, 10-19.

Marchand, Hans (1969), *The categories and types of present-day English word-formation. A synchronic-diachronic approach*, 2nd ed., München: Beck.

McArthur, Tom (1988), „The cult of abbreviation". *English Today* 15, 36–42.

McCully, Christopher B. und Martin Holmes (1988), „Some notes on the structure of acronyms". *Lingua* 74, 27–43.

McQueen, James M. und Anne Cutler (1998), „Morphology in word recognition". In: Spencer und Zwicky (1998), 406–427.

Mel'čuk, Igor (2000), „Suppletion". In: Booij, Lehmann und Mugdan (2000), 510–522.

Mettinger, Arthur (1994), „*Un*-prefixation in English: Expectations, formats, and results". *Münstersches Logbuch zur Linguistik* 5, 17–31.

Mitchell, Bruce und Fred C. Robinson (1992), *A guide to Old English*, 5th ed., Oxford/U.K. – Cambridge/USA: Blackwell.

Mugdan, Joachim (1986), „Was ist eigentlich ein Morphem?". *Zeitschrift für Phonetik, Sprachwissenschaft und Kommunikationsforschung* 39, 29–43.

Neef, Martin (2000a), „Morphologische und syntaktische Konditionierung". In: Booij, Lehmann und Mugdan (2000), 473–48.

Neef, Martin (2000b), „Phonologische Konditionierung". In: Booij, Lehmann und Mugdan (2000), 463–473.

Novak, Volker (1996), *Form, Bedeutung und Funktionen von Nomen-Nomen-Kombinationen*, Frankfurt/M. etc.: Peter Lang.

Obst, Wolfgang und Florian Schleburg (1999), *Die Sprache Chaucers. Ein Lehrbuch des Mittelenglischen auf der Grundlage von* Troilus and Criseyde, Heidelberg: Winter.

Olsen, Susan (2000), „Composition". In: Booij, Lehmann und Mugdan (2000), 897–916.

Panther, Klaus-Uwe und Linda Thornburg (2001), „A conceptual analysis of -*er* nominals." In: Susanne Niemeier und Martin Pütz, eds., *Applied Cognitive Linguistics II: Language pedagogy*, Berlin – New York: Mouton de Gruyter, 149–200.

Pennanen, Esko V. (1966), *Contributions to the study of back-formations in English*, Tampere: Acta Academia Socialis.

Pennanen, Esko V. (1971), *Conversion and zero-derivation in English*, Tampere: Tampereen Yliopisto.

Plag, Ingo (1997), „The polysemy of -*ize* derivatives: On the role of semantics in word formation". In: Geert Booij und Jaap von Marle, eds., *Yearbook of morphology 1997*, Dordrecht etc.: Kluwer, 219–242.

Plag, Ingo (1999), *Morphological productivity. Structural constraints in English derivation*, Berlin etc.: Mouton de Gruyter.

Plag, Ingo (2003), *Word-formation in English*, Cambridge: Cambridge University Press.

Plag, Ingo, Christiane Dalton-Puffer und Harald Baayen (1999), „Morphological productivity across speech and writing". *English Language and Linguistics* 3, 209–228.

Plank, Frans (1981), *Morphologische (Ir-)Regularitäten. Aspekte der Wortstrukturtheorie*, Tübingen: Narr.

Plank, Frans (1994), „Inflection and derivation". In: Ron E. Asher, ed., *The encyclopedia of language and linguistics*, Vol. 3, Oxford: Pergamon Press, 1671–1678.

Quirk, Randolph, Sidney Greenbaum, Geoffrey Leech und Jan Svartvik (1985), *A comprehensive grammar of the English language*, London – New York: Longman.

Rainer, Franz (2000), „Produktivitätsbeschränkungen". In: Booij, Lehmann und Mugdan (2000), 877–885.

Reitz, Bernhard und Sigrid Rieuwerts, eds. (2000), *Anglistentag 1999 Mainz. Proceedings*, Trier: Wissenschaftlicher Verlag Trier.

Rose, James H. (1973), „Principled limitations on productivity in denominal verbs". *Foundations of Language* 10, 509–526.

Ryder, Mary Ellen (1994), *Ordered chaos. The interpretation of English noun-noun compounds*, Berkeley etc.: University of California Press.

Ryder, Mary Ellen (1999), „Bankers and blue-chippers: an account of -*er* formations in present-day English". *English Language and Linguistics* 3, 269–297.

Sanders, Gerald (1988), „Zero derivation and the overt analogue criterion". In: Michael Hammond und Michael Noonan, eds., *Theoretical morphology: Approaches in modern linguistics*, New York: Academic Press, 155–178.

Scheler, Manfred (1977), *Der englische Wortschatz*, Berlin: Schmidt.

Schmid, Hans-Jörg (2000). *English abstract nouns as conceptual shells. From corpus to cognition*. Berlin etc.: Mouton de Gruyter.

Schmid, Hans-Jörg (im Druck), „Entrenchment, salience and basic levels". In: Geeraerts und Cuyckens (im Druck).

Schneider, Klaus Peter (2003), *Diminutives in English*, Tübingen: Niemeyer.

Selkirk, Elisabeth (1982), *The syntax of words*, Cambridge/MA.: MIT Press.

Spencer, Andrew und Arnold M. Zwicky (1998), *The handbook of morphology*, Oxford: Blackwell Publishers.

Štekauer, Pavol (1996), *A theory of conversion in English*, Frankfurt/M.: Peter Lang.

Štekauer, Pavol (1998), *An onomasiological theory of English word formation*, Amsterdam – Philadelphia: Benjamins.

Štekauer, Pavol (2000), *English word formation. A history of research*, Tübingen: Narr.

Stemberger, Joseph P. (1998), „Morphology in language production with special reference to connectionism". In: Spencer und Zwicky (1998), 428–452.

Stockwell, Robert und Donka Minkowa (2001), *English words. History and structure*, Cambridge etc.: Cambridge University Press.

Sweet, Henry (1900), *A new English grammar. Logical and historical*, Oxford: Clarendon Press.

Szymanek, Bogdan (1988), *Categories and categorization in morphology*, Lublin: Redakcja Wydawnicto, Katolickiego Uniwersytetu Lubelskiego.

Taylor, John R. (2000), *Possessives in English. An exploration in Cognitive Grammar*, Oxford etc.: Oxford University Press.

Ten Hacken, Pius (2000), „Derivation and compounding". In: Booij, Lehmann und Mugdan (2000), 349–360.

Tournier, Jean (1985), *Introduction descriptive à la lexicogénétique de l'anglais contemporain*, Paris – Genève: Champion-Slatkine.

Tournier, Jean (1988), *Précis de lexicologie anglaise*, Paris: Nathan.

Trudgill, Peter (1994), *Dialects*, London – New York: Routledge.

Twardzisz, Piotr (1997), *Zero derivation in English. A Cognitive Grammar approach*, Lublin: Wydawnicto UMCS.

Ungerer Friedrich (1991), „Acronyms, trade names and motivation". *Arbeiten aus Anglistik und Amerikanistik* 16(2), 131–158.

Ungerer, Friedrich (2002), „The conceptual function of derivational word-formation in English". *Anglia* 120(4), 534–567.

Ungerer, Friedrich (im Druck), „Word-formation". In: Geeraerts und Cuyckens (im Druck).

Ungerer, Friedrich und Hans-Jörg Schmid (1996), *An introduction to Cognitive Linguistics*, London etc.: Longman.

Ungerer, Friedrich und Hans-Jörg Schmid (1998), „Englische Komposita und Kategorisierung: Eine empirische Untersuchung". *Rostocker Beiträge zur Sprachwissenschaft* 5. *Kognitive Lexikologie und Syntax*, 77–99.

Warren, Beatrice (1978), *Semantic patterns of noun-noun compounds*, Göteburg: Acta Universitas Gothoburgensis.

Warren, Beatrice (1990), „The importance of combining forms". In: Wolfgang U. Dressler, Hans Christian Luschützky, Oskar E. Pfeiffer und John R. Rennison, eds. *Contemporary morphology*, Berlin – New York: Mouton de Gruyter, 111–132.

Welna, Jerzy (1996), *English Historical Morphology*, Warschau: Wydawnictwa Uniwersytetu Warszawskieg.

Wörterbücher

A dictionary of new English, Clarence L. Barnhart, Sol Steinmetz und Robert K. Barnhart, eds., London: Longman, 1973. (= DNE)

Acronyms, initialisms and abbreviations dictionary 1990, 3 vols, 14th ed., n. ed., Detroit: Gale.

Collins concise dictionary plus, Patrick Hanks, ed., Glasgow: William Collins Sons & Co., 1989. (= CCDPlus)

Longman dictionary of contemporary English, 4th ed., Della Summers, ed., Harlow: Pearson Education, 2003. (= LDOCE4)

Oxford advanced learner's dictionary of current English, 5th ed., Jonathan Crowther, ed., Oxford: Oxford University Press, 1995. (= OALD5)

Oxford English dictionary. Second edition, 20 vols., John Simpson und Edmund S.C. Weiner, eds., Oxford: Oxford University Press, 1989. (= OED)

Reverse English dictionary. Based on phonological and morphological principles, Gustav Muthmann, Berlin – New York: Mouton de Gruyter, 1999.

Rückläufiges Wörterbuch der englischen Gegenwartssprache, Martin Lehnert, Leipzig: Verlag Enzyklopädie, 1971.

The Oxford dictionary of new words, Elizabeth Knowles, ed., Oxford – New York: Oxford University Press, 1997. (= ODNW)

Sachregister

Register der Präfixe, Suffixe und *combining forms*